JN437658

복지국가의

철학

자본주의 분배적 정의 복지국가

대한민국학술원 우수학술도서

복지국가의 철학

자 본 주 의

분배적 정의

복 지 국 가

신 정 완

차례

머리말 7

1장 서장: 복지국가와 철학 13

1부 복지국가의 철학적 기초

2장 주요 철학사조의 정의관과 복지국가관 31

1 공리주의 31

2 사회계약론: 롤스의 정의론을 중심으로 43

3 자유지상주의 65

노직의 권리자격론 66

하이에크의 자유지상주의 72

프리드만의 시장근본주의 81

4 운 상쇄 평등주의 90

5 공동체주의 96

3장 복지국가의 지향 가치 105

2부 자본주의와 복지국가

4장 복지국가와 자본주의 경제의 효율성 123

1 복지국가와 자본주의 경제의 미시적 효율성 123

2 복지국가와 자본주의 경제의 거시적 효율성과 안정성 147

5장 자본주의와 분배적 정의 155
1 자본주의에 대한 정의론적 접근의 필요성 155
2 경제학에서 자본주의에 대한 정의론적 평가의 사례들 167
신고전파 경제학의 시장실패론 167
마르크스 경제학의 착취론 170
베블렌의 자본주의의 이분성론 172
3 분배적 정의의 측면에서 자본주의의 결함 176
사유재산제도 177
시장에 의한 소득분배 190
4 복지국가를 통한 분배적 정의 실현 197

3부 복지국가 설계의 철학

6장 급여의 대상 205
1 보편적 복지냐 선별적 복지냐 205
2 누가 우선 지원 대상자인가 214
개선의 대상은 무엇인가: 복지, 자원, 능력 216
처지 개선의 정도와 지속기간이냐 현재의 처지냐 231

7장 급여 지급의 원칙과 형태 239
1 급여 지급 원칙: 필요에 따른 급여냐 기여에 따른 급여냐 239
2 급여의 형태: 현금급여냐 현물급여냐 257

8장 사회복지 전달체계: 국가복지냐 복지다원주의냐 277

9장 복지국가 유형: 어떤 복지국가가 더 바람직한가 285

맺음말 305

참고문헌 310
색인 314

머리말

몇 년 전부터 정치권과 시민사회에서 '복지국가'가 핵심 화두로 떠올랐다. 특히 2012년 대통령 선거에선 '복지국가 건설'이 '경제민주화'와 더불어 핵심 선거쟁점으로 부상한 바 있다. 또 1997년 외환위기 이후 우리 사회에 다양한 복지 담론이 등장했다 사라져 가곤 했다. 우선 역대 정부가 각기 나름대로 복지 담론을 만들어 낸 바 있다. 김대중 정부의 '생산적 복지', 노무현 정부의 '참여복지', 이명박 정부의 '능동적 복지', 박근혜 정부의 '한국형 복지국가'가 그것이다.

또 정당과 시민사회에서도 여러 복지 담론이 등장한 바 있다. 복지국가 담론을 대중화하는 데 크게 기여한 민간 싱크탱크think-tank인 '복지국가 소사이어티'의 '역동적 복지국가', 보건복지부 장관 등을 역임한 유시민 씨가 구舊 열린우리당 국회의원 시절에 대중화한 '사회투자국가', 구 민주노동당의 '연대적 복지국가', 민주당 천정배 전 의원과 정의당의 '정의로운 복지국가' 등이 우선 떠오른다. 복지국가 건설이 한국사회의 시대적 과제인 데다 앞으로 한국사회에서 복지국가의 건설과 발전이 어떤 방향으로 이루어질지 아직 불투명하기 때문에 앞으로도 여러 복지 담론이 등장하여 서로 경합하리라 예상된다.

그런데 기존의 주요 복지 담론들을 살펴보노라면 철학적 논의를 바탕에 깔고 있는 것을 발견하기 어렵다. 표어나 키워드keyword 수준에서는 나름대로 멋진 용어들을 고안해 내거나 해외로부터 수입했고, 또 구체적인 정책 대안들을 제시하기도 했지만, 본인들이 지향하는 복지국가상像을 철학적 논의에 기초하여 정당화한 경우는 발견하기 어렵다. 물론 모든 복지 담론이 반드시 철학적 논의의 지원을 받아야 하는 것은 아닐 것이다. 특히 상황 변화에 빠르고 민감하게 반응해야 하는 정치권이나 시민운동단체에 철학적 숙고를 요구하는 것은 무리인 측면이 있을 것이다. 그러나 정부와 정당, 주요 시민운동단체 등 정책 결정과 정치 담론을 주도하는 조직들의 복지 담론이 분명한 철학적 근거 없이 만들어지고 홍보된다는 점은 무언가 허전한 느낌을 주는 것이 사실이다. 복지국가의 건설과 발전이라는 거대한 과제가 한철 장사처럼 가볍고 임시방편적으로 논의되고 처리될 수 있는 문제는 아니기 때문이다.

학계에서는 이 책에서도 비중 있게 다루고 있는 정치철학자 롤스John Rawls의 정의론을 위시하여 영미 정치철학의 주요 사조思潮들을 소개하고, 각 사조의 분배적 정의관을 비교하거나 복지국가 문제와 관련하여 각 사조의 논리가 갖는 함의를 추상적이고 일반론적 차원에서 검토한 연구들이 더러 있다. 그러나 복지국가의 제도적 설계나 운영과 같은 실천적 문제와 관련하여 이러한 사조들의 입장을 비교하고 적용한 연구는 발견하기 어렵다.

그렇다면 복지국가 문제와 관련하여 왜 철학적 논의가 필요한가? 우선 왜 복지국가가 필요한가 하는 근본적 문제에 관해 깊이 있는 통찰을 줄 수 있기 때문이다. 또 여러 유형의 복지국가 중에서도 어떤 성격의 복지국가가 가장 바람직한가 하는 문제와 관련하여 판단기준을 제공해 줄 수 있다는 점도 중요하다. 또 복지국가를 구성하는 제도와 정책들을 설계하고 운영하는 과정에서 철학적 판단을 필요로 하는 문제들에 자주 직면하게 된다는 문제도 있다. 물론 철학적 논의는 대체로 상당히 추상적인 수준에서 전개되기 때문에 구체적인 정책 현안과 관련하여 직접적으로 도움이 되기 어려운 경우가 많을 것이다. 그러나 충실하고 깊이 있는 철학적 숙고는 복지국가 문제와 관련하여 규범적 판단을 위한 나침반 역할을 할 수 있다. 따라서 견실한 철학적 원칙을 도출할 수 있다면 장기적으로는 사회적 의사결정에 필요한 시간과 비용을 줄일 수 있을 것이다.

이 책은 복지국가 문제를 주로 철학적 측면에서 다룬 책으로서, 국내 복지 담론에서 비어 있는 부분을 어느 정도 메워 보려는 시도의 산물이다. 이러한 성격의 연구는 여러 학문 분야 간의 경계를 넘나드는 성격을 띨 수밖에 없는데, 이 책에서는 철학과 경제학, 사회복지학의 지식들을 종합적으로 활용하여 복지국가 문제를 주로 철학적 차원에 초점을 맞추어 논의할 것이다.

경제학 전공자인 필자가 이런 과제에 감히 도전해 볼 수 있었던 것은 필자가 소속된 연구모임인 '경제철학연구회'의 공동학습에 크게 힘입었다. 경제철학연구회 회원들은 여러 해에 걸쳐 사회과학과 윤리학이 만나는 지점의 주제들인 정의, 평등, 복지 등과 관련된 문헌들을 함께 읽고 토론해 왔다. 또 경제철학연구회는 2011년에 '민주정책연구원'의 의뢰를 받아 〈복지국가와 사회정의〉란 주제로 연구 프로젝트를 수행한 바 있다. 이 때 필자는 철학적 논의를 다룬 1장과 경제학적 논의를 다룬 2장을 집필했는데, 이 원고가 이 책의 1부와 2부의 모태가 되었다.

이 책을 집필하게 된 직접적 계기는 2012년 초 '한겨레사회정책연구소'와 '사회복지책마을'이 공동 주최한 '한겨레사회정책스쿨 3기 강좌'에서 필자가 강연을 맡게 된 일이었다. 이 때 '분배적 정의와 복지국가'라는 주제로 강의하였는데, 이를 보강하여 책으로 낼 것을 출판사로부터 제안받았다. 당시에는 별로 어려운 일이 아니라 생각하여 흔쾌히 수락하였다. 그러나 집필 구상을 다듬는 과정에서 욕심이 생겨 내용이 많이 추가되었고 집필에 착수하고 나서야 결코 만만한 일이 아니라는 점을 깨닫게 되었다. 그래서 결국 애초의 집필 완료 계획 시점을 상당히 넘겨서야 원고를 완성할 수 있었다.

이 책이 나오기까지 필자에게 큰 도움을 주신 분들이 있다. 누구보다도 경제철학연구회의 동료 회원들께 감사드린다. 이 책에 나오는 철학적 논의들에 대한 지식은 대부분 경제철학연구회에서의 공동학습을 통해 얻은 것이다. 또 경제철학연구회 동료 회원인 강신욱(한국보건사회연구원, 경제학), 박순성(동국대, 경제학), 신광영(중앙대, 사회학), 이상호(원광대, 경제학), 주동률(한림대, 철학) 선생님은 이 책의 초고를 꼼꼼히 읽고 조언해 주셨다. 내용상 어설픈 부분을 잘 지적해 주셨을 뿐 아니라 책의 목차 설정 등 기술적 부분에 이르기까지 유익한 조언을 제공해 주셨다. 오랜 기간 함께 공부하며 우정을 나누어 온 경제철학연구회 동료 회원들께 깊이 감사드린다. 또 경기대학교 사회복지학과의 주은선 교수님도 초고를 읽고 한국의 사회복지제도에 관한 서술 등에서 더 다듬어야 할 부분을 지적해 주셨다. 이분들의 도움이 없었더라면 이 책은 현재 상태보다 훨씬 허술한 모습으로 독자들을 만나게 되었을 것이다.

예비 독자인 김정목, 김재훈, 오건호 님은 유익한 논평을 여럿 주셨는데, 책의 구성상 주문한 내용을 다 담아내지는 못했다. 초고를 꼼꼼하게 읽고 좋은 조언을 주신 세 분께 감사드린다. 또 책의 편집과 교정을 담당해 주신 이혜영 님과 표지 디자인을 맡아 주신 손주리 님께도 감사드린다.

짧지 않은 기간 필자의 시간과 마음을 채워 온 이 책의 원고와 작별하려니 홀가분하기도 하고 불안하기도 하다. 이제 독자들의 엄정한 평가를 겸허하게 기다릴 수밖에 없다. 그리고 한 발 더 나아가려고 꾸준히 노력하는 수밖에 없을 것이다.

2014년 2월

고적한 겨울 교정이 내다보이는 연구실에서

신 정 완

1장

서장: 복지국가와 철학

이제 우리 사회에서도 사회복지와 관련된 문제들이 핵심적 쟁점으로 대두되었다. 기초연금 공약의 후퇴를 둘러싸고 전개된 2013년의 정치적 논란이 이를 잘 보여 주는 사례다. 또 이러한 사정을 반영하여 '복지국가welfare state'라는 용어가 대중에게 더는 낯설지 않게 되었다. 복지국가의 발전 문제가 우리 사회에서도 핵심적 사회발전 의제agenda로 들어선 것이다.

이렇게 된 배경은 다양한데 무엇보다도 복지수요가 크게 증가했다는 점을 들 수 있을 것이다. 1997년 외환위기 이후 사회·경제 양극화가 여러 측면에서 진행되어 왔다. 빈곤층이 크게 증가했고 노동시장에서는 비정규직이 늘어났고 정규직과 비정규직 간의 고용조건 격차가 커져 왔다. 또 대기업과 중소기업 간에, 수출부문과 내수부문

간에 경영성과 격차도 더 벌어졌다. 그런데 외환위기 이후 사회·경제 양극화가 진행된 것은 외환위기의 충격과 외환위기 수습과정에서 추진된 시장주의적 정책의 효과에도 기인하지만 그 외에도 장기적이고 구조적인 요인들에도 크게 기인했다.

IT산업 등 높은 수준의 과학기술적 지식에 크게 의존하며 고용창출효과가 상대적으로 작은 첨단산업의 비중이 커짐에 따라 '고용 없는 성장jobless growth' 문제가 야기되었다. 또 세계화의 물결 속에서 대기업의 해외투자가 증가하고 중소기업 영역에 중국산 제품의 수입이 크게 증가함에 따라 수출 대기업과 내수 중소기업 간의 경영성과 격차가 벌어지고 경제성장이 고용창출로 잘 이어지지 않게 되었다. 또 저출산·고령화 추세에 따라 전체 인구에서 노인인구가 차지하는 비중이 높아지고 또 빈곤 노인이 크게 증가하면서 노인 부양을 위한 사회적 부담이 빠르게 증가해 왔다. 또 가족형태의 변화로 인해 노인이나 여성 가구주의 비중이 크게 늘어났는데 이러한 가구는 빈곤 문제에 특히 많이 노출되어 있다. 또 노동조합운동이 대기업 정규직 노동자 중심으로 발전해 옴에 따라 노동조합운동의 발전이 오히려 노동자 집단 내부의 고용조건 격차를 확대시키는 결과를 초래하기도 하였다. 종합적으로 볼 때 시장과 가족을 통해서는 생계를 해결할 수 없는 인구집단이 늘어나 복지수요가 빠르게 증가할 수밖에 없었다.

또한 1987년 대통령 직선제 수용 이후 정치적 민주주의가 그런대로 정착되어 가면서 '민주 대 반反민주' 또는 '민주 대 독재'라는 전통적인 정치적 대립구도는 약화되어 온 반면에 외환위기 이후 경제적 불평등은 오히려 심화됨으로써 사회경제적 차원의 민주화가 '2단계 민주화'의 과제로 대두된 측면도 있다. 그리고 복지국가의 발전이야말로 '사회경제적 민주화'의 핵심 내용이라는 인식이 새롭게 확산되어 왔다.

그리고 외환위기 이후 IMF의 정책권고와 구舊 박정희 모델식의 경제발전노선에 대한 반성과 반발에 힘입어 시장주의적 개혁이 추진되었는데, 이것이 사회·경제 양극화를 촉진했으며 한국경제의 불안정성을 심화시켰다는 반성도 자리잡게 되었다. 세계적 차원에서도 1980년대 이후 신자유주의 조류가 득세하면서 세계 도처에서 경제적 불평등과 경제적 불안정성이 심화되어 왔고, 2008년 발 세계경제위기를 계기로 신자유주의는 더는 인류의 대안이 될 수 없다는 인식이 확산되었다. 그런데 자본주의 경제를 전제로 하는 한 경제적 불평등을 완화할 수 있는 가장 유력한 방안은 복지국가의 발전이기 때문에 국제적으로도 복지국가의 강화를 요구하는 목소리가 높아졌다. 종합적으로 볼 때, 현재 한국에서 평등주의적 지향을 가진 진보세력 내에서 합의 가능한 최대공약수가 복지국가의 발전이라는 점은 분명해진 것 같다.

국내에서 복지국가 문제를 둘러싼 논쟁은 주로 개별 복지프로그램의 개선이나 신설, 또 복지프로그램의 확대를 재정적으로 뒷받침하기 위한 방안으로서 증세 문제 등을 중심으로 전개되어 왔다. 또 서구의 복지국가 발전과정에서는 대체로 진보정당과 노동조합이 주노적 역할을 담당했는데, 진보정당과 노동조합 모두 취약한 한국에서 복지국가 발전을 추동할 정치적 주체를 어떻게 형성할 것인가 하는 고민도 있었다.

반면에 복지국가에 관한 논의가 철학적 논의와 결합되어 전개된 사례는 발견하기 어렵다. 그리고 이는 어느 정도 이해할 만하다. 우선 상당히 추상적인 차원에서 전개될 수밖에 철학적 논의가 당면한 구체적 사회복지 쟁점을 해결하는 데 직접적 도움이 되기 어려운 경우가 많다는 점을 들 수 있을 것이다. 또 그동안 복지국가 담론을 주도해 온 학자들이 주로 사회복지학이나 정치학/행정학, 사회학, 경제학 등 사회과학 분야 전공자들이었기 때문에 이들이 철학적 논의에 익숙하지 않았을 수 있다. 한편 철학계의 경우엔 필자가 그 구체적 사정은 잘 알지 못하지만, 한국사회의 현안들을 철학적 논의와 연결시켜 분석하고 해석하는 방향의 연구가 활발하지 않았던 것이 아닌가 싶다.

그러나 복지국가 문제를 철학적 차원에서 논의하는 것은 여러모로 필요하다고 판단된다. 첫째, 왜 복지국가가 필요한가 하는 근본적 문제에 관해 깊이 있는 통찰을 줄 수 있기 때문이다. 물론 철학적 논의와 무관하게 복지국가 건설의 당위성을 주장할 수도 있다. 현재 빈곤이나 불평등으로 인해 고통받는 사람들이 우리 주변에 너무 많기 때문에 일단 "이 사람을 보라!"는 식으로 사람들의 감성과 상식에 호소하여 복지국가 발전의 필요성을 정당화할 수도 있을 것이다. 그러나 장기적 관점에서 보면 복지국가의 건설과 발전은 우리 사회에 매우 큰 영향을 주는 사안이기 때문에 복지국가가 안정적으로 작동하려면 사회구성원들 간에 높은 수준의 합의가 필요하다. 결국 우리 사회의 구성원들이 앞으로 어떤 방식으로 살아가는 것이 바람직한가, 어떤 사회가 좋은 사회인가, 사회구성원들 간에 권리와 의무를 어떻게 재설정하는 것이 좋은가, 국민에 대한 국가의 권한과 의무는 어디까지인가 하는 근본적 문제들에 직면할 수밖에 없다. 이는 철학적 문제라 할 수 있다. 여기에서 철학적 문제란 반드시 학문 분야로서의 철학에서 다루는 문제라기보다는 가치 설정과 관련된 문제, 또 정책기술보다는 원칙적 차원의 문제를 의미한다.

둘째, 어떤 복지국가가 더 좋은가 하는 문제도 철학적 숙고를 필요로 한다. 복지국가는 여러 형태로 존재할 수 있고 실제로도 여러 형태로 존재하는데 그 중에서도 어떤 성격의 복지국가가 우리 사회에 더 바람직한가를 판단하는 문제도 철학적 논의를 필요로 한다. 예컨대 미국의 복지국가 모델에는 자유주의 이념의 영향이 깊이 드리워져 있고 스웨덴의 복지국가 모델에는 사회민주주의 이념의 영향이 짙게 배어 있다. 한 사회의 복지국가 모델의 형성과 진화가 오직 이념에 의해서만 결정되는 것은 물론 아니지만 이념의 영향도 매우 중요하다. 우리 사회가 지향해야 할 복지국가 모델이 어떤 것인가를 판단함에 있어 우리 사회의 제반 여건을 중요하게 고려해야 하지만, 규범적·이념적 차원에서 어떤 복지국가 모델이 더 바람직한가 하는 철학적 숙고도 요구된다.

셋째, 복지국가를 구성하는 구체적 제도와 정책을 설계하고 운영하는 과정에서 철학적 판단을 필요로 하는 문제들에 자주 직면하게 된다. 예컨대 2011년 서울시 무상급식 논쟁에서 빈곤가정 학생들에게만 무상급식을 제공할 것인가 아니면 모든 학생에게 무상급식을 제공할 것인가 하는 문제가 최대의 정치 쟁점으로 떠오른 바 있다. 이 쟁점은 정책기술 차원의 문제라기보다는 무상급식을 통해 달성하고자 하는 핵심 가치가 무엇인가 하는 철학적 차원의 문제였다고 할 수 있다.

넷째, 철학적 숙고 없이 임시방편으로 복지프로그램들을 설계하거나 운영하다 보면 상이한 복지프로그램들 간의 원리적 상충 문제나 사회복지제도와 사회의 다른 영역의 제도들 사이의 상충 문제에 봉착할 수도 있다.

다섯째, 합리적인 철학적 원칙을 도출하는 것은 쉽지 않은 일이지만, 일단 믿을 만한 철학적 원칙이 형성되면 개별 정책 이슈와 관련된 많은 판단들을 인도해 주는 나침반 역할을 할 수 있다. 따라서 장기적으로 보면 사회적 의사결정에 수반되는 시간과 비용을 줄이고 정책 실패의 위험을 낮출 수 있다.

이렇듯 복지국가 문제는 다양한 측면에서 철학적 논의를 필요로 하는데, 아직 우리 사회에서 복지국가 문제를 철학적 측면에서 고찰하는 연구가 활발하지 않다는 점은 상당히 아쉬운 대목이다. 이 책은 이러한 공백을 어느 정도 메워 보려는 시도다.

이 책은 복지국가 문제를 주로 철학적 차원에서 다룰 것이고 구체적으로는 다음과 같은 문제들을 다룰 것이다. 첫째, 다양한 철학조류들 중에서 복지국가를 가장 합리적이고 견고하게 지지해 줄 수 있는 철학조류는 무엇인가를 탐색할 것이다. 둘째, 복지국가를 통해 우리가 실현할 수 있는 가치들은 무엇이며 이러한 가치들은 서로 어떠한 관계를 맺게 되는가 하는 문제를 다룰 것이다. 셋째, 자본주의 경제를 '분배적 정의distributive justice'의 관점에서 평가할 것이다. 분배적 정의는 이 책에서 철학적 논의와 복지국가 문제를 연결하는 핵심 개념 역할을 담당할 것이다. 넷째, 복지국가를 구성하는 제도와 정책들을 구체적으로 설계하고 운영하는 과정에서 직면하게 되는 철학적 문제들을 다룰 것이다.

이 책 전체를 통해 복지국가 문제와 철학적 논의를 연결하는 핵심 개념은 '정의' 특히 '분배적 정의'가 될 것인데, 복지국가 문제를 분배적 정의에 초점을 맞추어 다루는 것은 다음과 같은 점에서 의미 있는 일이라 생각한다. 첫째, 복지국가의 실제 주된 기능의 하나가 분배적 정의의 실현이고 복지국가의 발전을 지지해 온 논자들은 분배적 정의의 실현이라는 이상을 꾸준히 추구해 왔다. 또 과연 분배적 정의가 무엇인가 하는 문제에 관해 상이한 견해를 가진 사람들은 흔히 그들의 분배적 정의관에 따라 현실의 복지국가를 지지하거나 비판해 왔다.

둘째, 정의는 선good이나 덕virtue, 박애fraternity 등 다른 가치들에 비해 구속력이 한결 강한 가치라 할 수 있다. 덕과 박애의 정신이 넘쳐나는 사회는 참으로 훌륭한 사회이겠지만 이런 가치들을 중심으로 사회의 기본제도들을 설계하고 운영할 수는 없다. 반면에 정의는 사회의 기본제도들을 설계하고 운영함에 있어 최우선적으로 고려해야 하는 가치다. 정의는 사회구성원들 간의 권리와 의무를 설정하는 문제와 직결된 가치여서 대다수 사회의 법률들은 무엇보다도 각 사회에서 지배적인 정의관을 반영하여 제정된다. 따라서 복지국가의 발전이 주로 정의의 관점에서 지지될 수 있다면, 복지국가의 발전이라는 것은 추구하면 좋지만 안 해도 그만인 과제가 아니라 반드시 추구해야 하는 과제가 될 것이다.

물론 복지국가와 관련된 철학적 쟁점이 정의, 특히 분배적 정의 문제로만 귀착되는 것은 아니다. 예컨대 과연 '복지welfare 또는 well-being'란 무엇인가 하는 중요한 쟁점도 있다. 이 책에서는 정의, 특히 분배적 정의 문제 외에도 복지국가와 관련된 여타 철학적 쟁점들도 다룰 것이나 분배적 정의 문제만큼 본격적으로 다루지는 않을 것이다.

문명사의 관점에서 볼 때 복지국가의 출현이 극히 최근의 현상이기 때문에 철학의 장구한 역사에서 복지국가 문제가 철학적 쟁점으로 흡수된 것도 최근의 일이다. 철학의 여러 분야 중에서는 사회현상과 관련된 철학적 문제들을 다루는 사회철학social philosophy 분야에서의 일부 논의가 복지국가 문제와 관련된다. 이 책에서는 다양한 사회철학 사조思潮들 중에서도 주로 영국과 미국에서 발전한 영미 정치철학political philosophy의 논의들을 집중적으로 다룰 것이다. 영미 학계의 전통에서는 자유, 평등, 권리, 정의 등 주요 사회적 가치들의 의미를 해석하거나 자유주의, 사회주의 등 정치이념을 평가하는 문제, 또 이와 상당 정도 중첩되지만 정부의 적절한 역할은 무엇인가 하는 문제 등을 다루는 학문 분야를 통상 '정치철학'이라 부른다. 즉 영미 학계의 어법으로는 '정치철학'은 사실상 '사회철학'과 별로 구분되지 않는 용어이며, 구분해서 사용할 경우에는 정치철학이 사회철학의 일부가 된다. 이 책에서 다루는 철학적 쟁점들은 영미 철학의 분류법으로는 전형적인 정치철학적 쟁점들이다.

영미 정치철학의 논의들을 집중적으로 다루는 이유는 다음과 같다. 첫째, 영미 정치철학에서 복지국가 문제와 관련이 깊은 가치들인 자유, 평등, 권리, 정의, 복지 등의 의미와 이 가치들 간의 관계에 관해 깊이 있는 논의가 전개되어 왔기 때문이다. 둘째, 복지국가 문제와 특히 관계가 깊은 문제인 분배적 정의 문제와 관련하여 영미 정치철학의 주요 조류들이 뚜렷한 입장을 표방하고 있거나 적어도 암묵적으로 특정한 입장을 갖고 있기 때문이다. 특히 미국의 정치철학자인 롤스John Rawls의 정의론은 분배적 정의 문제를 깊이 있고 설득력 있게 다루었기 때문에, 롤스의 정의론을 둘러싸고 다양한 영미 정치철학사조 간에 다채로운 논쟁이 전개되어 왔다. 이 책은 롤스의 정의론이 복지국가를 가장 잘 지지해 줄 수 있는 철학적 입장이라는 관점에 서 있기 때문에, 롤스의 정의론을 둘러싸고 영미 정치철학 사조들 간에 전개된 논쟁을 비중 있게 다룰 것이다.

그런데 지금까지 우리는 '복지국가'란 용어의 의미를 설명하지 않고서 이 용어를 사용해 왔다. 이제 이 책에서 사용하는 '복지국가'라는 말이 어떤 의미를 갖는지를 설명해야 할 차례다. 사회과학의 핵심 개념들이 흔히 그러하듯 복지국가라는 개념도 또렷하게 정의하기 쉽지 않은 개념이며 논자들마다 복지국가를 정의하는 방식도 다양하다. 이렇게 된 핵심 요인으로는 다음 두 가지를 들 수 있다.

하나는, 복지국가가 비교적 단기간에 급속히 발전해 왔다는 점이다. 서구와 북미를 중심으로 복지국가는 20세기에 급속히 발전해 왔다. 복지프로그램의 종류도 다양해지고 국민소득에서 사회복지지출이 차지하는 비중도 크게 늘어났다. 그러다 보니 복지국가의 성격과 역할도 많이 변해 왔다. 사격에서 움직이는 표적을 맞추기가 어렵듯이 그 성격이 빠르게 변화해 가는 대상을 정확하게 개념화하기가 어려운 것이다.

또 하나는, '국가state'라는 용어가 다양한 의미로 사용된다는 점이다. 국가에 대한 사전적 정의는 국민, 영토, 주권으로 구성된 정치적 조직체다. 이런 의미로 사용될 때의 국가는 '국가라는 형태로 조직된 사회 전체'라 할 수 있다. 그러나 국가라는 용어는 사회를 구성하는 여러 영역 중에서 정치적 통치질서와 직결된 영역이라는 의미로도 흔히 사용되는데, 이 경우의 국가는 사회 전체가 아니라 사회의 일부를 지칭한다고 볼 수 있다. 예컨대 '국가 대 시민사회'라는 어구에 등장하는 국가가 그러하다. 즉 입법부, 행정부, 사법부로 구성된 통치 조직으로서의 '정부government'와 거의 같은 의미로 사용되거나, 정부를 포함하여 사회에 대한 정치적 통치를 가능케 하는 제도들의 집합이라는 의미로 사용된다고 할 수 있다. 한편 '국가 대 시장'이라는 어구에 등장하는 '국가'라는 용어는 시장과 구별되는 자원배분의 질서, 의사결정의 질서라는 의미로 사용된다. 또 한자漢字를 사용하는 나라들에서 '국가國家'라는 용어는 흔히 '나라country'라는 용어와 구분되지 않고 사용되기도 한다.

이러한 이유들로 복지국가 개념을 또렷이 정의하기는 쉽지 않으나 대체로 다음 두 가지 중 하나를 의미하는 용어로 사용되어 온 것 같다. 첫째, 국가의 성격을 가리키는 용어로 사용되는 경우다. 예컨대 "스웨덴은 대표적 복지국가다"라는 문장이나 "대한민국은 복지국가 단계에 들어섰다고 할 수 있을까?"와 같은 문장에 나오는 '복지국가'는 국가의 주된 성격 또는 주된 특징을 지칭한다. 즉 국민, 영토, 주권으로 구성된 정치적 조직체로서의 국가가 국민의 복지 향상을 주된 과제로 삼을 경우에 그런 국가는 복지국가라 할 수 있다는 것이다. 이런 의미에서의 복지국가와 대비되는 용어로는 예컨대 '전쟁국가warfare state'나 '발전국가developmental state'를 들 수 있다.[1]

둘째, 국가의 일부 활동activities 또는 일부 제도와 정책들을 가리

1 전쟁국가는 나치 정부 시기의 독일처럼 국가의 활동이 전쟁의 효과적 수행에 집중되어 있는 경우를 말하고, 발전국가는 박정희 정부 시기의 한국처럼 국가의 활동이 경제발전을 달성하는 데 집중되어 있는 경우를 말한다.

키는 용어로도 많이 사용된다. 예컨대 복지국가와 관련된 문제들을 경제학적 관점에서 연구해 온 바Nicholas Barr는 복지국가라는 용어를 현금급여cash benefits, 보건의료, 교육, 주거 등의 영역에서 이루어지는 국가의 활동이라는 의미로 사용한다(Barr, 2004: 7). 이런 의미로 사용될 경우에 '복지국가'란 국가 전체의 특성을 나타내는 용어라기보다는 국가의 특정 활동이나 이를 뒷받침해 주는 제도 등을 의미하는 용어다. 이 경우엔 사회복지 관련 제도나 정책과 이를 뒷받침해 주는 조세제도 등 국가가 주도적으로 국민의 복지 향상을 위해 수행하는 활동과 이를 가능케 하는 제도들의 집합을 뜻한다. 이 경우에 복지국가는 국가 자체가 아니라 국가의 기능이나 제도의 일부를 지칭하게 된다. 이 책에서는 대부분 이런 의미로 '복지국가'라는 용어를 사용할 것이다.

그리고 이 책에서 다루는 복지국가는 정확히 말하자면 '자본주의적 복지국가'다. 즉 자본주의 경제와 공존하는 복지국가다. 그런데 복지국가는 자본주의가 아닌 다른 경제체제에서도 존재할 수 있다. 예컨대 사회주의적 복지국가가 존재할 수 있고 역사적으로도 구舊 소련 등에서 존재한 바 있다. 그리고 이 책에 다루는 철학적 논의의 상당수는 자본주의를 넘어서 다른 경제체제에도 적용될 수 있는 것들이다. 또 이 책에 등장하는 철학소류 중에는 사회주의적 시향을 뚜렷이 가진 것도 있다. 그럼에도 불구하고 이 책에서 자본주의적 복지국가로 논의 대상을 한정하는 이유는 다음과 같다. 첫째, 우리가 살고 있는 한국사회가 자본주의 사회이고, 또 세계적 차원에서도 현존하는 대부분의 사회가 자본주의 사회이기 때문이다. 둘째, 복지국가에 관한 학문적 논의가 주로 서구와 미국 등 선진 자본주의 사회들에서 선도적으로 전개되어 온 관계로 복지국가에 관한 이론적, 경험적 연구의 압도적 부분이 자본주의적 복지국가를 전제로 한 것들이기 때문이다.

마지막으로 이 책의 주요 내용은 다음과 같다. 1부에서는 현대 사회철학, 특히 영미 정치철학의 주요 사조인 공리주의, 롤스의 정의론, 자유지상주의, 운 상쇄 평등주의, 공동체주의가 각기 어떤 분배적 정의론을 갖고 있으며, 복지국가와 관련하여 어떤 입장을 명시적으로 또는 암묵적으로 취하고 있는가를 소개하고 평가할 것이다. 이 사조들의 입장에 대한 비교 검토를 통해 복지국가를 안정적으로 지지해 줄 수 있는 철학적 기초로서 가장 적합한 것은 롤스의 정의론이라고 주장할 것이다. 또 정의, 자유, 평등, 복지, 연대 등의 가치가 복지국가와 어떤 관계에 있는지를 설명할 것이다.

2부에서는 복지국가와 관련된 경제학적 논의들을 다룰 것이다. 우선 복지국가가 사회구성원들이 생애과정에서 직면하는 다양한 사회적 위험을 관리해 준다는 본연의 과제를 넘어서, 자본주의 경제의 여러 결함을 시정해 줌으로써 자본주의 경제가 더 바람직한 방향으로 작동할 수 있도록 지원하는 측면이 많다는 점을 밝힐 것이다. 특히 자본주의 경제가 분배적 정의의 관점에서 볼 때 어떤 결함을 갖고 있는가를 밝히고 복지국가를 통해 이러한 결함을 상당 정도 시정할 수 있다는 점을 보일 것이다.

3부에서는 복지국가를 구성하는 제도와 정책들을 설계하고 운영하는 실천적 문제와 관련하여 철학적 판단을 필요로 하는 대표적 문제들을 다룰 것이다. 예컨대 보편적 복지냐 선별적 복지냐, 또 사회복지제도를 통해 누구를 우선적으로 지원해야 하는가, 그리고 어떤 복지국가 유형이 가장 바람직한가 하는 쟁점은 사회과학적 분석뿐 아니라 철학적 판단을 필요로 하는 문제라 할 수 있다. 이러한 문제들을 다룸에 있어 1부에서 다루는 철학적 논의들과 2부에서 다루는 경제학적 논의들이 제공하는 통찰과 개념들을 광범위하게 활용할 것이다.

1부

복지국가의 철학적 기초

복지국가를 철학적 관점에서 정당화하거나 비판하는 방식은 다양하다. 예컨대 자유liberty 또는 freedom라는 가치와 관련하여 복지국가를 옹호하는 사람들은 복지국가가 사회구성원들, 특히 빈곤층으로 하여금 그들이 원하는 것을 실제로 달성할 수 있는 자유, 즉 적극적 자유 또는 실질적 자유를 증진한다고 주장한다. 반면에 복지국가를 비판하는 사람들은 복지국가의 재원 조달을 위해 정부가 세금을 많이 부과하는 것은 사회구성원들의 경제적 자유를 크게 위협하는 일이라고 비판한다. 또 복지국가 운영에 수반되는 다양한 행정적 규제가 사회구성원들의 삶 전체를 국가의 행정기구 속으로 포섭함으로써 사회구성원들의 일상적 삶을 '식민화' 한다고 비판하기도 한다.

평등equality이라는 가치와 관련해선 복지국가 옹호자들은 참으로 할 말이 많다. 자본주의 경제가 낳는 심각한 불평등을 지적하며 복지국가를 통해 불평등이 크게 완화될 수 있다는 점을 쉽게 강조할 수 있다. 반면에 복지국가 비판자들은 왜 우리가 결과의 평등까지 수용해야 하는가 하고 반문하며, 결과의 평등 추구가 사회구성원들의 자유를 훼손하고 경제적 효율을 떨어뜨린다고 주장한다. 연대solidarity라는 가치와 관련해선 복지국가 옹호자들은 복지국가가 사회구성원들이 직면하는 다양한 사회적 위험의 공동 관리를 통해 사회구성원들 간의 연대를 높은 수준에서 실현할 수 있다고 주장한다. 반면에 복지국가 비판자들은 국가라는 차갑고 추상적인 기구가 사회구성원들의 복지를 책임질 경우에 가족이나 이웃, 지역사회local community 등 소규모 공동체의 구성원들 간에 형성되는 자연스럽고 친밀한 연대감과 서로에 대한 배려나 책임의식을 크게 훼손한다고 주장한다. 결국 복지국가를 둘러싼 쟁점의 상당 부분은 철학적 쟁점이다.

2장에서는 영미 정치철학의 주요 사조들인 공리주의, 롤스의 정의론을 대표로 하는 사회계약론, 자유지상주의, 운 상쇄 평등주의, 공동체주의의 주요 주장을 분배적 정의 문제에 초점을 맞추어 비교 설명하고 이들 간에 전개된 논쟁을 소개하고 평가할 것이다. 또 이들의 입장이 복지국가 문제와 관련하여 어떤 함의를 가지는지를 설명하고 평가할 것이다. 3장에서는 자유, 평등, 복지, 연대 등 주요 가치들이 복지국가와 어떤 관계에 있으며, 이 가치들은 서로 어떤 관계에 있는지를 설명할 것이다.

2장

주요 철학사조의 정의관과 복지국가관

1 공리주의

공리주의功利主義; utilitarianism는 오랜 기간 영미 정치철학의 지배적 조류로 자리잡아 왔고 자유주의liberalism와 더불어 신고전파 경제학[1]을 지탱하는 양대 철학 조류 역할을 맡아 왔다. 공리주의는 대중적으로는 "최대 다수의 최대 행복"이라는 벤담Jeremy Bentham의 유명한 문구로

1 신고전파 경제학(neoclassical economics)은 19세기 말에 태동되어 20세기에 들어 대다수 자본주의 사회에서 경제학 교육과 연구의 표준으로 기능하는 주류경제학(mainstream economics)으로 자리잡았다. 미시경제학(microeconomics)이라 불리는 경제학 기초 분야의 개념과 이론들은 대부분 신고전파 경제학자들이 만든 것이다.

대표되어 왔는데, 공리주의는 모든 영역에서 인간 행동을 규율하는 기본적 원리는 쾌락pleasure을 추구하고 고통pain을 회피하는 것이라고 본다. 쾌락과 고통의 크기를 측정할 수 있다면 "순쾌락net pleasure = 총쾌락total pleasure − 총고통total pain"의 관계가 성립하는데, 공리주의자들은 순쾌락이 바로 행복happiness이며 인간 행동의 근본원리는 순쾌락을 극대화하는 것이라고 본다.

센Amartya Sen과 윌리암스Bernard Williams는 공리주의를 구성하는 근본적 사고방식으로 다음 세 가지를 든다(Sen, Amartya & Bernard Williams 1982: 2-4). 첫째가 복지주의welfarism인데, 이는 개인이나 사회 전체 차원에서 어떤 상태의 바람직함 정도를 평가하는 기준은 복지welfare 또는 well-being 또는 효용utility이어야[2] 한다는 것이다. 벤담과 같은 초기 공리

2 '복지' 또는 '효용'이란 용어의 의미는 철학과 경제학의 발전과정에서 변모해 왔다. 초기에는 대체로 주체가 누리는 만족감이라는 의미로 사용되었다. 경제학의 맥락에서는 주로 소비자가 소비로부터 누리는 만족감이라는 의미로 사용되었다. 즉 '심리상태'와 관련된 용어로 사용되었다. 그러나 이러한 심리상태 중심 해석이 많은 난점을 보이게 되자 점차 '선호 만족(preference satisfaction)'이라는 의미로 이해되었다. 즉 사람들이 원하는 것을 얻게 되면 그 소비로부터 얻는 만족감의 정도를 확인할 필요 없이 효용이 창출된 것으로 이해할 수 있다는 것이다. 또 초기에는 효용의 크기를 절대적으로 측정하고 비교할 수 있다고 보았다. 이러한 입장을 '기수적(基數的; cardinal) 효용' 이론이라 한다. 오늘날에는 효용의 크기를 절대적으로 측정하고 비교할 수는 없고 상대적 비교만 가능하다는 입장이 지배적이다. 예컨대 어떤 사람이 X를 다섯 개 가지고 Y를 세 개 가질 때 누리는 효용의 절대적 크기가 얼마인지는 말할 수 없지만, 그가 X를 다섯 개 가지고 Y를 세 개 가지는 상황과, X를 세 개 가지고 Y를 다섯 개 가지는 상황 중에 어떤 것을 그가 더 선호하는지를 알 수 있다는 것이다. 이러한 입장을 '서수적(序

주의자들은 복지를 제공하는 내용이 무엇인가에 대해서는 관심을 갖지 않았다. 그것이 술을 마시고 난 후에 얻는 감각적 쾌락이든 공부를 하면서 얻는 지적 만족감이든 관계없이 당사자가 자신의 복지를 늘리는 것으로 간주하는 것이기만 하면 된다.[3]

둘째가 결과주의consequentialism인데, 이는 개인이나 사회 전체 차원 모두에서 어떤 행위나 정책, 제도가 얼마나 바람직한가는 그것이

數的; ordinal) 효용' 이론이라 한다. 복지나 효용에 대한 여러 해석 중 '선호 만족' 해석이 지배적인 해석이라 할 수 있다.
그러나 소수 논자들은 복지 또는 효용을 사람들의 삶의 질을 실제로 개선시켜 주는 요소들의 목록으로 본다. 예컨대 건강, 원만한 인간관계, 경제적 여유, 지적 능력 등으로 이루어진 '객관적 목록(objective list)'으로 본다. 이러한 목록을 구성하는 요소들을 더 많이 가질수록 복지 또는 효용의 수준이 높아지는 것이다. 복지 또는 효용에 대한 다양한 해석들에 관한 설명으로는 O'Neill(1998) 3장을 참조할 만하다. 복지 또는 효용의 의미와 관련된 쟁점은 이 책 3부에서 상세히 다룰 것이다.

3 19세기의 대표적 공리주의자인 밀(John Stuart Mill)은 그의 선배인 벤담과는 달리 복지의 질을 중시했다. "만족한 돼지보다는 불만족한 인간이 되는 것이 낫고, 만족한 바보보다는 불만족한 소크라테스가 되는 것이 낫다"는 밀의 주장이 이를 압축적으로 보여 준다. 밀은 감각적 쾌락보다는 지식의 증대나 예술적 체험 등을 통해 얻는, 고상하고 장기적으로 지속되는 쾌락이 한결 가치 있다고 본다. 그래서 벤담의 공리주의를 '양적 공리주의'라 부르고 밀의 공리주의를 '질적 공리주의'라 부르기도 한다. 그런데 밀의 입장을 일관되게 밀고 나갈 경우엔 공리주의적 사고와 원리적으로 충돌할 가능성이 높다. 특히 공리주의의 핵심 요소의 하나인 '합계 순위 매기기'와 충돌하기 쉽다. 밀은 자신을 공리주의자라 생각했고 공리주의를 강력하게 옹호했지만, 매우 복잡하고 섬세한 사고의 소유자였던 밀에게는 공리주의와 어울리지 않는 측면도 많이 발견된다.

얼마나 좋은good 결과를 가져오느냐에 달려 있다는 사고방식이다. 행위 동기의 정당성이나 사회적 의사결정절차의 정당성이 아니라 오직 결과가 얼마나 바람직한 것이냐가 판별기준이다. 복지주의는 결과주의의 한 형태로서 결과를 평가하는 기준이 복지인 경우를 지칭한다고 볼 수 있다.

셋째가 합계 순위 매기기sum ranking인데, 복수의 대안적 상태들에서 사회구성원들 각각이 누리는 복지의 크기를 확인하고 모든 개인들의 복지 크기를 합산하면 각 상태에서 사회 전체 차원의 복지 총량을 얻을 수 있다. 공리주의자들은 사회 전체 차원의 복지 총량을 사회구성원 각각의 복지량의 합계로 보았다. 이는 사회란 결국 개인들의 모임이기 때문에 사회 자체의 목표나 복지는 존재하지 않는다는 사고를 반영한다. 이 복지 총량이 큰 순서대로 대안적 상태들의 바람직함 정도가 결정된다. 따라서 최우선적으로 선택해야 하는 상태는 복지 총량의 크기가 가장 큰 상태다.

예를 들어 어떤 정책을 새로 도입하는 문제와 관련하여 사회적 의사결정을 해야 하고, 사회구성원은 A, B, C 단 세 사람이라고 가정하자. 그리고 정책이 도입될 경우와 도입되지 않을 경우에 각 사람이 누리는 복지의 수준이 다음과 같다고 하자.

〈표 1〉 공리주의적 사회적 의사결정 원리

구성원	정책이 도입될 경우의 복지수준	정책이 도입되지 않을 경우의 복지수준
A	50	10
B	40	50
C	30	40
구성원 전체	120(= 50+40+30): 채택	100(= 10+50+40)

이 경우에 통상적인 민주주의 원리의 핵심인 다수결 원칙에 따라 정책 도입 여부를 결정한다면 A는 도입에 찬성하고, B와 C는 반대할 것이므로 도입하지 않는 것으로 결정이 날 것이다. 그러나 이 경우엔 사회구성원의 찬성이나 반대의 강도strength가 제대로 고려되지 않게 된다. 반면에 공리주의적 사고방식에 따라, 이 정책이 도입될 경우의 사회구성원들의 복지 총량(=120)과 도입되지 않을 경우의 복지 총량(=100)을 비교하면, 도입하는 것이 옳은 정책이 된다.

따라서 공리주의적 관점에서는 정의로운 것the just 또는 옳은 것the right은 사회구성원들에게 좋은 것the good, 즉 사회구성원 전체 차원의 복지 총량을 극대화하는 행위나 정책, 제도다. 이러한 공리주의적 정의관은 복지국가에 친화적일 수도 있고 대립적일 수도 있다. 대다수 경제학자들은 한계효용marginal utility 체감의 법칙이 아주 많은 경우에 성립한다고 본다. 즉 개인의 소비수준이 높아질수록 마지막 소비 단위가 제공하는 효용(=한계효용)은 점점 감소한다고 본다. 예컨대 배고픈 상태에서 한 그릇의 밥을 먹으면 높은 수준의 효용을 누리게 되지만, 다음 한 그릇을 더 먹을 경우엔 효용의 증가폭이 매우 작거나 아니면 아예 안 먹느니만 못하게 된다.

한계효용 체감의 법칙이 성립한다면 대부분의 경우에 개인들의 소득수준을 가능한 한 균등화하는 것이 사회 전체의 복지 총량을 늘리는 길이 된다. 부유한 사람들의 소득을 덜어 가난한 사람들에게 나누어 줄 경우에 이로 인해 부유한 사람들의 소비수준은 과거보다 낮아지고 가난한 사람들의 소비수준은 높아질 것이다. 그런데 부유한 사람들은 이미 소비수준이 매우 높은 상태에 있었기 때문에 소비수준이 다소 낮아져도 효용 감소의 폭이 크지 않을 것이다. 그러나 가난한 사람들은 애초의 소비수준이 매우 낮았으므로 소비수준이 조금만 높아져도 과거보다 한결 큰 효용을 누리게 될 것이다. 이는 매우 급진적인 평등주의를 지지하는 강력한 논리로 작용할 수 있다.

그러나 예컨대 빈곤층의 복지를 감소시키는 효과를 낳는 정책을 통해 여타 사회구성원들의 복지를 크게 증가시킬 수 있어서 빈곤층이 감수하게 되는 복지의 감소분보다 여타 사회구성원들이 누리게 되는 복지 증가분이 크다면 공리주의의 논리는 이런 정책을 지지하게 된다. 현실적으로 발생하기 어려운 상황이겠지만, 빈곤층의 소득을 줄이는 효과를 낳는 정책을 통해 중산층 이상의 소득이 크게 증가하고, 이로 인해 빈곤층이 감수하게 되는 복지 감소분보다 중산층 이상이 얻는 복지 증가분의 규모가 크다면 빈곤층의 소득을 줄이는 정책을 지지하게 된다는 것이다. 극단적 사례를 든다면 중학교 학급에서 한 학생을 왕따시킴으로써 다른 학생들이 누리는 심리적 쾌감의 총량이 왕따당하는 학생이 겪는 심리적 고통의 크기보다 크다면, 왕따시키는 상황이 더 나은 상황이다.

공리주의자들도 이런 상황에 직면하면 당혹감을 느낄 것이라 생각되지만, 공리주의의 논리에 끝까지 충실하다면 이런 상황을 긍정해

야 한다.[4] 즉 공리주의는 상황에 따라서는 반反복지국가적 정책을 지

4 이에 대해 일부 공리주의자들은 반론을 제기할 수 있을 것이다. 공리주의는 그 내부에 다양한 유파를 포함하고 있는데, 공리주의를 유형화하는 대표적 방식이 '행위 공리주의(act utilitarianism)'와 '규칙 공리주의(rule utilitarianism)'로 구분하는 방식이다. 행위 공리주의는 사람들의 개별 행위가 복지 총량 증대에 얼마나 기여하는지를 따로따로 판단하여 행위의 바람직함 정도를 평가하는 입장인데 고전적 공리주의자들은 대체로 행위 공리주의적 입장을 취했다. 그런데 행위 공리주의는 앞에서 든 왕따 사례와 같이 상식적 도덕관에 비추어 볼 때 매우 비도덕적으로 보이는 행위를 정당화할 수 있는 가능성이 매우 크다는 문제를 안고 있다. 또 개개의 행위가 사회 전체 차원에서, 그리고 장기적 관점에서 복지 총량에 어떤 영향을 미치는지를 그때그때 계산한다는 것이 사실상 불가능하다는 문제도 있다. 행위의 간접적 효과까지 고려하여 장기적 관점에서 개별 행위의 효과를 판단한다는 것은 결코 쉬운 일이 아닌 것이다. 또 설령 가능하다 하더라도 올바른 판단을 위해 지출해야 하는 비용이 너무 크다면 사람들의 행위를 인도하는 실질적 규범으로 기능할 수 없다는 문제도 있다. 행위 공리주의의 이러한 문제점으로 인해 나온 대안이 규칙 공리주의다. 규칙 공리주의는 판단이 이루어져야 하는 수준이 개별 행위가 아니라 행위들이 추종하는 규칙이어야 한다는 입장이다. 즉 어떤 규칙을 모든 사람이 준수할 경우 준수하지 않을 경우에 비해 복지 총량이 커진다면 이 규칙을 준수해야 하며, 상이한 규칙들 중에서 특정 규칙을 준수할 경우에 복지 총량이 극대화된다면 그 규칙을 준수해야 한다는 입장이다. 개별 행위에 대한 판단은 장기적으로 복지 총량을 극대화해 주는 일반적 행위규칙에 그 행위가 얼마나 부합되느냐를 중심으로 이루어져야 한다.

규칙 공리주의자들은 통상적인 사회 규범, 예컨대 정직, 성실, 약속 이행 등의 규범을 준수하는 것이 대체로 복지 총량을 극대화하는 길이라고 본다. 규칙 공리주의의 입장은 결국 대체로 상식적 도덕관과 충돌하지 않는 행위를 장려하게 된다. 규칙 공리주의는 행위 공리주의가 직면하는 치명적 난점을 피해 갈 수 있는 길을 마련해 주는 측면이 있지만 규칙 공리주의 역시 많은 비판에 노출되어 왔다. 행위 공리주의자들은 규칙 공리주의가 공리주의의 기본 정신에 충실하지 않다는 점을 비판한다. 예컨대 규칙을 위반하는 특정 개별 행위를 통해 복지 총량

지하게 된다. 따라서 공리주의는 복지국가를 안정적이고 일관되게 지지할 수 있는 논리를 제공할 수 없다. 공리주의는 일반적으로 특정 경제체제나 복지국가 유형, 정치이념 등을 원칙적으로 지지하거나 반대하기 어렵다. 구체적 상황에서 복지 총량을 계산하여 비교한 후에야 지지 여부를 결정할 수 있기 때문이다.

그러나 복지국가를 발전시켜 가기를 원하는 사람들에게 있어 공리주의는 쉽게 무시할 수 있는 철학적 입장이 아니다. 우선 공리주의는 복지 또는 효용이라는 단일한 평가척도를 갖고 있기 때문에 사회공학적社會工學的[5] 계산가능성을 적어도 원리적으로는 열어준다. 정책의 입안과 집행에서 사회구성원 전체의 복지를 어떠한 형태로든 고려할 수밖에 없다면 공리주의 원리를 아예 무시하기는 어렵다.

을 크게 늘릴 수 있다는 것이 분명한 경우에도 규칙 준수를 주장하는 입장을 공리주의의 한 형태라 간주하기는 어렵다는 것이다. 또 이런 상황에 대처하기 위해 규칙 공리주의자들이 "이러저러한 예외적 상황에서는 다음과 같은 별도의 규칙을 따른다"는 식으로 예외 상황에 대처하기 위한 하위 규칙을 만들다 보면 결국 행위 공리주의로 귀착하게 된다는 비판도 있다. 반면에 칸트주의와 같이 의무론적 도덕관을 가진 윤리학 조류들은 보편적 적용 가능성이나 개인의 인격에 대한 존중이라는 관점에서 자명한 것으로 간주되는 규범들, 예컨대 '도둑질하지 말라', '정당방위 상황이 아니라면 타인을 신체적으로 공격하지 말라' 등의 규범이 규칙 공리주의에서는 자명하고 무조건적인 것이 아니라 상황의존적인 것으로 간주된다는 점을 비판한다. 규칙 공리주의 입장에서는 이러한 규범을 준수할 경우에 얻는 장기적 이득과 손실을 계산해야 하는데 구체적인 상황이 어떻게 설정되어 있느냐에 따라 계산결과가 달라질 수 있기 때문이다.

5 사회공학(social engineering)이란 사회 현상에 관한 학문적 지식을 사회제도의 설계나 운영, 정책의 개발과 집행 등에 활용하는 지적 활동 영역을 뜻한다.

둘째, 공리주의는 불편부당성impartiality을 전제로 한다. 한 사람의 복지는 그가 누구이든 오직 한 사람분의 복지로 계산될 뿐 이를 초과하거나 이에 미달하게 계산되지 않는다는 것이 공리주의의 기본 전제다. 즉 사람들의 복지는 그 크기에서만 서로 비교될 뿐 누구의 복지인가는 고려대상이 아니다. 그런 점에서 공리주의는 근본적 차원에서 강한 평등주의를 내장하고 있다고 볼 수 있다.[6]

셋째, 공리주의는 큰 직관적 설득력을 갖는다. 사람들이 대체로 쾌락을 추구하고 고통을 피하려 한다는 점을 부정하긴 어렵다. 또 예컨대 부유층의 소득이나 재산에 과세하여 빈곤층을 지원해 주는 정책이 수많은 사람들로부터 지지받는 이유의 하나는 대다수 사람들이 어느 정도는 공리주의적으로 사고하고 있기 때문이라고 볼 수 있

6 공리주의의 불편부당성의 원칙과 복지주의(welfarism)적 사고방식을 논리의 극한까지 밀고 나간다면 동물의 고통과 복지 문제를 회피하기 어려울 것이다. 공리주의적 관점에서는 일정 정도 감각기관이 발달하여 고통이나 쾌락을 느낄 수 있는 모든 존재(sentient being)는 윤리적 고려의 대상이 될 자격이 있다고 할 수 있다. 벤담은 언젠가는 동물도 윤리적 고려의 대상으로 간주될 것이라고 전망하였고, 그 근거로 동물도 인간과 마찬가지로 고통을 느낄 수 있다는 점을 들었다. 즉 고통을 느낄 수 있는 존재라는 점이 윤리적 관점에서 평등하게 존중받아야 할 근본 이유 또는 존재론적 근거라는 것이다. 『동물해방』*Animal Liberation*의 저자인 윤리학자 싱어(Peter Singer)는 현대의 대표적 공리주의 철학자인데, 그는 벤담의 논리의 연장선상에서 동물의 고통 문제를 다루어 왔다. 공리주의의 이러한 측면은 "중생이 아프니 내가 아프다"는 불교의 보편적 공감(sympathy)의 윤리, 대자대비(大慈大悲)의 윤리로 연결될 수 있는 잠재력을 가진 것 같다. 그러나 공리주의는 '합계 순위 매기기' 원칙에 따라 어떤 주체의 고통을 무시하는 것을 정당화하는 측면도 있다.

다. 부유층이 납세를 통해 가처분소득[7]이 감소함으로 인해 겪는 복지의 감소분보다는 빈곤층이 정부지원을 통해 얻는 복지의 증가분이 한결 크다고 보기 때문에 사람들은 재분배정책을 지지한다고 볼 수 있다.

예컨대 어떤 부유한 사람이 있는데 이 사람은 매우 가난한 가정에서 태어나 각고의 노력을 통해 자수성가한 사람이라고 하자. 또 어떤 아주 가난한 사람이 있는데 이 사람은 부모로부터 엄청난 재산을 상속받았지만 본인이 방탕하게 살면서 재산을 탕진했다고 하자. 도덕적 자격moral deservingness의 측면에서 보면 이런 상황에서 가난한 사람이 부유한 사람에게 경제적 지원을 요구할 만한 자격이 있다고 보긴 어렵다. 그러나 이런 상황에서도 대다수 사람들은 부유한 사람이 개인적으로 직접 지원하든 납세를 통해 간접적으로 지원하든 어떤 형태로든 가난한 사람을 지원하는 것이 바람직하다고 판단할 것이다. 과거의 삶의 이력이 어떻든 가난한 사람이 현재 큰 고통을 겪고 있다는 점을 무시할 수 없다. 또 부유한 사람의 돈으로 가난한 사람을 도와준다면 가난한 사람의 고통은 크게 줄어들 것이나 부유한 사람의 행복이 크게 줄어들 것 같지는 않기 때문이다.[8]

7 가처분소득이란 개인이나 가계(家計; household)의 총소득에서 세금 납부액을 뺀 소득을 의미한다.

8 더구나 현실에서는 부자들이 부유해진 것이 그들의 노력과 무관한 경우가 허다하고, 빈자들이 가난해진 것이 그들의 탓이 아닌 경우가 비일비재하다. 심지어 부자들은 방탕하게 살아 왔지만 여전히 부자이고, 빈자들은 열심히 노력하며 살아 왔지만 여전히 빈자인 경우가 허다하다.

그러나 공리주의는 심각한 약점을 갖고 있기도 하다. 첫째, 공리주의는 개인의 개별성individuality과 인격적 독자성을 무시한다. 공리주의적 관점을 끝까지 밀고 나가면 개인은 다른 누구와도 구별되는 독자적이고 존엄한 존재라기보다는, 쾌락과 고통이 그 안에 저장되고 계산되는, 쾌락과 고통의 계량기 비슷한 존재로 인식될 수밖에 없다. 공리주의적 사고 속에는 그 어떤 경우에도 침해되어서는 안 되는 개인의 기본권이라는 사고가 자리잡을 여지가 없다.

둘째, 공리주의의 과도한 사회공학적 합리주의는 전체주의totalitarianism나 권위주의authoritarianism와 잠재적 친화성을 갖는다. 행위의 동기나 의사결정의 절차가 중요하지 않고 결과만이 중요하다면, 가장 이상적인 사회는 가장 현명하고 불편부당한 전제적 통치자가 사회구성원 전체의 복지 총량을 신속히 계산하여 이에 맞게 일사불란하게 정책을 입안하고 집행하는 사회일 것이다. 실제로 공리주의적 사고방식이 전체주의적이거나 권위주의적인 의사결정방식을 선호하게 될지 여부는 구체적 상황에 따라 달라질 것이다. 상황에 따라서는 공리주의적 사고방식이 매우 민주적인 의사결정구조를 선호하게 될 가능성도 있다. 그러나 적어도 원리적으로는 공리주의는 의사결정절차의 성격 자체에 독자적 가치를 두지 않기 때문에 전체주의적이거나 권위주의적인 의사결정절차와 친화성을 가질 위험성이 있다고 보아야 할 것 같다.[9]

9 공리주의의 발상지인 영국에서 공리주의자들은 19세기 전반기의 정치개혁과 사회개혁을 주도했다. 의회권력의 강화, 선거권자 범위의 점진적 확대, 노동자의 노

셋째, 공리주의의 기본 평가척도인 복지나 효용은 한 개인의 경우에도 정확히 측정하기 어렵고 또 서로 다른 개인 간에 복지나 효용의 크기를 비교할 현실적 방법은 거의 없다. 신고전파 경제학이 공리주의적 사고를 강하게 깔고 있으면서도 공리주의적 입장을 전폭적으로 수용하지 않는 핵심적 이유의 하나가 바로 여기에 있다. 공리주의적 사회공학이 제대로 작동하기 위한 전제조건인 '효용의 개인 간 비교'가 실제로는 거의 불가능하다는 것이다. 예컨대 두 사람이 각기 맥주 한 잔씩을 마셨을 때 누구의 효용이 더 많이 증가했는지 객관적으로 확인할 방법은 없다는 것이다. 효용의 개인 간 비교가 불가능하다면 '합계 순위 매기기'도 불가능해진다.[10] 결론적으로 공리주의는 복지국가를 안정적으로 지지해 줄 수 있는 사회철학이 되기에는 커다란 결함을 갖고 있다.

동조건 개선 등 이들의 개혁방향은 기본적으로 진보적인 것이었고 민주주의 원리에 부합하는 것이었다. 이러한 방향의 개혁이 사회구성원의 복지 총량을 증대시킬 것이라 믿은 것이다. 당시 공리주의자들은 대체로 자유주의자들이자 민주주의자들이었다. 그러나 이는 구체적인 역사적 상황에서 나타난 현상이고, 공리주의적 사고 자체는 전체주의나 권위주의와 더 친화성이 있다고 보아야 할 것 같다.

10 이 문제를 불완전하게나마 해결하는 방안으로서 흔히 소득을 복지나 효용의 대리변수로 활용한다. 소득은 객관적 측정이 가능하기 때문이다. 소득을 복지나 효용의 대리변수로 사용하면, 복지 총량 극대화는 결국 국민소득 극대화를 의미하게 되고 공리주의는 경제성장 제일주의로 귀결된다. 그러나 공리주의자들 스스로 잘 알듯이 소득수준과 복지수준이 정비례하는 것은 아니다.

2 사회계약론: 롤스의 정의론을 중심으로

현대적 '정의론theory of justice' 논의를 주도해 온 학자는 미국의 정치철학자 롤스John Rawls다. 그는 주저 『정의론』A Theory of Justice[11]에서 공리주의를 논박하는 데 많은 지면을 할애하였다. 무엇보다도 공리주의는 개인의 개별성과 존엄성을 무시한다는 것이다. 그에 따르면 사회의 제1덕목은 정의다. 그리고 정의는 복지나 효율 등 다른 가치와 타협하고 조정할 수 있는 가치가 아니다. 정의는 최우선적 가치인 것이다. 그렇다면 정의란 무엇인가?

롤스는 사회계약론social contract theory의 전통 위에 서 있는 학자다. 사회계약론은 서구 계몽주의 사상의 핵심적 요소로서 주로 국가의 필요성과 정당성을 사회계약의 관점에서 설명하는 조류다. 즉 개인의 자유를 어느 정도 침해할 수밖에 없는 국가를 건설하는 데 왜 개인들이 동의할 수 있는가 하는 문제를 다룬다. 사회계약론은 국가의 실제 형성과정을 설명하는 이론이라기보다는 정당성을 인정받을 수 있는 국가는 어떤 속성을 가져야 하는가 하는 규범적 문제를 다루는 이론이다. 정당성을 인정받을 수 있는 국가는 자유롭고 합리적인 개인들이 자발적 계약을 통해 수립할 수 있는 국가라는 것이다. 국가뿐 아니라 다른 사회 제도들도 개인들의 자발적 계약을 통해 수립될

11 이 책의 초판은 1971년에 나왔고 개정판은 동일한 제목으로 1999년에 나왔다. 개정판의 한국어 번역본은 황경식 역 『정의론』(이학사, 2003)이다. 필자는 개정판 한국어 번역본에 주로 의존했다.

수 있는 것이라야 정당성을 인정받을 수 있다.

정의 문제도 마찬가지다. 사회계약론의 전통에 따라 절차적 정의관[12]을 갖고 있는 롤스에게 있어 정의로운 사회질서란 자유롭고 평등하며 합리적인 개인들이 이상적인 논의조건에서 만장일치로 합의할 수 있는 질서다. 즉 '공정으로서의 정의justice as fairness'가 충족되는 질서다. 여기에서 중요한 것은 현실의 개인들이 합의할 수 있는 질서가 아니라 이상적인 논의조건에서 합의할 수 있는 질서라는 대목이다. 현실의 개인들은 자신들의 주어진 처지, 예컨대 신분이나 계층, 소득수준, 성별, 연령, 취향 등에 따라 각기 다른 이해관계를 갖기 마련이고, 또 따라서 자신의 이익을 증진시켜 주는 질서를 정의로운 질서라고 파악하고 주장하기 쉽다. 따라서 이런 현실세계에서는 모든 개인이 만장일치로 합의할 수 있는 질서는 존재할 수 없다.

이상적인 논의조건을 만들어 주기 위해 롤스는 '무지의 베일veil of ignorance'이라는 유명한 사유실험thought experiment을 이론 속에 도입한다. 평등한 자격을 가진 개인들이 모여 다음에 그들이 다시 태어날

12 '절차적 정의(procedural justice)'란 사회적 의사결정절차에서의 정의를 뜻한다. 예컨대 어떤 사회적 의사결정이 공정하고 투명한 절차를 통해 이루어졌다면 이 의사결정은 절차적 정의를 충족시킨다. '절차적 정의'에 대비되는 개념이 '실체적 정의(substantive justice)'다. 실체적 정의는 사회적 의사결정의 내용에서의 정의를 뜻한다. 예컨대 어떤 범죄자가 공정한 수사와 재판절차를 통해 판결을 받았다면 이 범죄자에 대한 법적 처리는 절차적 정의를 충족시킨다. 반면에 실체적 정의의 충족 여부는 이 범죄자가 범죄의 성격과 정황에 잘 부합하는 수준의 형벌을 받았느냐 여부에 의해 판단된다.

사회의 질서에 대해 합의한다는 다소 기묘한 상황을 가정해 보자. 그들은 다음 세상에서 자신이 어떤 속성과 지위를 가지고 태어날지 모르며 어떤 세대에 태어날지도 모르는 상황에서 자신에게 가장 유리할 것으로 기대되는 사회질서를 지지하도록 요구된다고 가정해 보자. 이때 개인들은 합리적이며, 타인의 이익에 무관심하여 오직 자신의 이익에만 관심을 가지는 주체들이다. 이런 상황에서 모든 개인들이 만장일치로 합의할 수 있는 질서라면 '공정으로서의 정의'를 구현하는 질서라 볼 수 있다는 것이다. 자신이 어떤 조건에서 태어날지 모르는 상황에서 자신에게 가장 유리한 질서를 찾는다는 것은 결국 모든 특수한 이해관계로부터 벗어나 가장 공정한 관점에서 보편적으로 타당한 질서를 찾는 셈이기 때문이다.[13]

13 사회계약론 내에 두 가지 조류가 존재해 왔다고 할 수 있다. 하나는 사회계약이라는 것을 자기이익을 합리적으로 추구하는 사회구성원들이 타협과 조정을 통해 도달하는 합의라고 해석하는 조류다. 이때 사회구성원들은 자기이익의 합리적 추구 외에 별도의 도덕적 규범에 구속되지 않는다. 그러나 자신의 이익만을 배타적으로 추구할 경우에는 상대방의 반격을 받게 되고, 또 자칫하면 사회계약의 도출에 실패함으로써 자신의 처지가 더 악화될 수도 있으므로 상대방도 수용할 수 있는 범위 내에서 자기이익을 추구하게 된다. 그런 주체들이 합의해 내는 내용이 사회계약이다. 그런 점에서 사회계약이란 도덕적 고려가 없는 주체들이 자기이익을 합리적으로 추구하는 과정에서 결과적으로 도달하게 되는 도덕적 규범이다. 이런 조류의 대표자로는 근대 사회계약론의 창시자라 할 수 있는 홉스(Thomas Hobbes)를 들 수 있고, 현대 철학자 중에서는 고티에(David Gauthier)를 들 수 있다.

다른 하나의 조류는 사회계약이라는 것을 일정한 규범적 조건을 전제로 한 상태에서 도달되는 합의로 보는 조류다. '공정성'(롤스), '보편적 적용 가능성'(칸트),

이런 무지의 베일 상황에서라면 개인들은 자신이 우연히 불리한 처지에서 태어나게 된다 하더라도 불이익을 최대한 줄일 수 있는 질서를 지지하게 되리라고 롤스는 기대한다. 이러한 상황에서 개인들이 합의할 것으로 기대되는 정의의 원칙으로 롤스는 다음과 같은 것을 제시한다.

제1원칙: 각자는 모든 사람의 유사한 자유체계와 양립할 수 있는 평등한 기본적 자유의 가장 광범위한 전체 체계에 대해 평등한 권리를 가져야 한다. (자유의 원칙)

제2원칙: 사회적, 경제적 불평등은 다음 두 가지 조건을 만족시키도록, 즉

a) 그것이 정의로운 저축 원칙과 양립하면서 최소 수혜자 **the least**

'사람들에 의해 합당한 방식으로(reasonably) 거부될 수 없는 성격' (스캔론) 등이 사회계약의 전제로 작용하는 규범적 조건들이다. 따라서 이러한 조류의 사회계약론에서 사회계약에 참여하는 사회구성원들은 적나라하게 자기이익을 추구하는 주체들이 아니라 일정한 도덕적 규범의 테두리 내에서 자기이익을 추구하는 주체들이다. 즉 이러한 유형의 사회계약론에서는 사회계약이라는 도덕적 규범이 더 기초적인 도덕적 규범, 예컨대 공정성과 같은 도덕적 규범을 전제로 한 상태에서 도출된다. 이러한 조류를 대표하는 고전적 철학자로는 칸트(Immanuel Kant)를 들 수 있고, 현대 철학자 중에서는 롤스와 스캔론(Thoams Scanlon)을 들 수 있다. 통상적으로 홉스나 고티에와 같은 사회계약론자를 'contractarian'이라 하고, 칸트나 롤스, 스캔론과 같은 사회계약론자를 'contractualist'라고 구별하여 부른다.

advantaged에게 최대 이득이 되고 (차등의 원칙 difference principle)

b) 공정한 기회균등의 조건 하에 모든 사람들에게 개방된 직책과 직위에 결부되도록 편성되어야 한다.[14] (공정한 기회균등의 원칙)

그런데 이러한 정의의 원칙들 사이에는 확고한 우선성 priority 순위가 있다. 제2원칙에 대해 제1원칙이 우선적이며 제2원칙 중 차등의 원칙에 대해 공정한 기회균등의 원칙이 우선적이다. 여기에서 우선적이라는 것은 '축차적逐次的 우선성 lexical priority'을 의미한다. 즉 질서 A와 질서 B가 있는데, 질서 B는 질서 A에 비해 제1원칙을 사소하게 훼손하는 대신에 제2원칙을 훨씬 더 잘 충족시켜 주는 질서라 가정하자. 그 경우에도 질서 A가 질서 B보다 우월한 것으로 보아야 한다는 것이 축차적 우선성의 의미다. 즉 일단은 제1원칙을 얼마나 잘 충족시키느냐가 판별 기준이 되어야 하고, 제1원칙을 동일한 정도로 충족시키는 질서들 간의 우열은 제2원칙을 얼마나 잘 충족시키느냐에 의해 판정되어야 한다는 것이다.

이러한 정의의 원칙이 의미하는 바를 구체적으로 살펴보기로 하

14 정의의 원칙의 원문은 다음과 같다. "First Principle: Each person is to have an equal right to the most extensive total system of equal basic liberties compatible with a similar system of liberty for all. Second Principle: Social and economic inequalities are to be arranged so that they are both: (a) to the greatest benefit of the least advantaged, consistent with the just savings principle, and (b) attached to offices and positions open to all under conditions of fair equality of opportunity". Rawls(1999: 266).

자. 제1원칙은 통상 시민적 기본권이라고 불리는 권리들, 예컨대 신체의 자유, 사상과 양심의 자유, 표현과 출판의 자유, 집회와 결사의 자유, 직업 선택의 자유와 같은 가장 기본적인 권리들을 모든 사람들이 평등하게 누릴 수 있어야 한다는 것을 의미한다. "모든 사람의 유사한 자유체계와 양립할 수 있는"이라는 문구는 어떤 개인의 기본적 자유의 향유가 다른 사람의 기본적 자유를 침해하지 않는 방식으로 달성되어야 한다는 것을 의미한다.

제2원칙은 사회적, 경제적 불평등이 용인될 수 있는 범위의 한계를 설정해 주는 원칙이다. 제2원칙 중 차등의 원칙에 "정의로운 저축 원칙과 양립하면서"라는 문구가 삽입되어 있는 이유는 다음과 같다. 롤스의 무지의 베일 상황에서 개인은 자신이 어떤 세대에 태어날지도 알 수 없다. 그런데 어떤 세대가 소비를 적게 하고 저축을 많이 하면, 저축된 자산이 이후에 생산적으로 사용됨으로써 그 다음 세대가 더 높은 수준의 경제성장의 혜택을 누릴 수 있다. 반면에 소비를 억제하여 저축을 많이 한 세대는 그만큼 고생하게 된다. 반대로 어떤 세대가 소비는 많이 하고 저축은 하지 않으면 다음 세대가 선배 세대로부터 계승받을 자산이 없어 고생하게 된다. 따라서 저축 문제와 관련하여 '세대 간 정의'가 달성되려면 서로 다른 세대 간에 저축률이 공평하게 부과되어야 한다는 것이다. 롤스는 세대별로 경제발전수준이 다를 것이므로 경제발전수준이 높은 세대일수록 저축률이 높아지는 것이 정의로운 저축 원칙이 된다고 보았다.

이러한 정의로운 저축 원칙이 확보된다는 조건 하에서 최소 수혜자에게 가장 이익이 되는 방식으로만 사회적, 경제적 불평등이 허용되어야 한다. 여기에서 최소 수혜자란 그 사회에서 혜택을 가장 적게 누리는 집단 또는 가장 열악한 처지에 있는 집단을 의미한다. 차등의 원칙의 의미를 좀 더 구체적으로 이해하기 위해 다음 표와 같은 상황을 가정해 보자.

〈표 2〉 사회질서별 사회구성원의 계층별 소득수준

	질서 A	질서 B	질서 C
최소 수혜자 집단의 평균소득	50	70	30
중간 수혜자 집단의 평균소득	50	80	60
최대 수혜자 집단의 평균소득	50	90	200

위 표에서 질서 A에 해당되는 사회질서로는 예컨대 모든 사회구성원에게 완전히 동일한 소득을 제공하는 질서를 생각해 볼 수 있다. 모든 사회구성원의 소득이 동일하므로 최소 수혜자, 중간 수혜자, 최대 수혜자의 구분은 사실상 의미가 없다. 최소 수혜자 집단의 1인당 평균소득은 사회구성원 전체의 1인당 평균소득과 동일하다. 질서 B는 약간의 사회적, 경제적 불평등을 허용함으로써 남보다 재능 있는 사람들이 더 열심히 일할 수 있는 유인incentives을 제공함으로써 질서 A에 비해 경제 전체 차원의 총소득이 증가했고 그 덕분에 최소 수혜자 집단의 평균소득도 증가하게 된 질서다. 질서 C는 사회적, 경제적 불평등을 질서 B에서보다도 더 많이 허용함으로써 경제 전체 차원의 총소득이 더 늘어난 질서다. 그러나 질서 C는 분배의 불평등 정도가 A나 B에 비해 한결 커서 최소 수혜자 집단의 평균소득이 가장 낮다. 이런 상황에서는 차등의 원칙에 따르면 질서 B가 가장 바람직한 질서일 것이고 그 다음으로는 질서 A가 바람직하고, 질서 C는 가장

좋지 않은 질서로 평가된다. 최소 수혜자의 소득수준이 가장 높은 질서가 가장 좋은 질서이기 때문이다.

그렇다면 왜 질서 B를 가장 높이 평가하는 차등의 원칙을 받아들여야 하는가? 사람들은 자신이 어떤 처지에서 태어날지 전혀 알 수 없는 상황에서는, 설령 자신이 가장 불리한 조건에서 태어나 살아가게 된다 하더라도, 즉 최소 수혜자로 살아가게 된다 하더라도 그런대로 괜찮은 삶을 누릴 수 있는 사회질서를 선호하게 될 것이기 때문이다. 즉 합리적인 사람이라면 자신이 우연히 최대 수혜자로 태어나 높은 수준의 소득을 얻을 가능성에 매달려 최대 수혜자 집단의 평균 소득이 최대로 되는 사회질서를 선호하기보다는, 불운하게도 최소 수혜자로 태어난다 하더라도 다른 사회질서에 비해서는 최소 수혜자의 소득이 높은 수준에서 보장되는 사회질서를 선호하리라는 것이다. 이를 경제학 용어로 표현하자면 롤스는 무지의 베일 상황에서 정의의 원칙을 결정하는 대표적 사회구성원들은 자기 인생을 도박에 걸기 좋아하는 '위험 애호자risk lover'이기보다는 최악의 경우에도 일정 수준 이상의 삶의 조건을 확보하기를 원하는 '위험 기피자risk averter' 일 것으로 보았다고 해석할 수 있다. 그리고 이렇게 대표적 사회구성원들을 위험 기피자로 보는 시각은 차등의 원칙뿐 아니라 정의의 원칙 전체, 즉 제1원칙과 제2원칙 모두에 반영되어 있다. 극단적 예를 들어보자. 극단적으로 위험을 애호하는 사람들이 모여 그들이 원하는 사회질서에 관해 합의한다면 제1원칙에도 합의하기 어려울 것이다. 그들은 모든 사람들에게 시민적 기본권이 평등하게 보장되는 사회보다는 노예제 사회처럼 어떤 사람들은 노예로서 극단적 부자유 상태에 있고 노예주들은 엄청난 특권을 누리는 사회를 선호할 수도 있다. 노예주로 태어나 특권을 누릴 가능성에 크게 매력을 느낄 수 있기 때문이다.

롤스는 무지의 베일 상황에서 대표적 사회구성원들이 위험을 기피하는 태도를 보일 것이라고 가정하는 것은 충분히 합리적이라 보았다. 그러나 이것이 대표적 사회구성원들이 극단적으로 위험 기피적 성향을 가진다는 심리학적 가정에 입각한 것은 아니라는 점을 강조했다. 대표적 사회구성원들이 위험 기피적 태도를 보일 것이라고 가정하는 것은 그들의 심리적 특성에 대한 가정에 입각한 것이 아니라, 무지의 베일 상황에서 결정해야 할 사안의 성격에 기인한다는 것이다. 무지의 베일 상황에서 결정해야 하는 정의의 원칙은 사회를 규율하는 기본 원칙으로서 한번 결정되고 나면 이후에 번복될 수 없는 원칙이다. 또한 무지의 베일 상황에서 의사결정에 참여한 당사자들뿐 아니라 의사결정에 참여하지 않은 미래의 모든 사회구성원들에게도 지속적으로 심대한 영향을 미칠 원칙이다. 이렇게 중대한 사안에 대해 결정함에 있어 자신들과 미래의 다른 사회구성원들의 기본적 자유를 근본적으로 침해할 수도 있는 방향의 의사결정을 피하고, 어떤 경우에도 사회구성원들이 기본적 권리의 차원에서 자유롭고 평등한 주체로서의 지위를 지킬 수 있게 해 주는 원칙을 지지하리라고 가정하는 것은 충분히 합리적이라는 것이다.

한편 제2원칙 중 '공정한 기회균등의 원칙'은 사람들이 얻기 원하는 직책과 직위가 모든 사람들에게 개방되어 있어야 하며, 이런 직책과 직위를 얻기 위한 경쟁이 '공정한 기회균등의 조건' 하에서 이루어져야 한다는 것이다. 여기에서 '공정한 기회균등의 조건'이 의미하는 바는 예컨대 조선 시대의 양반, 상놈과 같은 불평등한 신분질서가 없어야 하며 누구나 대학에 입학할 자유를 가져야 한다는 정도의 '형식적 기회균등' 만을 의미하는 것이 아니다. 예컨대 부모들의 소득 차이에 의해 자녀들의 대학 진학 가능성이 크게 달라져서는 안 된다는 '실질적 기회균등' 도 달성되어야 한다는 것이다.

이상의 정의의 원칙에서 제1원칙, 즉 자유의 원칙이 제2원칙에 우선한다는 것은 공정한 기회균등을 달성하거나 차등의 원칙을 실현하기 위해 자유의 원칙을 훼손할 수는 없다는 것을 의미한다. 예컨대 최소 수혜자의 경제적 처지를 개선하기 위해 다른 사회집단의 신체의 자유나 사상의 자유와 같은 기본적 자유권을 훼손할 수는 없다는 것이다. 사회적, 경제적 평등보다도 기본적 자유권의 평등한 향유가 더 중요한 가치라는 것이다.

제2원칙 중 '공정한 기회균등의 원칙' 이 '차등의 원칙' 에 우선하는 것은 일단 사회적 조건의 차이나 사회적 차별과 같은 '사회적 차이' 에 기인하는 불평등을 제거하는 것이, 재능의 차이와 같은 '자연적 차이' 로 인한 불평등을 줄이는 것보다 우선적인 과제이기 때문이다. 예컨대 학업에 의욕과 재능이 있는 학생이 부모가 너무 가난한 관계로 대학에 진학하지 못하게 되는 상황이 발생하지 않도록 하는 것이, 타고난 지능이나 체력이 약해 남보다 가난하게 살아가는 사람들의 소득수준을 가능한 한 높여 주는 것보다 우선적인 과제라는 것이다. 일단 '공정한 기회균등의 원칙' 에 따라 사회적 차이로 인한 불평등의 여지를 최대한 줄여 주고 난 후에, '차등의 원칙' 에 따라 지능이나 체력, 또 각종 우연한 행운이나 불운과 같은 자연적 차이로 인해 야기된, 최소 수혜자의 열악한 처지를 개선해 주는 것이 올바른 순서라는 것이다.

차등의 원칙과 관련하여 주목해야 할 대목은 롤스는 개인이 가진 천부적 재능으로부터 나오는 이득도 온전히 그의 소유물로 보지 않았다는 점이다. 어떤 사람이 남보다 재능이 뛰어난 사람으로 태어나느냐 여부는 '운luck'의 문제이기 때문에 '도덕적으로 임의적인 morally arbitrary' 사안이다. '도덕적으로 임의적'이라는 말은 도덕적 근거에서 존중받거나 비난받을 만한 대상이 아니라 도덕적 견지에선 우연에 불과하다는 뜻이다. 그 누구도 남보다 재능이 부족한 사람으로 태어나길 원하진 않을 것이다. 태어날 때부터 남보다 뛰어난 지능이니 체력, 외모 등을 갖추었다는 것은 그의 노력이나 선택의 결과가 아니라 '행운good luck'으로 그저 주어진 것이다. 따라서 그런 행운으로부터 나오는 이득을 온전히 자신의 소유물이라 주장하기 어렵다는 것이다.

롤스의 관점에 따르면 사회구성원들의 천부적 재능의 분포 distribution는 사회의 공동자산이고, 따라서 어떤 개인들의 천부적 재능으로 인해 발생하는 이득은 정의의 원칙에 따라 적절하게 재분배되어야 할 대상이다. 이 말의 의미를 따져보기로 하자. 먼저 "사회구성원들의 천부적 재능의 분포는 사회의 공동자산"이라는 말의 의미는 무엇인가? 예컨대 사회구성원 A는 수학에 천부적 재능을 갖고 있고, B는 축구에 천부적 재능을 갖고 있으며, C는 어떤 분야에서도 남다른 재능을 갖고 있지 않은 평범한 사람이라고 하자. 이렇게 특정 재능이 특정 사회구성원에게 천부적으로 부여되어 있으며, 사회 전체적으로 볼 때 예컨대 천부적으로 수학에 재능이 있는 사람이 인구의 5%라는 사실은 전체로서의 사회에 주어진 여건이다. 그리고 이러한 천부적 재능의 분포라는 여건 위에서 분업에 기초하여 사회 전체의 발전이 이루어진다는 점에서 천부적 재능의 분포는 사회의 공동자산이다. 그리고 A가 축구가 아니라 수학에 재능이 있고, 반면에 B는 수학이 아니라 축구에 재능을 갖고 태어난 것은 각 개인의 관점에서는 '운명'이겠지만 사회 전체의 관점에서 보면 '우연'일 뿐이다.

무지의 베일 상황에 처한 개인들의 입장에서 자신이 어떤 천부적 재능을 갖고 태어날지는 전적으로 우연에 불과하다. 따라서 이들은 남다른 천부적 재능이라는 우연한 행운을 갖고 태어난 사람이 그로 인한 이득을 전적으로 자기 것으로 소유할 수 있는 사회질서에 동의하지 않을 것이다. 무지의 베일 상황에 처한 개인들은 누구에게 어떤 천부적 재능이 배당될 것인지, 사회 전체적으로는 어떤 재능을 타고난 사람들이 얼마나 될지를 자연스럽게 사회 전체의 관점에서 고찰하게 된다. 그리고 천부적 재능의 분포라는 사회의 공동자산이 재능이 없는 사람들에게도 크게 혜택이 되는 방식으로 활용되는 질서를 선호할 것이다. 즉 개인 간에 재능 수준이 달라 발생하는 소득이나 지위 분배의 불평등은, 그 불평등을 인정함을 통해 최소 수혜자의 처지를 최대한 개선시킬 수 있는 범위 내에서만 인정되어야 한다. 그것은 정의로운 불평등이기 때문이다. 그러나 최소 수혜자에게 최대 이득이 되는 범위를 넘어서는 불평등은 제도나 정책을 통해 시정되어야 한다. 태생적으로 주어진 남다른 재능을 가진 사람이 그 재능으로 인한 이득을 전적으로 자기 것이라고 주장할 만한 도덕적 근거는 없다. 또 어떤 사람이 태생적으로 짊어진 신체장애 등은 그가 선택한 것이 아니므로 이로 인해 그가 극도로 불이익을 받는 것도 도덕적으로 정당한 것이 아니다.

롤스가 차등의 원칙을 정당화하기 위해 사용한 중요한 개념의 하나가 '호혜성reciprocity'이다. 자유롭고 평등한 개인들이 만나 그들이 미래에 살게 될 사회의 분배원칙에 대해 합의한다고 할 때, 우선적으로 떠오르는 가장 자연스런 분배원칙은 '완전 평등'일 것이다. '완전 평등'이 아닌 다른 분배원칙을 수용하려면 그 분배원칙이 모든 사회구성원들에게 받아들여질 만한 적극적 이유가 있어야 한다. 그런데 만일 적절한 수준의 불평등을 용인함으로써 모든 사회구성원의 처지가 개선된다면, 특히 최소 수혜자의 처지가 크게 개선될 수 있다면 이는 호혜성을 실현하는 길이 된다. 재능이 많은 사람들은 적절한 불평등을 용인하는 분배원칙을 통해 완전 평등 상황에 비해 자연히 처지가 개선될 수 있을 테고, 또 이러한 분배원칙을 통해 최소 수혜자의 처지도 개선되므로 서로 혜택을 보게 되기 때문이다.[15]

15 롤스는 후기 저작인 『정치적 자유주의』*Political Liberalism*(1993)에서 자신의 호혜성 개념은 '불편부당성(impartiality)'과 '상호이익(mutual advantage)' 사이에 위치한 개념이라고 주장한다. 이 문제에 관해 롤스는 그리 명료하게 설명하고 있진 않은데, 필자는 대략 이런 의미로 해석할 수 있다고 생각한다. 정의의 원칙에 대해 합의하는 대표적 사회구성원들은 무지의 베일 상황에 처해 있다. 즉 '불편부당성'을 보장하는 상황에서 미래 사회를 규율할 원칙에 대해 합의해야 하는 상황에 처해 있다. 따라서 차등의 원칙에 구현되어 있는 호혜성은 그저 적나라하게 자기이익을 추구하는 주체들이 서로 타협과 조정을 통해 실현하는 호혜성이 아니라 공정성, 불편부당성이라는 도덕적 규범을 전제로 하여 실현하는 호혜성이다. 따라서 '상호이익'으로만 환원되지 않는 규범적 차원을 포함한 호혜성이다. 한편 호혜성은 불편부당성으로만 환원되지도 않는다. 불편부당성이라는 조건 하에서도 대표적 사회구성원들이 자기이익에 무관심한 사람들이라면 최소 수혜자의 이익을 극대화하는 범위 내에서 사회구성원 간의 처지의 격차를 허용한다는 차등의 원칙에 합의하지 않을 수 있다. 즉 불편부당성이라는 규범적 조건에 더

이상 롤스의 정의의 원칙들을 통상적으로 사용되는 다른 개념들로 바꾼다면 자유의 원칙은 대체로 자유주의 원리에 해당하고, 공정한 기회균등의 원칙은 대체로 민주주의 원리에 해당하며, 차등의 원칙은 대체로 사회보장의 원리나 평등주의적 성격의 경제체제의 구성 원리에 해당한다고 볼 수 있을 것이다. 즉 롤스는 자유주의 원리의 우선성 하에서 자유주의 원리와 민주주의 원리, 그리고 사회보장의 원리 또는 사회경제적 평등의 원리를 통합하려 한 것이라 볼 수 있다. 롤스는 이상과 같은 정의의 원칙이 관철되고 난 후에 남는 사회적, 경제적 불평등은 용인되어야 한다고 본다. 그것은 정의로운 불평등이기 때문이다.

그리고 이러한 정의의 원칙이 실제로 구현되려면 기본재primary goods[16]가 정의의 원칙에 따라 개인들에게 분배되어야 한다. 기본재란

하여 대표적 사회구성원들이 자기이익을 추구하는 존재라는 가정이 추가되어야 차등의 원칙에 구현된 호혜성을 실현하게 된다. 예컨대 대표적 사회구성원들이 자기이익의 실현에 별로 관심이 없고 무엇보다도 평등을 우선적으로 추구하는 존재라면 상호이익의 가치가 반영된 차등의 원칙이 아니라 이보다 훨씬 강한 평등주의적 분배원칙에 합의하게 되기 쉬울 것이다. 이 문제에 관한 롤스의 설명은 Rawls(1993: 16-18)에 나와 있다.

16 'primary goods'는 '기본재' 또는 '기초재'로 번역되기도 하고 '기본적 선(善)' 또는 '기본적 가치'로 번역되기도 한다. 이는 영어 'goods'가 '선'이라는 의미와 '재화'라는 의미를 함께 갖는 데 기인한다. 경제학의 맥락에서 쓰일 때에는 대부분 '재화' 또는 '재'로 번역하고 윤리학의 맥락에서 쓰일 경우에는 대부분 '선' 또는 '가치'로 번역하는데, 롤스가 이야기하는 'primary goods'는 경제학에서 이야기하는 재화는 아니다. 그러나 한국어의 맥락에서 '선'은 통상 영어의 primary goods에

그 어떤 합리적 인생계획을 가진 사람이라 하더라도 이를 달성하기 위해서 필요로 하는 범용汎用 자원 또는 범용 수단이다.

기본재는 다음 다섯 가지 유형으로 나누어 볼 수 있다.

(a) 기본적 자유: 사상과 양심의 자유, 결사의 자유 등
(b) 다양한 기회들을 배경으로 하여 이주와 직업선택의 자유
(c) 공직의 권력과 특전 그리고 책임 있는 지위들, 특히 주요 정치적, 경제적 기관들에서의 권력과 특전, 책임 있는 지위들
(d) 소득과 재산
(e) 자기 존중의 사회적 기초the social bases of self-respect

여기에서 '자기 존중의 사회적 기초'라는 말의 의미를 설명할 필요가 있다. 롤스에 정의定義에 따르면 "자기 존중의 사회적 기초란, 시민들이 도덕적 인간으로서 그들 자신의 가치에 대한 생생한 감각을 갖고 살아가며, 자기 확신을 갖고 그들의 최고의 이해관심interests을 실현하고[17] 그들의 목적을 진전시킬 수 있기 위해 통상적으로 필수적인,

서의 'goods'처럼 서로 구분 가능한 구체적 항목들의 집합이라는 의미로 사용되지 않아 '기본적 선' 또는 '기본선'이라는 번역어도 매우 어색한 것이 사실이다. 한국어 '선'은 대개 '진선미'에서의 '선'처럼 어떤 가치 또는 속성을 의미하지 영어의 'goods'와 같이 '좋은 것들' 또는 '선한 것들'이라는 의미로 사용되지 않는다.

17 영어 'interest' 또는 'interests'는 우리말로 통상 '관심'으로 번역되거나 '이해

기본적 제도들의 양상들aspects이다."(Rawls 1982: 166).

매우 압축적인 정의여서 이해하기 다소 어려운데, 대략 이런 의미로 이해할 수 있을 것이다. 롤스에게 있어 개인의 자기 존중은 매우 소중한 가치다. 롤스가 생각하는 바람직한 사회에서 개인들은 자유롭고 평등하며, 자신을 가치 있는 존재라 느끼며 확신을 가지고 자신의 인생계획을 실현하려는 주체들이다. 그런데 개인의 자기 존중은 그저 개인들이 주관적으로 자신이 소중한 존재라고 생각하는 것만으로 실현되는 것이 아니다. 사회의 기본적 제도들이 어떻게 편성되어 있느냐에 따라 어떤 개인들은 일상생활에서 늘 좌절감과 모멸감을 갖고 살게 될 수도 있다. 예컨대 노동능력이 부족한 사람은 취업할 수도 없고 기본 생계를 유지할 수도 없으며, 타인으로부터 흔히 무시당하거나 경멸받는 상황에서 이런 사람이 자기 존중감을 갖고 살아가기란 거의 불가능할 것이다.

따라서 개인들이 진정으로 자기 존중감을 갖고 살 수 있으려면 사회의 제도들이 이를 가능케 하는 방식으로 편성되어 있어야 한다. 구체적으로는 기본적 자유가 모든 개인들에게 동등하게 보장되어야 하고, 차등의 원칙에 따라 소득 등이 분배되도록 제도가 편성

관계'로 번역되는 경우가 많은데, 사실 'interest'는 '관심'과 '이해관계' 모두를 포괄하는 의미로 사용되는 경우가 많다. 그리고 '관심'과 '이해관계'는 서로 밀접한 관계에 있다. 사람들은 대체로 자신의 관심사가 아닌 사안에서는 별다른 이해관계가 있다고 생각하지 않기도 하고, 또 역으로 어떤 사안에 이해관계가 있기 때문에 이 사안에 관심을 갖는 경우가 많다. 이러한 사정을 고려하여 여기에서는 '이해관심'이라고 번역하였다.

되어야 하고, 또 모든 사회구성원들이 이런 제도를 승인해야 한다 (Rawls, 2001: 60). 사회의 기본적 제도들이 객관적으로 이런 모습을 띨 때에야 개인들이 실제로 자신이 가치 있는 존재라는 생생한 감각을 갖고 살아갈 수 있다는 것이다. 따라서 '자기 존중의 사회적 기초'는 다른 기본재들과 구별되는 별도의 기본재라기보다는 다른 기본재들이 정의의 원칙에 따라 배분되도록 해 주는 제도들 자체 또는 이런 제도들이 낳는 사회적 효과를 의미한다고 해석할 수 있을 것이다. 그리고 정의의 원칙을 적용하면 기본재 중 (a), (b)는 모든 사회구성원에게 동등하게 제공되어야 할 것이고, 차등분배가 이루어질 수 있는 대상은 (c)와 (d)일 것이다.[18]

이러한 롤스의 정의론을 복지국가 문제와 관련지어 해석한다면 다음과 같은 의의를 가진 것으로 볼 수 있을 것이다. 첫째, 자유민주주의적 정치질서와 공존하는 복지국가의 3대 구성원리라 할 수 있는 자유주의, 민주주의, 사회보장의 원리를 일관된 논리로 통합해 주는

18 '자기 존중의 사회적 기초'의 경우엔 불분명한 것 같다. 자기 존중의 사회적 기초에 대한 롤스의 정의에서 '기본적 제도들의 양상(aspects)'이란 말이 정의의 원칙이 실현되도록 해 주는 제도들 자체를 의미한다면 이 제도들은 만인에게 적용되는 것이므로, 자기 존중의 사회적 기초는 모든 사회구성원에게 동등한 수준으로 제공된다고 보아야 할 것이다. 그러나 '기본적 제도들의 양상'이란 말이 제도들 자체뿐 아니라 이 제도들이 산출하는 기본재의 분배결과까지 의미한다면 자기 존중의 사회적 기초는 사회구성원들의 처지에 따라 차등적으로 분배된다고 보아야 할 것이다.

이론이라 할 수 있다. 정의의 원칙 중 제1원칙은 불가침의 시민적 권리를 규정한다는 점에서 대체로 자유주의 원리에 상응하고, 제2원칙 중 공정한 기회균등의 원칙은 민주주의 원리를 기본으로 하되 실질적 기회균등을 달성하려면 사회보장 원리가 추가적으로 가미되어야 한다는 점에서 민주주의 원리와 사회보장의 원리에 상응하며, 차등의 원칙은 조세정책과 사회복지정책을 통한 재분배를 필요로 한다는 점에서 사회보장의 원리에 상응한다고 볼 수 있다.[19]

19 일본의 경제학자이자 사회정책학자 시오노야 유이치(塩野谷祐一)는 롤스의 정의의 원칙이 현대적 복지국가의 구성요소인 자본주의, 민주주의, 사회보장을 통합하고 있다고 해석한다. 그에 따르면 정의의 원칙 중 제1원칙은 "자본주의 시장경제 체제와 민주주의 정치체제로 구성되는 고전적 국가체제를 규율하는 규범을 제공한다. 즉, 시민적 권리와 형식적 기회균등이 법적으로 보장되고 능력주의가 지배하고 있으며, 정부가 경쟁적 시장을 유지하고 공공재를 공급하는 야경꾼의 역할을 담당한다"는 것이다. 그리고 제2원칙, 즉 공정한 기회균등의 원칙과 차등의 원칙이 사회보장 원리에 해당한다는 것이다(시오노야 유이치, 2006: 126-127; 396-397). 이러한 시오노야 유이치의 해석은 롤스가 실제로 염두에 둔 사회질서의 모습이라는 맥락(context)을 고려하면 어느 정도 수용할 만한 해석이라 볼 수 있을 것 같다. 그러나 적어도 원리적, 추상적 차원에서는 제1원칙이 반드시 자본주의를 전제로 하는 것은 아니다. 그저 시민적 자유권이 평등하고 충분히 보장되는 사회라면 그 어떤 것이라도 제1원칙에 부합된다. 롤스도 하나의 이론적 가능성으로서, 시장경제에 입각해 있으나 생산수단이 사회적으로 소유되어 있고 시민의 기본권이 보장되는 '자유사회주의(liberal socialism)'도 자신의 정의의 원칙에 부합되는 정치경제체제라고 보았다. 뿐만 아니라 자유사회주의가 자본주의적 복지국가보다도 자신의 정의의 원칙에 더 부합하는 체제라 보았다. 한편 제2원칙 중 '공정한 기회균등의 원칙'은 '실질적 기회균등'까지 포함한다는 점에서 사회보장 원리를 부분적으로 포함하지만, 공정한 기회균등의 최소 요건이자 기초 요건인 '형식적 기회균등'에 상응하는 원리는 사회보장 원리라기보다는 민주주의 원리일 것이

둘째, 차등의 원칙은 강한 평등주의를 함축한다. 자유주의 전통에 선 철학적 입장 중에서 롤스의 정의론만큼 강한 평등주의를 내장한 것은 찾기 어려울 것이다. 그러나 차등의 원칙이 내포하는 평등주의는 자유주의 원리, 그리고 민주주의 원리와 양립 가능한 평등주의다. 예컨대 구舊 소련과 같은 전체주의 사회에서 추구되고 어느 정도 실현된 평등주의와는 원리적으로 다른 것이고 이런 것과 타협할 수 없는 성격의 평등주의다.

셋째, 모든 사회복지제도의 원리가 근본적으로는 사회보험social insurance의 원리라는 점을 시사한다. 즉 사회복지제도의 윤리적 근거는 온정주의나 이타주의 등이 아니라 합리적으로 자신의 이익을 도모하는 개인들의 요구라는 점을 제시한다.[20] 왜냐하면 롤스의 정의론의 틀에서 보면 사회복지제도란 차등의 원칙을 실제로 구현해 주는 유력한 제도라 할 수 있을 텐데, 차등의 원칙은 합리적으로 자기이익을 추구하는 개인들이 만장일치로 합의해 낼 수 있는 원칙이기 때문이다. 그리고 사회보험은 적어도 원리적으로는 자신의 이익을 합리적으로 추구하는 개인들이 미래에 닥칠 수 있는 위험risk을 효과적으로 관리하기 위해 호혜성reciprocity의 원리에 입각하여 합의를 통해 만들

다. 그런 점에서 롤스의 정의론은 '자본주의, 민주주의, 사회보장의 원리'를 통합하고 있다기보다는 '자유주의, 민주주의, 사회보장의 원리'를 통합하고 있다고 보는 것이 더 정확할 것 같다. 또 '공정한 기회균등의 원칙'은 민주주의 원리 + 사회보장의 원리에 해당하지만, 무게중심은 민주주의 원리에 두고 있다고 보는 것이 옳을 것 같다.

20 이 점은 시오노야 유이치가 매우 강조했다. 시오노야 유이치(2006: 395-396).

어 낼 수 있는 제도인 것이다.[21]

롤스의 정의론은 자유주의와 민주주의, 사회보장의 원리가 통합되어 있는 현대적 복지국가를 안정적이고 견고하게 지지해 주는 철학적 기초를 제공한다. 첫째, 무지의 베일이라는 사유실험에 녹아 있는 사회계약론적 접근법 자체가 자유주의와 민주주의 원리에 입각해 있기 때문이다. 우선 각 개인은 자유의사에 따라 그리고 자신의 이익에 대한 합리적 고려에 따라 사회계약에 참여하는 것으로 전제된다는 점에서 사회계약론은 가장 근본적인 수준에서 자유주의 원리에 입각해 있다. 또한 복지국가의 형성과 발전을 위한 사회계약은 소수의 개인들 사이의 개별적 계약이 아니라, 원리적으로는 모든 사회구성원이 참여해야 하는 기초 계약이다. 기초 계약은 원리적으로 개별 계약의 상위에 있으며, 또 개별 계약의 바탕 또는 틀frame이 되는 제도 설계에 대한 계약이다. 따라서 민주적 합의과정을 불가결하게 필요로 한다. 그런 점에서 사회계약론은 민주주의 원리를 내장하고 있다고

21 그러나 현실에서는 개인들이 미래에 닥칠 수 있는 위험을 과소평가하는 근시안성 등으로 인해 보험에 가입하지 않을 수 있고, 따라서 국가가 보험가입을 의무화할 수 있다. 통상 사회복지학에서 이야기하는 '사회보험'이란 강제가입의 원리에 기초하여 국가가 직간접적으로 관리하는 보험을 의미한다. 한국의 맥락에서는 국민연금, 국민건강보험, 고용보험, 산업재해보상보험, 노인장기요양보험을 의미한다. 그러나 여기에서는 원리적 맥락에서 논의를 전개하고 있고, 원리적으로는 개인들이 합의에 기초하여 사회보험을 도입할 수도 있다. 또 예컨대 조세수입으로 빈곤층을 지원하는 공공부조제도도 무지의 베일 상황에 처한 개인들이 합의에 기초하여 만들어 낼 수 있는 제도라면, 원리적으로 '사회보험'의 한 형태라 해석할 수도 있다.

볼 수 있다.

둘째, 사회보장 원리와 친화성이 강한 차등의 원칙이 정의의 원칙의 구성요소로 자리잡았기 때문이다. 그리고 정의는 사회의 제1덕목이다. 즉 다른 가치와 타협할 수 없는 가장 우선적인 가치인 정의를 원리적으로 구성하는 요소의 하나가 차등의 원칙이라는 평등주의인 것이다.

롤스의 정의론에 대해 이후 수많은 학자들이 많은 비판을 쏟아냈는데 그 중 중요한 예로는 다음과 같은 것들을 들 수 있다. 첫째, 경제학자들이 주로 지적한 것으로서, 롤스의 정의의 원칙은 극도로 위험 기피적인 개인들을 가정하고 있다는 것이다. 왜 무지의 베일 속에서 개인들은 자신이 극도로 불리한 처지에서 태어날 가능성을 크게 우려하여 그런 상황에서도 불이익을 최소화할 수 있는 질서, 즉 최소수혜자의 이익을 극대화하는 질서를 지지하게 될 것인가?[22] 오히려 예컨대 평균적인 처지에서 태어날 가능성이 크다고 보아 평균적 시민

22 이를 게임이론(game theory)에서 사용되는 용어로 표현하면 '최소극대화 규칙(maximin rule)' 또는 '최소극대화 원리(maximin principle)'라 할 수 있다. 즉 이익의 최소값을 극대화하는 선택원리라 할 수 있다. 롤스는 최소극대화 규칙이 자신의 정의론에 반영된 사고방식을 선명하게 드러내 주는 장점이 있다는 점을 인정했고 무지의 베일 상황에서는 최소극대화 규칙에 상응하는, 자신의 정의의 원칙이 도출될 가능성이 높다는 점을 논증하려 했다. 그러나 앞에서 설명한 바와 같이 이것이 무지의 베일 상황에서 의사결정에 참여하는 주체들이 극단적으로 위험기피적이라는 가정을 필요로 한다는 주장은 받아들이지 않았다. 주체들의 심리적 특성이 아니라 무지의 베일 상황에서 다루어지는 사안의 성격으로 인해 최소극대화 규칙과 유사한 의사결정원리가 작동하리라 본 것이다.

의 복지수준을 극대화해 주는 사회질서를 선호할 가능성이 더 크지 않을까? 아니면 공리주의 경제학자 하사니John Harsanyi의 주장대로, 개인들이 자기가 어떤 처지에서 태어날지 전혀 모르는 상황에서는 각 처지에 태어날 확률이 모두 같다고 가정하고 각 처지에서의 복지수준에 동일한 확률을 곱한 값을 합산한 '평균복지' 또는 '평균효용'의 극대화를 추구할 가능성이 더 크지 않을까?

둘째, 센Amartya Sen의 지적으로서, 롤스는 기본재라는 자원resources이 개인의 '능력capability'으로 전환되는 과정에서 개인 간 편차를 고려하지 못했다는 것이다. 여기에서 '능력'이란 개인들이 살아가면서 담당해야 할 각종 '기능수행functioning'을 할 수 있는 능력을 의미한다. 예컨대 건강한 사람과 장애인에게 동일한 수준의 기본재를 제공해 주어도 장애인은 주어진 기본재를 활용하여 건강한 사람이 도달하는 수준의 능력에 이를 수 없다. 예를 들어 지체장애인은 공간 이동이라는 기본적인 기능수행을 위해서 건강한 사람보다 훨씬 많은 돈과 시간, 노력을 쏟아야 한다. 따라서 지체장애인과 건강한 사람에게 동일한 자원을 제공해 준다 하더라도 지체장애인이 도달하는 능력수준은 건강한 사람에 비해 크게 미달할 것이다. 그런데 인간의 삶의 질은 기능수행 능력의 수준에 의해 크게 결정되므로 정의로운 분배의 대상은 기본재와 같은 자원이 아니라 능력이 되어야 한다는 것이다. 능력의 정의로운 분배를 달성하려면 아마도 롤스의 정의론이 함축하는 것보다도 한결 더 강력한 재분배정책이 추진되어야 할 것이다.

그러나 이러한 비판들은 롤스의 정의론을 근저에서 뒤흔들어 놓을 정도의 근본적 비판이라고 보기는 어렵다고 생각한다. 롤스의 정의론의 부분적 수정을 통해 이러한 비판을 수용할 수 있기 때문이다. 첫 번째 비판과 관련해선 예컨대 최소 수혜자에게 최대 이익이 되는 불평등만을 허용할 수 있다는 차등의 원칙을 다소 완화하여 '수혜의 정도가 낮은 사람일수록 크게 우대한다'는 정도의 원칙을 도입해도 롤스의 정의론의 기본 취지는 유지될 수 있을 것이다. 두 번째 비판과 관련해선 기본재 분배에서, 능력이 떨어지는 사람을 우대한다는 보조적 원칙을 도입해도 롤스의 정의론의 기본 골격은 유지될 것이다.

롤스의 정의론에 대한 비판들 중 가장 원리적인 차원의 비판은 자유지상주의자libertarian 노직Robert Nozick의 '권리자격론entitlement theory'이었다. 노직은 롤스의 정의론이 원리적으로 잘못된 이론이라고 주장한다.

3 자유지상주의

자유지상주의libertarianism는 자유주의liberalism의 보수적 분파 또는 우파적 분파로서 개인의 불가침의 자유와 권리를 무엇보다 중시한다. 그리고 개인의 불가침의 권리에는 사유재산권이 핵심적 요소로 포함되어 있다. 반면에 자유주의의 진보적 분파 또는 좌파적 분파는 사회적 자유주의 또는 사회자유주의social liberalism다. 사회적 자유주의도 사유재산권과 시장경제를 존중하고 지지하나, 빈곤이나 실업, 지나친 경제적 불평등과 같은 '사회악social evils'에 대처하기 위해 정부가 경제에 적극적으로 개입하는 것을 지지한다. 영국의 세계적 경제학자 케인스John Maynard Keynes가 대표적인 사회적 자유주의자social liberal라 할 수 있다. 그런데 2차대전 이후 사회적 자유주의의 영향력이 커가면서, 미국에서는 자유주의라는 용어가 주로 사회적 자유주의를 의미하는 용어로 정착되었다. 이에 맞서기 위해 보수적 자유주의자들은 자신들이 신봉하는 이념을 자유지상주의라 부르게 되었다.

노직의 권리자격론

노직Robert Nozick은 롤스와 마찬가지로 하버드Harvard 대학교 철학과에서 교수생활을 한 자유지상주의자다. 노직은 특정 시점에서의 소득이나 재산의 분배결과의 관점에서 소득분배의 정당성 여부를 판단하는 입장을 '최종상태end-state 중심의 분배적 정의론'이라 지칭한다. 그리고 이런 입장의 대표격으로 공리주의와 롤스의 정의론을 든다.[23] 공리주의는 대안적 분배방식들 중에서 사회구성원 전체의 복지총량을 가장 크게 만들어 주는 최종상태를 가져오는 것을 가장 바람직한 분배방식이라고 판단할 것이며, 롤스는 최소 수혜자의 소득수준을 가장 높여 주는 최종상태를 가져오는 것을 가장 바람직한 분배방식이라 볼 것이다. 즉 분배의 최종상태가 그들이 바람직하다고 생각하는 특정 패턴pattern을 취할 때 분배적 정의가 실현되었다고 생각한다.

그런데 노직이 보기엔 사람들의 상식적 관념에 비추어 볼 때 특

23 노직의 대표적 저서는 1974년에 발간된 『무정부주의, 국가, 그리고 유토피아』 *Anarchy, State, and Utopia*인데 이 책 2부에서 분배적 정의 문제를 다루고 있다.

정한 분배상태가 부정의하다고 느껴지는 경우는 소득이나 재산의 형성과정이 정의롭지 못한 경우다. 즉 최종상태가 문제가 아니라 소득이나 재산의 역사적 형성과정의 정당성 여부가 문제인 것이다. 이런 관점을 '역사적 분배적 정의론'이라 표현하며 노직은 이 입장에 선다.

노직은 어떤 사람이 어떤 사물에 대해 소유할 자격entitlement을 주장할 수 있으려면 다음 조건들이 충족되어야 한다고 본다. 첫째가 '취득에서의 정의'인데, 이는 타인에게 불리한 영향을 주지 않고 어떤 사물을 처음에 취득한 자는 그 취득물을 소유할 권리가 있다는 것이다. 이는 로크John Locke의 고전적 사유재산 정당화 논리를 계승한 것이다. 예컨대 소유주가 없는 황무지를 자신의 노동으로 일구어 밭을 만든 사람은 그 밭을 소유할 권리가 있다는 것이다. 둘째가 '이전transfer에서의 정의'인데, 이는 소유권을 가진 자로부터 자발적 교환이나 증여를 통해 어떤 사물을 이전받은 자도 그 사물을 소유할 권리가 있다는 것이다. 시장에서 돈을 주고 상품을 산 자나 부모로부터 재산을 물려받은 자는 그 상품이나 재산을 소유할 권리가 있다는 것이다. 셋째가 '부정의의 시정'인데, 위 두 가지 정의 원칙에 의해서가 아니면 누구도 사물을 소유할 권리를 갖지 못하며 정의롭지 않은 방식으로 얻은 소유는 시정되어야 한다는 것이다. 그리고 정의로운 절차를 통해 확보된 소유권은 예컨대 경제적 약자를 위한 재분배를 위해 침해되어서는 안 된다.

이러한 노직의 논리에는 개인이 천부적으로 타고난 재능이나 우연한 행운도 온전히 그의 것이라는 사고가 깔려 있다. 남보다 우수한 지능을 갖고 태어나 자신의 지능을 이용하여 남보다 훨씬 더 많은 돈을 번 자는 그 돈에 대해 정당한 소유권을 주장할 수 있고, 부자 부모를 만나 부모로부터 막대한 유산을 상속받은 자는 상속재산에 대해 정당한 소유권을 주장할 수 있다는 것이다. 분배 문제와 관련하여 보수적 시각을 가진 사람들은 대체로 '자연이 만든 불평등을 사회가 인위적으로 시정하기 어렵다'는 사고를 갖고 있는데 노직의 사고도 그러하다. 이러한 입장은 천부적 재능의 분포를 사회의 공동자산으로 간주하는 롤스의 사고와는 정반대 입장이라 할 수 있다.

노직의 권리자격론은 매우 간명하면서 직관적 설득력이 있다. 남에게 피해를 주지 않고 자기의 노동을 통해서 무엇인가를 얻거나 자발적 거래를 통해 무엇인가를 얻은 자는 그것을 소유할 권리가 있다는 주장은 상식적 설득력을 가진다. 사실 자본주의 사회에서 재산권 관련 법률들은 대체로 권리자격론적 사고에 입각해 있다고 볼 수 있을 것이다. 또한 어떠한 경우에도 침해되어서는 안 되는 개인의 기본적 자유와 권리가 있다는 사고도 존중할 만하다.

이러한 노직의 논리는 완강한 반反복지국가적 함축을 갖는다. 노직은 재분배를 위한 조세는 소유주의 정당한 소유권에 대한 강제적 침해라고 본다. 또 정당하게 취득한 소득이나 재산을 정부가 조세로 과다하게 가져갈 경우, 소유주가 이렇게 납세로 인해 상실된 소득이나 재산을 다시 얻으려면 노동을 더 해야 하기 때문에, 조세는 납세자의 노동을 강제하는 셈이며 따라서 그를 부분적으로 노예화하는 일이라고까지 주장한다.

그리고 모종의 '최종상태 중심의 분배적 정의론'에 따라 애초의 분배상태를 완전히 정의롭게 만들어 놓아도 시장에서의 자발적 교환은 곧 그 분배상태를 바꾸어 놓을 수밖에 없기 때문에 분배적 정의를 다시 확립하려면 개인들에 대한 정부의 끝없고 과도한 개입이 불가피해진다. 따라서 공리주의나 롤스식의 분배적 정의론은 개인의 자유와 근본적으로 양립할 수 없다는 것이다.

이와 관련하여 노직은 '월트 챔벌린Wilt Chamberlain의 상자'라는 재미있는 예를 든다. 월트 챔벌린은 1970년대의 미국 프로농구 스타다. 월트 챔벌린이 농구 구단주에게 이렇게 제안한다고 가정해 보자. "사람들은 사실 나의 묘기를 보러 농구장에 찾아오니, 내가 출전하는 경기를 보러 오는 사람마다 입장료 중에서 25센트씩은 내 이름이 적힌 상자에 넣고 입장하도록 해 달라. 내 이름이 적힌 상자에 들어온 돈을 내 수입으로 정하자." 구단주가 이 제안을 받아들인다고 가정하자. 그렇게 되면 얼마 시간이 지나지 않아 챔벌린은 거부巨富가 될 것이다. 관중의 입장에서는 어차피 내야 할 입장료이고 그 중 일부를 챔벌린 이름이 적힌 상자에 넣는 것에 반대할 리 없기 때문이나. 사실 관중의 다수는 챔벌린이 출전하지 않았다면 농구장에 오지도 않았을 것이다.

그런데 이렇게 해서 챔벌린이 부자가 되면, 공리주의나 롤스의 정의론 등 '최종상태 중심의 분배적 정의론'에 비추어 보면 바람직하지 않은 분배결과를 낳게 될 것이다. 설령 애초에 공리주의나 롤스식의 분배적 정의론의 관점에서 볼 때 완전히 정의로운 분배상태에 있었다 하더라도 시장의 논리는 조금만 시간이 지나면 이러한 분배상태와는 전혀 다른 분배결과를 산출하게 된다. 따라서 최종상태 중심의 분배적 정의를 달성하려면 결국 정부가 수시로 분배결과에 개입해야 하고 개인의 자유는 그만큼 심각하게 침해될 수밖에 없다는 것이다.

이러한 노직의 논리에 대해서는 다음과 같이 비판할 수 있을 것이다. 첫째, 취득에서의 정의는 소유주가 없는 사물에 자신의 노동을 첨가해 어떤 사물을 취득한 자는 그것을 소유할 권리가 있다는 것인데, 소유주가 없는 사물은 사실은 만인의 잠재적 공동재산이라고 볼 수도 있다. 따라서 소유주가 없는 사물은 처음부터 없다고 볼 수 있다. '소유주가 없는 사물'이란 사실은 소유주가 누구인지 아직 확정되어 있지 않아 그 누구도 소유주의 범위에서 배제될 수 없는 사물이고, 따라서 만인의 잠재적 공동재산이라 볼 수 있다는 것이다. 그렇기 때문에 재산권이 확립되어 있지 않은 사물에 자신의 노동을 섞어 무언가를 얻은 자도 그 취득물에 대한 소유권을 인정받으려면 잠재적 공동 소유주인 타인들의 승인을 얻어야만 한다고 볼 수 있다.

또 설령 사회구성원들이 처음에는 공동재산이었던 어떤 사물에 대해 사적 소유권을 인정해 주는 것이 서로에게 이익이 된다고 판단하여 사적 소유권을 설정하기로 합의한다 하더라도, 합의되는 내용이 노직과 같은 강성 자유지상주의자들이 생각하듯 전적으로 배타적인 사적 소유권의 인정이 되리라는 보장은 전혀 없다는 것이다. 예컨대 노동능력이 거의 없는 장애인도 합의과정에 참여한다면 어떠한 경우에도 장애인에게 전체 생산물의 일정 몫을 제공하는 형태의 제한된 사적 소유권을 승인하는 쪽으로 합의가 날 수도 있다는 것이다(Gibbard, 1976).

둘째, 이전에서의 정의는 시장에서의 자발적 거래를 통해 기존 소유주로부터 무언가를 얻은 자도 그 사물을 소유할 권리가 있다는 것인데, 시장에서의 자발적 거래도 일정한 법률과 제도의 틀 내에서 이루어진다는 점을 고려해야 한다. 예컨대 현대 민주주의 사회에서 자발적 노예계약은 불법이고 자발적 유소년幼少年 고용계약도 불법이다. 즉 자발적 거래가 이루어질 수 있는 범위와 내용에 대한 사회적 규제가 있는 것이다.[24] 그리고 이러한 규제는 사회구성원들의 지배적 가치관의 변화에 따라 내용이 변해 왔다. 과거에는 합법적 거래였던 것이 이후에는 불법적 거래로 간주될 수 있다는 사실은 이전에서의 정의가 절대적인 정의 원칙일 수 없다는 것을 함축한다. 즉 이전에서의 정의는 특정한 가치관에 입각하여 형성된 제도 틀을 전제로 하여 성립되는 정의 원칙이기 때문에, 이전에서의 정의보다 더 심층적인 정의 원칙이 있어야 특정 상황에서 이전에서의 정의 원칙이 진정으로 정의로운지 여부를 판단할 수 있다는 것이다.

셋째, 부모로부터 상속받은 재산에 대해서도 전적으로 소유권을 인정해 주어야 한다는 사고는 권리와 의무를 갖는, 사회의 기본 단위를 개인이 아니라 가족이나 유전자gene로 보는 사고에 가깝다고 볼 수 있다. 이는 개인을 사회의 기본 단위로 보는 근대 사회의 기본 원리와 충돌하는 측면이 있다.

넷째, 부정의의 시정 원리는 노직 자신도 인정하듯이 제대로 구현되기 어렵다. 여러 세대 전 조상이 부정의하게 취득한 재산을 이후에 후손이 합법적 거래를 통해 증식했다고 할 때, 이를 시정하기 위해 후손에게 높은 과징금을 물리는 것이 현실적으로 얼마나 가능한가? 그리고 과징금을 얼마나 물릴 것인가를 논란의 여지없이 합리적으로 정할 수 있는 기준이 있겠는가?

24 장하준은 그런 점에서 순수한 자유시장은 존재하지 않으며 자유시장은 정치적으로 정의된다고 주장한다. 장하준(2010: 19-20).

결국 노직의 논리는 실정법에 따라 합법적으로 취득한 재산이나 소득은 거의 모두 정의롭게 취득한 것으로 보아야 하며 정부가 건드리기 어렵다는 이야기로 귀결된다. 그러나 합법적인 것과 정의로운 것은 원리적으로 다른 것이다.

결국 핵심 쟁점은 신체의 자유나 사상의 자유와 같이 개인의 인격 자체와 직결되는 자유나 권리처럼 신체 외부에 있는 사물에 대한 사유재산권도 불가침의 권리로 보아야 하는가의 문제로 귀결된다. 복지국가를 옹호하는 입장은 사유재산권을 신성불가침의 것으로 보는 입장과 원리적으로 양립할 수 없다. 사유재산을 정당한 근거 없이 자의적으로 침해하는 것은 정당화될 수 없겠으나, 사유재산이라는 것도 어느 정도는 사회구성원들의 윤리 관념이나 사회적 필요에 따라 적극적으로 재분배될 수 있는 잠재적 공유재산으로 볼 수 있어야 복지국가를 정당화할 수 있다.

하이에크의 자유지상주의

하이에크Friedrich Hayek는 오스트리아 출신의 경제학자이자 사회철학자로서 자본주의 시장경제를 비타협적으로 옹호한 전투적 자유주의자로 잘 알려져 있다. 그는 구 소련-동구식의 국가사회주의뿐 아니라 서구의 복지국가나 케인스주의적 개입주의[25]에 대해서도 타협의 여지

25 케인스주의자들은 정부의 경제개입의 필요성을 적극적으로 인정하는 편이다.

없이 완강히 비판한, 대표적인 보수적 자유주의자다. 하이에크의 전투적 자유주의를 지탱하는 사고틀 중에서 가장 기초적인 요소는 그의 지식이론이다. 하이에크는 경제체제를 자원배분의 질서로만 파악하는 것이 아니라 지식의 생산과 유통의 질서로도 파악한다. 고도로 복잡한 분업체계에 기초한 경제질서가 제대로 작동하려면 경제활동과 관련된 막대한 지식이 원활히 소통되어야 한다.

하이에크는 지식을 명시적 지식explicit knowledge과 암묵적 지식tacit knowledge으로 구분한다. 명시적 지식이란 언어로 정확하게 표현되어 타인에게 정확하게 전달될 수 있는 지식으로서 과학기술적 지식이 그 대표 사례다. 암묵적 지식은 언어로 정확하게 표현하기도 어렵고 타인에게 오해 없이 정확하게 전달하기도 어려운 지식으로서 본능, 감각, 욕구 등이 그 대표 사례다. 그런데 하이에크는 인간의 생존에 필수적인 가장 기본적인 지식은 대부분 암묵적 지식의 형태로 존재한다고 주장한다. 경제문제와 관련된 사례를 들자면 소비자의 취향이나, 노동자의 눈썰미나 손재주의 형태로 존재하는 숙련skill도 언어로 정확히 표현되어 타인에게 전달되기 어려운 암묵적 지식이다.

하이에크에 따르면 마르크스주의 등 대표적 사회주의 조류들이 계획경제를 옹호해 온 것은 경제주체들이 보유한 지식의 대부분이 명시적 지식이라고 잘못 인식한 데 기인한다. 소비자의 취향이나 노동자가 보유한 숙련, 기업이 보유한 각종 노하우know-how의 큰 부분이 암묵적 지식이라면 계획경제체제는 이러한 지식을 제대로 흡수하여 활용하기 어렵다. 계획경제는 언어로 제대로 표현되고 전달될 수 있는 지식만을 잘 처리할 수 있기 때문이다. 계획경제가 제대로 작동하려면 수많은 경제주체들이 보유한 지식이 계획당국에 언어로 제대로 전달되어야 하는데, 이것이 가능하지 않다는 것이다. 따라서 계획경제 체제에서는 경제의 원활한 작동을 위해 필수적으로 요구되는 막대한 지식이 사장되거나 왜곡되어 전달된다. 반면에 시장경제는 수많은 경제주체들이 가진 욕구, 숙련, 계획 등이 언어를 매개로 하지 않고 가격을 매개로 하여 전달되기 때문에 암묵적 지식을 제대로 흡수하고 처리할 수 있다. 사회구성원들이 가진 지식 전체를 흡수, 축적, 처리하는 단일 주체 없이도 가격의 변화와 이에 대한 경제주체들의 개별적 적응이라는 일종의 자동적 과정을 통해 지식의 생산과 유통 문제를 처리할 수 있다는 것이다.

생물학에도 조예가 깊었던 하이에크의 사회관에는 진화론적 사고가 짙게 깔려 있다. 그는 사회질서의 유형을 조직organization과 자생적 질서spontaneous order로 대별한다. 조직은 특정 개인이나 집단이 어떤 목적을 달성하기 위해 의도적으로 만든 사회질서다. 기업, 노동조합, 은행, 학교 등이 대표 사례다. 반면에 자생적 질서는 인간 행동의 산물이긴 하되 특정 개인이나 집단의 의도의 산물은 아닌 사회질서다. 예컨대 시장경제는 특정 개인이나 집단이 그들의 목적을 달성하기 위해 의도적으로 세운 사회질서가 아니다. 그저 사람들이 자기가 갖지 못한 것을 얻는 대가로 자기가 넉넉하게 가진 것을 상대방에게 제공하는 것이 이롭다는 사실을 발견함으로써 자연스럽게 형성되고 오랜 세월에 걸쳐 확산되고 발전되어 온 질서다.

시장경제는 사람들의 행동의 결과로 생겨난 질서이되 시장경제를 애초에 형성시킨 개인이나 집단을 식별할 수도 없고, 또 수천 년 또는 수만 년 전에 원시적 형태의 교환에 참여한 사람들이 오늘날의 자본주의 시장경제처럼 고도로 발전된 시장경제를 발전시켜 보겠다는 의도를 가진 것도 아니었다. 사람들에게 주어진 여러 조건을 토대로 하여 불특정 다수에 의해 소규모로 시도되다가 그것의 효율성이 점차 입증됨에 따라, 생물학에서 말하는 '자연선택natural selection'과 유사한 과정을 통해 진화해 온 질서다. 이러한 자생적 질서의 대표 사례로는 시장경제, 화폐, 언어, 가족제도, 기본적 윤리규범을 들 수 있다.

자생적 질서는 처음부터 완벽하게 설계된 질서가 아니기 때문에 여러 결함을 갖고 있다. 그러나 장구한 세월에 걸쳐 조금씩 진화되고 교정되어 온 질서이기 때문에 그 어떤 천재가 구상해 낸 질서보다도 생명력과 경쟁력을 갖고 있다. 하이에크에 따르면 사회주의란 사회 전체를 특정 목적에 부합되는 방식으로 하나의 일관된 조직으로 재구성하려는 기획인데, 인간 이성의 제한성으로 인해 실패할 수밖에 없는 기획이다. 소규모 단위에서는 조직이 성공적으로 작동할 수 있으나 수천만 명 또는 수억 명의 사람들이 포함된 '거대한 사회great society'를 조직의 형태로 구성하는 것은 불가능하다는 것이다.

또 하이에크는 복지국가 옹호자들이 애용하는 '사회정의social justice'라는 용어가 아무런 구체적 내용이 없는 공허한 용어라고 비판한다. 그에 따르면 '정의'는 어떤 의도를 가지고 행위하는 주체에 대해서만 적용할 수 있는 용어다. 개인의 행위가 정의로운지 불의한 것인지는 판단할 수 있지만, 시장경제에서의 분배상태처럼 수많은 개인들의 행위가 모여 발생한 상태, 즉 누군가의 설계나 의도의 산물이 아닌 상태에 대해 정의롭다거나 불의하다고 말할 수는 없다는 것이다. 그리고 정부가 모종의 '분배적 정의' 관념에 따라 분배결과를 조정하려 시장에 개입하게 되면 개인들의 경제적 자유를 심각하게 침해할 수밖에 없다는 것이다(Hayek 1978: 57-58). 그런 점에서 하이에크의 논리는 '최종상태 중심의 분배적 정의론'을 비판하는 노직의 논리와 유사하다.

그러나 그렇다고 해서 하이에크가 모든 종류의 사회복지제도를 거부한 것은 아니다. 그는 자립능력이 없는 사회적 약자들에게 최소한의 생활수준을 보장해 주는 것은 필요한 일이며 문명 발전의 자연스런 표현이라고 본다. 또 일단 사회복지제도가 형성되면 사회적 약자들에게 보장되는 생활수준이 점차 최저 생계수준을 넘어서게 되는 것이나, 수혜자의 폭이 점차 넓어지는 것도 자연스럽고 어느 정도 불가피한 것이라고 본다. 또 사회복지제도는 수혜자에게 도움이 될 뿐 아니라, 사회복지제도가 없을 경우 각종 사회적 위험social risks에 대비하지 못한 사람들이 타인들에게 주는 경제적 부담을 줄여 준다는 점에서도 유용한 역할을 한다고 본다. 예컨대 젊은 시절에 노후 생계에 대비하지 않은 사람들은 노년기에 결국 어떤 형태로든 다른 사람들의 지원을 야기하게 된다. 이로 인한 다른 사람들의 피해를 줄이려면 예컨대 모든 사람들을 연금에 의무적으로 가입하게 하는 정책이 필요할 수 있다.

그가 강하게 거부하는 것은 사회복지제도 자체가 아니라 국가가 사회복지제도를 독점적으로 운영하는 경우다. 국가가 사회복지제도를 독점적으로 운영하게 되면 다양한 부작용이 발생하게 되고 사회복지제도의 성격 자체가 변질된다(Hayek 1960: 287-292). 첫째, 국가 독점적 사회복지제도는 실업이나 빈곤, 질병 등 다양한 사회적 위험에 대처하기 위한 방안으로 다양한 형태의 제도가 자생적으로 형성되고 발전하는 것을 차단하게 된다. 예컨대 전 국민을 국가가 운영하는 의료보험의 틀에 강제로 편입시키면 민간 의료보험제도의 발전이 크게 위축된다. 그런데 하이에크의 조직/자생적 질서 이분법에 따르면 국가 독점적 의료보험제도는 조직에 가깝고, 민간 의료보험제도는 자생적 질서에 가까울 것이다. 조직은 대체로 자생적 질서만큼 진화적 경쟁력을 가질 수 없기 때문에 장기적으로는 비효율성 문제에 봉착할 수밖에 없다. 둘째, 국가 독점적 사회복지제도는 민주주의 원리의 핵심인 다수결제도와 맞물려 사회복지제도의 성격을 근본적으로 변질시킨다. 초기의 사회복지제도는 사회적, 자연적 난관에 처한 소수의 사람들을 다수의 사람들이 지원해 주는 제도였다. 그러나 사회복지제도는 점차 다수의 사람들이 그들의 생활수준을 향상시키기 위해 그들보다 부유한 소수의 사람들에게 납세 등을 강제하는 제도로 변질되어 왔다. 셋째, 초기의 사회복지제도는 사회적 약자들에게 객관적으로 확인 가능한 수준의 최소한의 필요needs를 충족시켜 주기 위한 제도였으나, 점차 보공의 분배적 정의론의 관점에서 '공정한 분배'를 달성하기 위한 제도로 변질되어 왔다. 즉 소득재분배기구로 성격이 변해 왔다. 넷째, 국가가 운영하는 고도로 복잡하고 포괄적인 사회복지제도는 사회복지 전문가의 권력을 강화하고 이들의 성향과 이해관계로 인해 사회복지제도의 발전은 자기 강화적self-accelerating 성격을 띠게 된다. 즉 객관적 필요가 증대해서라기보다는 국가 독점적인 사회복지제도의 존재 자체가 사회복지제도의 강화를 야기하게 된다는 것이다.

하이에크가 보기에 2차대전 이후 서구에서 복지국가가 빠르게 발전해 온 핵심 요인의 하나는 사회주의자들이 소련식 사회주의 건설 프로젝트의 대용물로서 복지국가의 발전을 선택하게 되었다는 점이다. 소련식 사회주의의 실패가 명백해지자 분배적 평등을 달성하기 위한 보다 무난한 방편으로서 복지국가를 통한 소득재분배에 주력하게 된 것이다. 결국 서구식 복지국가 발전을 추동해 온 목적이나 열정은 소련식 사회주의 건설을 추동했던 목적이나 열정과 근본적으로 다르지 않으며, 인간 사회의 발전에 대한 잘못된 인식에 입각해 있다는 것이다.

자유주의 사상의 발전과정에서 하이에크가 미친 영향은 지대하다. 우선 그는 경제체제라는 것이 자원배분의 질서일 뿐 아니라 지식의 생산과 유통의 질서이기도 하다는 점을 명료히 드러냈으며, 암묵적 지식의 중요성을 강조함으로써 서구 근대 지성사를 관통하는 지배적 사고 흐름인 합리주의rationalism에 큰 타격을 가했다. 또 그는 사회과학에 진화론적 사고를 본격적으로 도입하여 자생적 질서라는 중요한 개념을 만들어냈다. 또 시장경제로 대표되는 현대 사회질서의 복잡성을 강조함으로써 사람들이 집단적 의사결정을 통해 사회를 목적에 부합되게 합리적으로 설계하고 운영할 수 있다는 소박한 낙관론을 근본적으로 비판했다.

그러나 하이에크의 사상에는 가볍게 여길 수 없는 여러 문제점이 있다. 첫째, 하이에크의 사상에는 진화론적 요소와 목적론적 요소가 불편하게 동거하고 있다. 진화론자인 하이에크의 입장에서 인류의 역사는 정해진 방향이나 궁극적 지향점을 가질 수 없다. 진화는 환경 변화에 대한 끝없는 적응과정일 뿐이기에 종착점이 어디인지를 사전적으로 알 수 없는 과정이다. 따라서 인류 역사의 발전방향이나 종착점을 알 수 있다고 보는 목적론적 사고는 하이에크의 사상과는 상극관계에 있다.

그러나 동시에 하이에크는 자본주의 시장경제가 인간 사회의 발전과정에서 출현할 수밖에 없는 가장 자연스러우면서도 효율적인 경제질서라는 믿음을 굳건히 견지한다. 자본주의 시장경제 이후의 질서 또는 자본주의 시장경제보다 우월한 질서의 성립 가능성을 하이에크는 원천적으로 배제한다. 결국 자본주의 시장경제는 인류 역사의 종착점이다. 그런 점에서 하이에크는 그 자신이 비타협적으로 배격한 목적론적 사고를 뒷문으로 다시 들여놓고 있는 셈이다.[26]

둘째, 하이에크는 늘 극단적 대안들 사이의 선택을 요구한다. 철저한 자유시장경제와 철저한 중앙집권적 계획경제 외에 다른 선택지는 존재하지 않는 것처럼 이야기한다. 예컨대 서구의 복지국가도 결국은 중앙집권적 계획경제로 귀결하든가 아니면 자유시장경제로 회귀해야 하는 것처럼 이야기한다. 이에 대해 케인스는 하이에크의 주장과는 달리 양 극단 사이의 중도中道의 길을 얼마든지 선택할 수 있다고 반박한 바 있다(박종현, 2008: 111-116).[27] 인간의 이성 능력에 대

26 국내 연구 중 하이에크의 사상에서 진화론과 목적론 사이의 긴장을 지적한 연구로는 김균(1996) 참조.

27 독일의 자유주의 성향의 사회학자 다렌도르프(Ralph Dahrendorf)는 포퍼(Karl Popper)의 『열린 사회와 그 적들』*The Open Society and Its Enemies*(1945)의 개념 틀에 따라 서양의 대표적 사상가들을 '닫힌 사회의 사상가들'과 '열린 사회의 사상가'들로 구분하였다. 포퍼에 따르면 닫힌 사회의 사상가들이란 지향하는 이상사회의 모습이 구체적으로 확정되어 있는 사상가들로, 그 대표적 인물이 플라톤, 헤겔, 마르크스라는 것이다. 반면에 열린 사회의 사상가들은 지향 사회의 모습이 사전적으로 고정되어 있지 않아 제도와 정책의 변경 가능성과 사회의 진화 방향의 여지를 폭넓게 열어두는 사상가들인데, 다렌도르프는 그 예로 포퍼와 케인스 등을 든다. 그런데 다렌도르프는 열린 사회의 사상가 반열에 하이에크를

한 과도한 낙관에 기초하여 사회를 온전히 이성적으로 설계하고 운영할 수 있다는 보는 사고방식인 '구성주의적 합리주의constructivist rationalism'에 대한 하이에크의 비판은 경청해야 할 부분이 적지 않지만, 개인을 넘어서는 수준에서의 이성적 계획의 가능성을 원천적으로 봉쇄하는 극단적 반이성주의, 반합리주의는 받아들이기 힘들다.

셋째, 하이에크의 '정의' 개념 해석에도 문제가 있다. 그는 정의는 오직 개인의 의도와 행위에 대해서만 적용할 수 있는 개념이기 때문에 '사회정의'나 '분배적 정의'는 성립 불가능한 넌센스non-sense라 주장한다. 자본주의 시장경제의 분배결과처럼 그 누구의 의도의 산물도 아닌 결과에 대해 정의/부정의를 논할 수 없다는 것이다. 그런데 과연 의도의 산물이 아닌 결과에 대해서는 정의 여부를 판단할 수 없는 것인가? 극단적 예를 들어 어떤 경제체제가 있는데 이 체제에서는 사회에 더 많이 기여하고 수고를 많이 한 사람일수록 보상을 적게 받는다고 하자. 그리고 이러한 결과가 나오도록 특정 개인이나 집단이 경제체제를 의도적으로 설계한 것은 아니라고 하자. 이럴 경우에 이 체제가 특정 주체의 의도의 산물이 아니라고 해서 부정의하다고 평가해서는 안 되는가? 오히려 정의의 관점에서 볼 때, 특정 개인이나 집단의 불의한 개별적 행위보다도 더 심각하게 나쁜 결과를 낳는 것으로 평가해야 하는 것 아닌가? 주로 개인의 의도와 행위에 국한하여 정의 여부를 판단할 수 있고 익명의 개인들의 행동의 결과로 재

포함시키지 않았다. 하이에크는 '전부 아니면 전무'식의 택일을 요구하는 사상가라는 것이다. Dahrendorf(1990).

생산되는 사회질서와 그 결과에 대해서는 정의/부정의를 논할 수 없다는 하이에크의 주장은 인간의 핵심적 도덕관념인 정의의 적용 범위를 지나치게 축소함으로써 정의 개념의 비판적 잠재력을 극도로 위축시키고 있다.

프리드만의 시장근본주의

프리드만Milton Friedman은 '신자유주의neoliberalism' 또는 '시장근본주의market fundamentalism' 입장을 대표하는 미국의 경제학자다. 그는 케인스주의적 수요관리정책을 논박하고 시장의 자율적 조정능력의 우수성을 입증하는 데 주력한 거시경제학자로서, 1980년대 이후 거시경제학에서 케인스주의를 대체하여 지배적 조류로 부상한 통화주의monetarism의 대표적 이론가다.

프리드만의 사회철학은 하이에크의 입장과 유사하다. 다만 그는 하이에크에 비해 복지국가를 더 구체적이고 상세하게 비판했으며 대안적 사회복지제도를 구체적으로 제안했다는 점에서 따로 살펴볼 만하다.[28] 프리드만에게 있어 가장 핵심적인 가치는 자유다. 그러나 그는 자유를 보장하는 경제질서, 즉 자본주의가 평등도 상당 수준 달성할 수 있다고 본다. 반면에 평등을 최우선적 가치로 삼는 각종 사회주의는 개인의 자유를 심각하게 침해할 뿐 아니라 평등도 제대로 달

28 복지국가에 대한 프리드만의 비판은 Friedman(1980)과 Friedman(1990)에 집중적으로 나와 있다.

성하지 못한다고 주장한다.

그가 보기에 미국 헌법에 구현되어 있는 평등은 '하나님 앞에서의 평등'과 '기회의 평등'이다(Friedman, 1980: 188-196). 하나님 앞에서의 평등이란 미국 독립선언문에 나와 있는 평등, 즉 모든 인간이 창조주로부터 부여받은 양도할 수 없는 권리들에서의 평등을 말한다. 이러한 권리들로는 생명권, 자유권, 행복추구권을 들 수 있다. 이는 모든 인간은 그 자체로서 목적이며, 타인을 위한 수단으로 간주되어서는 안 된다는 신념의 표현이다. 기회의 평등이란 하나님 앞에서의 평등을 구체화한 것에 다름 아니다. 그런데 엄격한 의미에서의 기회의 평등은 불가능하다. 타고난 재능의 차이나 어떤 부모에게서 태어났느냐에 의해 발생하는 차이는 제도나 정책을 통해 시정하기 어렵다. 또 재능의 불평등이야말로 사회를 번영시켜 온 동력이며 남다른 재능을 갖지 못한 사람들에게도 혜택을 주어 온 핵심 요인이다. 예컨대 미국의 자동차 왕 포드Henry Ford가 가진 남다른 재능은 포드 자신에게만 도움이 된 것이 아니라 수많은 사람들에게 큰 혜택을 가져다준 것이다. 그러나 인종적 배경이나 종교적 배경 등의 차이로 인해 발생하는 불평등을 제거하려고 노력하는 것은 충분히 정당한 일이며 또 상당 정도 가능한 일이다.

문제는 '결과의 평등'이다. 평등의 의미가 확대 해석되어 가면서 사람들이 주로 결과의 평등 달성에 주력하게 되었는데 이것은 잘못된 것이다. 결과의 평등 추구는 주로 모든 이들에게 '공정한 몫'을 주기를 도모하는데, 공정한 몫이 무엇인지를 객관적으로 정의할 방도는 없다. 실제로는 정부가 공정한 몫이 무엇인지를 정의하게 되는데 이는 정부의 권력을 지나치게 강화하는 결과를 가져온다. 또 결과의 평등 추구는 경제적 비효율 등 수많은 부작용을 낳게 된다는 것이다.

하이에크와 마찬가지로 프리드만도 복지국가 자체가 없어져야 한다고 주장하지는 않는다. 그러나 2차대전 이후 북미와 서구에서 발전해 온 형태의 복지국가는 다음과 같은 다양한 부작용을 초래했기 때문에 근본적으로 개혁될 필요가 있다는 것이다.

첫째, 복지국가는 유인incentives 구조를 왜곡시킴으로써 경제적 효율성을 훼손한다. 복지국가를 유지하려면 정부가 조세수입을 충분히 확보해야 하는데, 조세 부과는 그만큼 민간 경제주체들이 보유하던 자원을 정부로 이전시킨다는 점에서 민간 경제주체들에게 직접적 부담을 줄 뿐 아니라, 민간 경제주체들이 납세액을 합법적으로 줄이려는 과정에서 비효율적 자원배분을 야기한다. 예컨대 근로소득세율이 높을 경우 노동자들은 초과근로를 자제하는 등 노동시간을 줄이려 할 것이다. 또 금융소득에 대한 세율이 높을 경우 사람들은 금융자산을 가급적 보유하지 않으려 할 것이다. 따라서 경제주체들은 세율이 낮았더라면 선택하지 않았을 경제행위를 선택하게 됨으로써 자원의 비효율적 배분이 발생하게 된다. 이를 조세의 '초과부담excess burden'이라 한다. 또한 복지 수혜자는 정부가 제공하는 복지프로그램의 혜택을 계속 받기 위해 자신의 행위를 조절하게 된다. 일정 소득수준 이하의 빈곤층에게 제공하는 복지프로그램의 혜택을 계속 받으려면 자신의 소득이 기준소득 이상으로 올라가는 것을 막아야 한다. 즉 취업을 피하거나 일정 시간 이상 일하는 것을 피해야 한다. 따라서 복지수혜에 안주하려다 결국 '빈곤의 덫poverty trap'에 빠져 빈곤으로부터 영영 벗어나지 못하게 된다.

둘째, 복지국가는 시장을 통한 복지서비스 공급의 여지를 줄인다. 예컨대 전 국민을 정부가 운영하는 공적 연금제도에 의무적으로 가입하게 하면 민간 연금시장이 위축된다.

셋째, 사회복지 프로그램들이 복지 수혜자가 아니라 복지 공급자에게 더 이익이 되게 설계되어 있다. 현물現物 중심의 복지프로그램이 대표 사례다. 프리드만에 따르면 복지프로그램은 현금 지원 중심으로 설계되는 것이 옳다. 그래야 복지 수혜자들의 소비 선택의 자유를 보장함으로써 합리적이고 효율적인 소비를 촉진할 수 있다. 또한 현물 중심의 프로그램은 복지행정 담당자나 사회복지사 등 복지서비스 공급 업무에 종사하는 사람들의 수를 늘리고 복지시설의 증설을 필요로 함으로써, 사회복지예산의 큰 부분을 행정비용으로 쓰게 한다. 반면에 현금 중심의 프로그램은 행정비용을 최소화함으로써 예산의 대부분이 복지 수혜자에게 직접 갈 수 있게 한다. 현물 중심 프로그램의 비중이 커져 온 것은 복지 공급자들의 이해관계가 크게 반영된 데 기인한다는 것이다.

넷째, 대중적 통념과 달리 복지국가는 시민들의 윤리수준을 저하시키며, 복지국가의 확장을 주장하는 사람들의 대다수는 이기적 동기에서 이를 주장하는 것이다. 우선 복지국가는 시민들의 자립의식을 약화시킨다. 또한 복지국가의 확장을 주장하는 사람들의 대다수는 자신의 소득이 아니라 자신보다 부유한 제3자의 소득에 과세하여 자신과 자신보다 빈곤한 사람들을 도우라고 주장한다. 이 문제를 프리드만은 다음과 같은 표를 통해 설명한다.

〈표 3〉 돈의 소유주와 돈의 지출대상

		돈의 지출대상	
		우리	제3자
돈의 소유주	우리	Ⅰ	Ⅱ
	제3자	Ⅲ	Ⅳ

(출처: Friedman, 1980: 170).

위 표에서 I 영역은 자기 돈을 가지고 자기를 위해 쓰는 경우에 해당한다. 시장에서의 자원배분원리가 그러하다. 자기 돈으로 자기가 필요로 하는 것을 사기 때문에 가능한 한 지출을 줄이려는 동기도 강하게 작용하고, 소비로부터 나오는 효용을 극대화하려는 동기도 강하게 작용한다. 따라서 효율적인 자원배분이 달성된다.

II 영역은 남을 위해 자기 돈을 쓰는 경우에 해당한다. 예컨대 타인에게 선물을 사주는 경우다. 자기 돈을 쓰기 때문에 지출을 절약하려는 동기는 작용한다. 그러나 타인을 위해 돈을 쓰기 때문에 소비로부터 타인이 얻는 효용을 극대화하려는 동기는 약하게 작용하기 쉽다. 또 설령 그런 동기가 매우 강하다 하더라도 타인의 소비 선호 preference를 정확히 알기 어렵기 때문에 타인의 효용을 극대화하는 데 실패하기 쉽다.

III 영역은 남의 돈을 가지고 자신이나 자기가 속한 집단을 위해 사용하는 경우다. 예컨대 남이 낸 세금으로 제공된 복지프로그램을 자기가 이용하는 경우다. 남의 돈을 쓰기 때문에 지출을 억제하려는 동기는 작용하지 않으나, 일단 확보된 돈을 자기에게 가장 유리하게 쓰고자 하는 동기는 작용한다.

Ⅳ 영역은 남의 돈을 가지고 남을 돕는 경우에 해당한다. 예컨대 자기보다 부유한 사람들이 낸 세금으로 자기보다 가난한 사람들을 돕는 사회복지제도가 그러하다. 남의 돈 가지고 하는 일이므로 지출을 억제하려는 동기가 생기기 어렵고, 남을 돕는 일이므로 지출로부터 발생하는 효용을 극대화하려는 동기도 생기기 어렵다. 결국 가장 비효율적으로 자원이 배분되는 영역이다.

그런데 프리드만이 보기에 복지정책은 대부분 Ⅲ이나 Ⅳ 영역에 속한다. 복지정책 강화를 요구하는 사람들은 대부분 주로 남이 내는 세금으로 자신이나 다른 사람들을 돕는 정책을 시행하라고 요구한다. 특히 복지행정을 담당하는 관료들의 입장에서는 Ⅳ 영역에 속하는 복지정책조차도 어느 정도는 Ⅲ 영역의 속성을 겸비하고 있다. 복지정책이 확장, 발전될수록 복지행정 관료의 지위와 권력이 강화될 것이기 때문이다. 따라서 복지국가 강화를 주장하는 사람들의 동기는 그다지 윤리적이지 않고, 복지국가의 강화는 Ⅲ이나 Ⅳ 영역의 확대를 낳기 때문에 자원의 비효율적 배분을 낳기 마련이라는 것이다.

이에 대해 제기할 수 있는 유력한 반론은, 대부분의 시민이 다소간 세금을 내고 있고 이 돈으로 복지프로그램들을 운영하기 때문에, 대부분의 시민의 입장에서 복지정책의 대다수는 Ⅲ이나 Ⅳ 영역에 속하지 않는다는 것이리라. 그러나 프리드만이 보기에 과세를 통해 정부가 확보한 재원을 시민들을 위해 사용하는 경우에는, 시장에서의 구매와는 달리 개별 시민의 입장에서 자신이 내는 세금과 자신이 얻는 혜택 사이에 직접적 관계가 성립하지 않기 때문에, 시민들은 복지정책의 대부분이 III이나 IV 영역에 있다고 생각하게 된다. 따라서 돈 지출을 억제하려는 동기가 발생하기 어렵다는 것이다. 결국 복지지출의 폭발적 팽창이 발생하기 쉽다는 것이다.

그렇다면 어떤 방식으로 복지국가를 개혁해야 할 것인가? 프리드만의 제안은 다음과 같다. 첫째, 복지국가의 규모를 줄여야 한다. 둘째, 복지서비스 공급에 민간 보험회사 등 민간 주체들이 참여할 수 있는 여지를 넓혀야 한다. 그래야 복지서비스 공급주체들 간에 경쟁이 생겨 효율성을 높일 수 있다. 셋째, 빈곤층만을 대상으로 하는 복지제도를 설계해야 한다. 각종 산업이나 지역, 부문에 대한 지원정책과 복지정책을 섞어서는 안 된다. 예컨대 낙후지역에 대한 지원정책은 흔히 낙후지역 주민들이 상대적으로 빈곤하다는 점을 빌미로 추진되지만, 이 정책의 주된 수혜자는 낙후지역의 부유층일 가능성이 높다. 예를 들어 낙후지역을 개발하는 정책을 시행하면 해당 지역의 건설업자나 부동산을 많이 소유한 사람들이 우선적으로 혜택을 입게 된다. 또 빈곤한 대학생을 지원하려면 이 학생을 직접 지원해야지 이 학생이 속한 대학을 지원해서는 안 된다. 그러면 교수나 직원의 임금이 올라가거나 대학 건물이 신축되는 것으로 끝날 가능성이 높다. 넷째, 조세의 초과부담 문제를 심각하게 야기하는 누진세 제도를 폐지하고 비례세[29] 중심으로 조세제도를 설계해야 한다. 이로 인해 조

29 누진세(progressive tax)는 세원(稅源; tax base), 즉 조세가 부과되는 대상의 크기가 증가함에 따라 세율(tax rate)도 인상되는 조세를 의미한다. 예컨대 월 소득

세수입이 부족해지는 문제에 대처하기 위해 각종 조세 감면제도를 폐지하여 단순하면서 빈 구멍이 없는 조세제도를 확보해야 한다. 즉 세율은 낮추고 세원은 넓혀야 한다. 다섯째, 현금 지원 중심으로 복지제도를 설계해야 한다. 현물 지원 프로그램은 정신장애인 등 합리적 소비 선택 능력이 없는 극소수의 사람들만을 위해 소규모로 운영하는 것으로 족하다. 프리드만은 '음소득세negative income tax'라는 현금 지원 중심의 대안적 복지제도를 제안하였는데, 이에 대해서는 3부에서 살펴볼 것이다.

프리드만의 논리는 복지국가 발전에 부정적인 시장근본주의적 경제학자의 논리를 전형적으로 보여 주는 사례라 할 수 있다. 사회복지제도의 세부적 설계나 운영과 관련해서는 프리드만의 주장에서 경청할 만한 부분도 있다. 예컨대 복지정책을 산업정책이나 지역개발정책과 섞는 것은 바람직하지 않다는 주장이나 사회복지 관료나 전문가의 권력이 비대해지는 것을 경계해야 한다는 주장은 개별 사회가 처한 구체적 상황에 따라 적절한 조언이 될 수 있다.

그러나 전체적으로 볼 때 프리드만의 사고방식은 다음과 같은 문제점을 안고 있다. 첫째, 지향해야 할 사회적 가치와 관련하여 프리드

200만 원에 대해 10%의 세율이 적용되어 20만 원을 소득세로 징수하고 400만 원 소득에 대해서는 20%의 세율이 적용되어 80만 원을 소득세로 징수하는 소득세 제도가 누진소득세다. 비례세(proportional tax)는 세원의 크기와 무관하게 동일한 세율이 적용되는 조세다. 월 소득 200만 원에 대해서 10%의 세율이 적용되어 20만 원을 소득세로 징수하고 400만 원 소득에 대해서도 10%를 적용하여 40만 원을 소득세로 징수하는 소득세 제도가 비례소득세다.

만은 자유와 효율만을 중시하고 평등이나 정의와 같은 가치를 경시한다. 예컨대 결과의 평등 추구를 명백히 부정적인 것으로 보는 시각이 그러하다. 롤스는 타고난 재능과 같은 도덕적으로 임의적인 것이 개인들의 처지를 좌우하는 정도를 최소화해야 한다는 문제의식이 매우 강했는데 프리드만에게서는 이런 문제의식을 거의 발견할 수 없다. 또 자유와 관련해서도 타인의 강제와 간섭으로부터의 자유, 즉 흔히 '소극적 자유negative liberty'라 불려온 자유만 강조할 뿐 개인들이 자신이 원하는 바를 실제로 구현할 수 있는 능력과 기회의 확보라는 측면에서의 자유, 즉 흔히 '적극적 자유positive liberty' 또는 '실질적 자유'라 불려온 자유에 대해서는 관심이 매우 약하다.

둘째, 경제학 논리에 입각해서도, 또 특히 효율의 측면에서도 복지국가가 자본주의 경제의 다양한 결함을 보완해 줄 수 있는 측면이 있는데, 프리드만은 이 부분을 과소평가한다. 복지국가가 어떤 경로를 통해 자본주의 경제의 결함을 보완해 주고 자본주의 경제의 효율적 작동을 지원하는가에 관해서는 2부에서 상세히 논의할 것이다.

셋째, 프리드만이 주된 개혁 대상으로 실제로 염두에 둔 사회인 미국은 선진국 중에서는 대표적인 복지 후진국이다. 그런데 프리드만은 미국의 사회복지제도조차도 지나치게 비대하다고 비판하고 있다. 실제로 복지국가에 대한 비판 담론이 가장 활성화된 사회가 미국인데, 이는 미국사회가 그만큼 평등이나 사회적 연대에 대한 관심이 약하고 사유재산제도와 개인의 선택의 자유를 일면적으로 강조하는 이념적 편향이 강한 사회라는 점을 반영한다. 프리드만은 이러한 이념적 풍토를 가진 미국에서도 대표적으로 시장근본주의적 입장을 가진 학자인 것이다.

4 운 상쇄 평등주의

사실 모든 정의론은 나름대로 평등주의에 입각해 있다고 볼 수도 있다. 롤스의 정의론은 말할 것도 없고, 권리자격론조차도 침해할 수 없는 개인의 권리를 만인에 대해 인정해 준다는 점에서는 평등주의적이라고 볼 수도 있을 것이다. 그러나 여기에서 말하는 평등주의는 매우 강한 평등주의이고, 보다 정확하게 표현하자면 '운 상쇄 평등주의 luck egalitarianism'다.[30] 운 상쇄 평등주의란 개인 간의 노력과 선택의 차이로 인한 불평등만이 정당화될 수 있는 불평등이고 그 외의 불평등, 즉 행운이나 불운과 같이 개인이 통제할 수 없는 요인으로 인해 발생한 불평등은 인정할 수 없다는 입장이다. 따라서 개인이 통제할 수 없는 요인으로 인해 발생한 불평등은 재분배정책 등을 통해 최대한 제거해야 한다.

이런 입장을 대표하는 철학자인 코헨Gerald A. Cohen은 롤스의 차

30 luck egalitarianism을 직역하면 '운 평등주의'가 된다. 그런데 이렇게 번역하면 마치 luck egalitarianism이란 것이 개인들에게 운 자체를 평등하게 분배해야 한다는 입장으로 비칠 가능성이 있다. luck egalitarianism의 핵심 주장은 개인들이 그들 스스로 통제할 수 없는 행운이나 불운에 의해 서로 처지가 달라지는 것을 재분배정책 등을 통해 최대한 상쇄시켜 주어야 한다는 것이다. 예컨대 행운을 입어 부유해진 사람들의 소득이나 재산에 과세하여 불운을 겪어 가난해진 사람들을 지원해 주면 행운/불운이 개인들의 삶에 미치는 영향을 어느 정도 상쇄할 수 있다. 이러한 내용을 잘 반영해 줄 수 있는 번역어는 '운 상쇄 평등주의' 또는 '운 중립화 평등주의'라 판단된다. 이 책에서는 '운 상쇄 평등주의'로 번역한다.

등의 원칙이 부당한 불평등을 정당화하는 논리로 작용할 수 있다고 비판한다. 코헨은 정의란 곧 평등이라는 입장에 선 학자다. 그리고 평등한 상태란 개인 간의 노력과 선택의 차이로 인해 발생하는 격차만이 용인되는 상태다. 코헨이 보기에 롤스가 차등의 원칙을 도입한 이유는 재능이 많거나 부유한 사람들의 경제활동 유인을 고려하였기 때문이다. 즉 정부가 매우 강력한 평등주의적 재분배정책을 쓸 경우 재능이 많거나 부유한 사람들이 노동과 저축, 투자 등 경제활동을 할 유인이 약화되고 그 결과 경제성장에 해로운 영향을 미치게 되어 최소 수혜자 집단의 처지가 절대적으로 악화될 수도 있기 때문에 차등의 원칙 수준의 평등주의에 머무르게 되었다는 것이다. 그런데 코헨이 보기에 이는 적어도 원리적으로는 잘못된 것이다. 정의는 곧 평등이라고 보는 코헨도 사회제도의 설계가 오직 평등이라는 가치에만 입각하여 이루어질 수는 없고 복지나 효율 등 다른 가치들과의 조정과 타협이 필요하다는 점을 인정한다. 그러나 차등의 원칙 자체를 정의의 원칙의 일부로 볼 수는 없다는 것이다. 원리적으로는 정의롭지 않지만 다른 가치들과의 균형 문제나 현실적 제약조건 등을 고려할 때 잠정적으로 차등의 원칙 정도를 분배원리로 수용해야 한다고 말할 수는 있어도, 차등의 원칙 자체를 정의의 원칙의 구성요소로 포함시키는 것은 정의의 원칙의 원리적 훼손이라는 것이다. 또 이는 롤스의 정의의 원칙을 관통하는 기본 가치인 평등에 위배된다는 것이다.[31]

31 코헨의 이러한 입장이 체계적으로 서술된 문헌으로는 Cohen(2008) 참조.

경제학자 등 경제를 안다고 하는 사람들은 흔히 이런 이야기를 한다. "정부가 빈곤층을 지원해 줄 재원을 마련하기 위해 부유층에게 너무 높은 세율로 과세하는 것은 좋지 않다. 부유층에게 매우 높은 세율로 과세하면 부유층의 경제활동 유인이 약화되어 결과적으로 가난한 사람들의 복지수준을 낮출 수 있기 때문이다." 많이 들어본 이야기이고 그럴듯한 이야기다. 그런데 코헨에 따르면 이러한 주장은 부유층을 3인칭으로 지칭하여 이야기할 때에는 그럴듯하게 들리지만, 부유한 사람들이 가난한 사람들에게 다음과 같이 직접 이야기할 경우엔 상황이 달라진다. "당신들은 정부가 우리에게 매우 높은 세율로 과세하고 그로 인해 얻은 조세수입으로 당신들을 지원해 주기를 원할 것이다. 그러나 정부가 우리에게 높은 세율로 과세하면 우리는 경제활동을 지금보다 훨씬 줄이는 선택을 할 수밖에 없다. 그러면 결과적으로 당신들의 일자리가 없어지거나 소득이 줄어들게 될 것이다. 그러므로 우리에게 높은 세율로 과세하는 것은 당신들에게도 좋지 않은 일이다."

결국 앞의 이야기나 핵심은 같은 이야기이겠지만 3인칭이 아니라 1인칭으로 이야기할 경우엔 무언가 도덕적으로 정당하지 못하다고 느껴질 것이다. 그 이유는 무엇인가? 이 말을 하는 부유한 사람들은 정부가 그들에게 높은 세율로 과세하더라도 경제활동을 줄이지 않는 선택을 할 자유가 있는 사람들이다. 즉 부유층에게 중과세하면 이들의 경제활동 유인이 떨어지느냐 여부는 부유층의 의지와 선택에 달린 문제인데, 이를 마치 부유층 스스로도 어쩔 수 없는 자연법칙인 양 이야기하고 있는 것이다. 그리고 상당히 높은 세율로 세금을 내더라도 부유한 사람들의 납세 후 소득은 가난한 사람들의 소득보다 여전히 훨씬 높을 것이다. 그런데도 그들은 자신의 소득의 감소를 참지 못해 이렇게 이야기한다. 이것이 도덕적으로 정당화될 수 있는 이야기냐고 코헨은 묻는다.

코헨에 따르면, 롤스의 차등의 원칙은 부유층이나 재능이 많은 사람들이 이와 같이 반응할 것을 주어진 사실로 받아들이는 전제 위에서 구성된 원칙이다. 그리고 이러한 차등의 원칙이 정의의 원칙의 구성요소이기 때문에, 부유층이나 재능이 많은 사람들의 이러한 반응을 주어진 것으로 받아들이고 구성된 차등의 원칙이 적용되는 사회는 정의로운 사회다. 그러나 코헨이 보기엔 이러한 사회는 정의롭지 못한 사회이며, 사회구성원 간에 정의의 에토스ethos[32], 평등의 에토스가 결여된 사회다. 그리고 정의의 에토스가 결여된 사회에서는 롤스식의 정의의 원칙이 제대로 구현되기도 쉽지 않을 것이다. 롤스가 말하는, 정의의 원칙에 입각하여 잘 작동하는 '질서 정연한 사회well ordered society'는 그 사회를 구성하는 기본제도들이 정의의 원칙에 입각하여 설계되는 것만으로 잘 작동할 수 있는 것이 아니라, 그 사회의 구성원들이 정의의 에토스에 입각하여 정의의 원칙에 잘 부합하는 방향으로 스스로 행동하려 할 때에야 비로소 잘 작동할 수 있을 것이다.

32 에토스는 대체로 개인이나 집단의 윤리적 성향, 기풍(氣風)을 뜻한다. '윤리관'이나 '가치관'이 대체로 논리적으로 잘 정돈된 사유 틀을 의미하는 데 반해, 에토스는 윤리관이나 가치관의 바탕에 있는 태도나 정서적 분위기 등을 뜻한다.

코헨의 운 상쇄 평등주의의 정의관은 노직의 권리자격론의 정의관과 대극적 위치에 있다고 볼 수 있다. 권리자격론에 따르면 정의로운 절차를 통해 취득된 소유물은 소유주의 인격의 연장extension이며 따라서 타인으로부터 배타적으로 보호되어야 하는 불가침의 것이다. 반면에 운 상쇄 평등주의에 따르면 개인의 노력이나 선택과 같이 개인이 통제할 수 있는 변수가 아닌 변수, 예컨대 타고난 재능이나 시장의 수요-공급 상황과 같은 변수들에 의해 발생한 불평등은 모두 정의롭지 못한 것이며, 정의롭지 못한 방식에 의해 남보다 더 얻은 소유물은 모두 잠재적으로 사회의 공동재산이다. 따라서 정의의 원리에 의해 재분배되어야 하는 대상이다.

롤스도 타고난 재능의 차이에 의한 불평등은 시정되어야 한다고 보았다는 점에서는 운 상쇄 평등주의의 입장에 서 있었다고 볼 수 있다. 그러나 롤스는 일정 수준의 불평등이 결과적으로 최소 수혜자의 처지 개선에 기여한다면 그러한 불평등은 '정의로운 불평등'으로 보아야 한다고 생각했다. 반면에 코헨은 최소 수혜자의 복지 증진에 기여하는 불평등이라 하더라도 운 상쇄 평등주의의 원리에 비추어 정당화될 수 없는 불평등은 부정의injustice로 본다는 점에서 롤스와 구별된다.

정의의 핵심이 평등이라는 운 상쇄 평등주의의 정의관은 직관적 설득력이 크며, 운 상쇄평등주의에 내재한 강력한 평등주의적 에토스는 복지국가 발전을 위한 추동력으로 작용할 수 있다. 그리고 참으로 정의로운 사회를 열망하는 사람들이라면, 부유층이나 재능 있는 사람들의 경제활동 유인을 고려할 때 과도하게 평등주의적인 정책은 바람직하지 않다는 주장을 기꺼이 받아들이기 어려울 것이다.

그러나 운 상쇄 평등주의는 복지국가의 철학적 기초로 기능하기에는 적지 않은 난점을 갖고 있다. 첫째, 운 상쇄 평등주의의 논리를 끝까지 밀고 나가면 개인의 노력과 선택조차도 운과 무관한 것이라 보기 어려워진다. 개인의 유전적, 환경적 조건으로 인해 노력 성향이 결정된다고도 할 수 있으며, 선택 또한 일정 정도 마찬가지라 볼 수 있기 때문이다. 롤스도 이런 입장을 취했다. 개인의 진정한 선택의 여지는 크지 않다고 본 것이다. 운 상쇄 평등주의는 결국 인간의 심리와 선호 형성과정에 관한 과학적 지식에 의존하지 않을 수 없게 되며 결국 끝없는 논란에 휩싸이게 된다. 또 개인 간 재능의 차이와 관련하여 어디까지가 선천적 차이이며 어디까지가 노력과 선택으로 인한 후천적 차이인지를 구별하는 것도 사실상 불가능한 경우가 허다할 것이다.

둘째, 운 상쇄 평등주의의 정의관에는 권리자격론의 정의관과 마찬가지로 적어도 원리적으로는 개인들의 복지수준에 대한 고려가 들어설 자리가 없다. 평등과 정의를 동일시하기 때문에 개인들의 복지수준을 높이는 방향의 정의인지 그렇지 않은지는 적어도 정의의 개념 자체와는 아무 관계가 없다. 이는 롤스와 대비되는 지점인데, '복지'국가라는 것이 기본적으로 사회구성원들, 특히 사회경제적 약자들의 복지수준을 높이는 과제와 관련 있는 사회제도라는 점에서 운 상쇄 평등주의는 복지국가를 적극적으로 지지해 주는 철학적 원리가 되기에 부적합한 측면이 있다.[33]

33 그러나 코헨도 '정의=평등'이라는 가치가 사회질서를 규율하는 유일한 가치일 수는 없고 복지, 효율 등 다른 가치들과의 조정과 타협이 필요하다는 점을 인정한

셋째, 운 상쇄 평등주의가 직면하는 난점의 하나는 노력의 수준과 선택의 방향이 상이한 집단들 사이의 적정한 보상 격차를 어떻게 결정하느냐는 문제다. 운 상쇄 평등주의의 핵심 아이디어는 개인이 스스로 선택할 수 있는 변수인 노력의 수준과 선택의 방향이 동일한 사람들에게는 동일한 보상이 제공되어야 한다는 것이다. 현실에서는 노력의 수준과 선택의 방향이 동일한 집단을 정확히 식별하기도 어렵겠지만, 그보다 더 중요한 문제는 노력의 수준과 선택의 방향이 상이한 집단들 사이의 적정한 보상 격차를 운 상쇄 평등주의의 입장에서는 결정할 수 없다는 것이다.

5 공동체주의

매킨타이어 Alasdair MacIntyre, 왈쩌 Michael Walzer, 테일러 Charles Taylor, 샌들 Michael Sandel 등이 대표하는 공동체주의 communitarianism는 정의, 선, 덕

다는 점에서, 코헨의 정의관에 부합되는 복지국가상(像)을 이론적으로 구상하는 것이 적어도 원리적으로 불가능하지는 않을 것이다. 그러나 최소 수혜자의 복지 문제가 차등의 원칙이라는 형태로 정의의 원칙 속에 체계적으로 포함된 롤스의 정의론과는 달리, 코헨의 정의관은 '정의=평등'이라는 가치와 복지, 효율 등 다른 가치들을 어떤 원칙에 따라 결합하고 조정해야 하는지를 알려주지 않는다. 따라서 코헨의 정의관에 부합되는 복지국가상을 구성해 내려면 복잡한 이론적 매개고리를 추가적으로 고안해 내야 할 것이다.

등 현실의 윤리관념은 추상적 도덕원리로부터 논리적으로 도출해 낼 수 있는 것이 아니라 특정한 역사와 문화전통을 가진 공동체 내에서 자연스럽게 진화해 온 것이라는 점을 강조한다. 즉 윤리관념의 역사적, 사회적 맥락이 중요하다고 본다. 따라서 공동체주의적 관점에서는 공리주의, 사회계약론, 권리자격론 등은 모두 추상적 원리로부터 윤리원칙을 도출하려 한다는 점에서 비판의 대상이 된다. 이들 철학사조들은 서로 치열하게 논쟁해 왔지만, 이 철학사조들이 전제로 하는 개인들은 그들이 속한 공동체의 전통으로부터 자유로운 '얽매이지 않은 자아unencumbered self'를 가진 개인들이라는 점에서 이 사조들 간에는 강한 동질성이 존재한다. 이 개인들은 자신의 욕구나 가치를 자립적으로 선택하는 주체들이다. 결국 이 철학사조들은 모두 개인주의individualism를 바탕에 깔고 있다. 그러나 공동체주의의 관점에서 보면 개인의 욕구나 가치의 상당 부분은 그가 성장한 공동체로부터 물려받은 것이며, 그런 점에서 개인은 공동체의 산물이다.

롤스의 정의론의 핵심 문제의식은 합리적으로 자기이익을 추구하는 자유롭고 평등한 개인들이 모두 공정하다고 인정할 수 있는 사회질서를 구성하는 것이지만, 공동체주의의 핵심 문제의식은 공동체가 오랜 세월을 통해 형성해 온 공동선common good의 관념을 개인들이 습득, 공유하고 이를 자신의 처지에서 구현하도록 하는 것이다. 즉 공동체주의의 관점에서는 공동체가 개인에 선행한다.

매킨타이어에 따르면 개인주의에서 출발한 근대 주요 사회철학사조들은 모두 설득력 있는 윤리관을 제시하는 데 실패하였는데, 그 이유의 하나는 이들이 개인의 삶의 궁극적 목적telos이라는 문제를 중요하게 다루지 않은 데 있다. 현실의 개인들은 자신의 삶을 잡다한 에피소드episode들의 집합이라고 생각하지 않고 일정한 목적과 방향성을 가진, 유기적으로 결합된 서사敍事; narrative로 간주한다(MacIntyer, 1997). 그리고 자신의 개별 행위의 윤리적 타당성, 충실성 여부를 판단함에 있어, 이 행위가 궁극적 목적을 가진, 자신의 삶의 서사에 잘 부합되느냐 여부를 중요한 판단근거로 삼는다. 즉 인간은 '서사적 자아narrative self'를 가진 존재다. 그리고 개인이 저자이자 주인공으로서 만들어가는 삶의 서사는 백지 상태에서 작성되는 것이 아니라 그가 속한 공동체의 '큰 서사' 또는 '큰 이야기'와의 관련 속에서 작성된다. 개인은 그가 속한 공동체의 영향 하에서, 공동체가 전개해 가고 있는 큰 이야기 속에 자신의 삶의 이야기가 유기적으로 통합될 때에야 자신의 삶의 이야기가 완전성과 통일성을 띠게 된다고 믿는다. 그런 점에서 공동체의 역사는 개인의 삶의 서사를 규정하는 틀이자 개인의 삶의 서사가 귀착하는 종점이기도 하다.

공동체주의자들 중에서 분배적 정의 문제를 본격적으로 탐구한 학자로는 왈쩌Michael Walzer를 들 수 있다. 그에 따르면 사회의 다양한 영역들은 각기 상이한 분배적 정의 원칙을 갖고 있다. 사회의 다양한 영역들은 각기 자기 영역에 해당되는 가치를 산출하고 분배한다. 그리고 각 영역에서의 분배적 정의 원칙은 해당 영역에서 다루는 가치의 사회적 의미에 의해 결정된다.

가치들의 분배와 관련하여 발생하는 핵심적 문제로는 '독점monopoly'과 '지배domination'를 들 수 있다. 독점이란 사회의 한 영역에서 핵심적인 가치가 소수의 사람들에 의해 집중적으로 소유되는 상태다. 예를 들면 소수의 부자들이 사회의 대부분의 재산을 소유하고 있는 상태가 독점이다. 독점에 대비되는 것이 '단순 평등simple equality'

이다. 경제 영역에서는 모든 시민이 재산을 균등하게 소유한 상태가 단순 평등 상태다.

지배는 사회의 특정 영역에서 핵심적 가치를 소유한 개인이나 집단이 그 가치를 소유하고 있다는 사실로 인해 다른 사회 영역에서 다루어지는 다양한 가치들을 압도하며 다른 사회 영역에서도 핵심 가치들을 소유하거나 지배적 영향력을 행사하는 상태를 의미한다. 예컨대 자본주의 사회에서는 자본을 많이 소유한 개인이나 집단이 자본의 힘을 이용하여 정치 영역에서 정치권력을 획득하거나 문화 영역에서 명성을 누리며 이들 영역에서 지배적 영향력을 행사하기 쉽다. 이런 상태가 지배다.

지배에 대비되는 것이 '복합적 평등complex equality'이다. 복합적 평등이란 한 영역에서 핵심 가치를 소유했다는 사실로 인해 다른 영역에서의 핵심 가치들까지 소유하거나 다른 영역에서도 지배적 영향력을 행사하지는 못하는 상태다. 왈쩌의 표현을 빌자면 "어떠한 사회적 가치 x도, x의 의미와는 상관없이 난시 누군가가 다른 가치 y를 갖고 있다는 이유만으로 y를 소유한 사람들에게 분배되어서는 안 된다"(Walzer, 1999: 57)는 것이 복합적 평등의 원리다. 복합적 평등 상태에서는 사회의 여러 영역들이 각기 자율성을 유지하며 해당 영역에서 산출되는 가치를 각자의 고유한 분배적 정의의 원칙에 따라 분배한다. 알기 쉬운 예를 들자면 돈이 많다는 이유로 정치권력도 쉽게 획득하거나, 역으로 정치권력을 가졌다는 이유로 돈벌이도 쉽게 할 수 있는 가능성이 차단된 상태다.

왈쩌는 독점보다도 지배가 더 중요한 문제이며 따라서 단순 평등보다도 복합적 평등을 달성하는 것이 더 중요한 문제라 본다. 일단 단순 평등은 달성하기가 어렵다. 예컨대 경제 영역에서 초기에 단순 평등 상태를 만든다 해도 시장에서의 자유교환은 곧 단순 평등 상태를 허물 것이다. 비교적 실현가능하고 또 중요한 일은 사회의 상이한 영역들 사이에 칸막이를 만들어 한 영역에서의 핵심 가치를 소유한 개인이나 집단이 그것을 소유하고 있다는 사실에 의해 다른 영역의 핵심 가치까지 소유하고 다른 영역까지 침범하지 못하도록 하는 일이라는 것이다(Walzer, 1999).

한편 대부분의 공동체주의자들은 공동체 구성원 간의 연대solidarity의 중요성을 강조한다. 하나의 공동체가 모범적으로 운영되려면 공동체를 규율하는 공식적 질서가 정의롭고 합리적이기만 하면 되는 것이 아니다. 공동체 내에서 살아가는 구성원들이 서로에 대해 연대감을 가져야만 서로에 대해 생생한 책임감과 존중, 애정을 가지고 공동체 내의 여러 문제들을 잘 해결해 갈 수 있다. 그리고 공동체주의자들이 생각하는 연대감이란 사람들이라면 누구나 선천적으로 갖고 태어나는 감정도 아니며 이성적 추론을 통해 논리적으로 쉽게 도출해 낼 수 있는 가치도 아니다. 같은 공동체 내에서 서로 부대끼며 애환을 나누며 살아가는 구성원들이 삶의 경험을 통해 형성해 가는 감정이자 가치다. 동일한 역사를 공유하며 '한 배를 타고 있다'는 의식이 생길 만한 현실적 근거가 있어야 하는 것이다. 따라서 이러한 연대감은 공동체의 경계를 넘어 무한히 확장될 수 있는 것이 아니다. 예컨대 한 사회의 구성원들이 누리는 복지 혜택을 이방인에게도 무차별적으로 동일한 수준에서 제공하는 사회는 없는데, 이는 현실적으로 합당한 근거를 가진다.

공동체 내의 연대를 강조하는 입장은 개인과 국가, 개인과 시장

사이에 있는 중간 수준의 제도와 영역의 중요성을 강조하는 입장으로 자연스레 연결된다. 대부분의 공동체주의자들은 개인과 국가, 개인과 시장 사이에 가족, 기업, 지역사회 local community 등 중간 수준의 제도와 영역이 존재하며, 윤리관념의 형성과 실현에서 이러한 중간 수준의 제도와 영역이 매우 중요한 역할을 담당한다는 점을 강조한다. 이런 중간 수준의 제도와 영역이야말로 개인들이 구체적으로 소속감과 책임의식을 느낄 수 있는 단위이자 공동체가 형성, 발전시켜 온 윤리관이 자연스럽게 전승될 수 있는 공간이기 때문이다.

이러한 입장은 복지국가 문제와 관련해서는, 국가가 제공하는 복지인 '국가복지'가 지배적 비중을 차지하는 시스템보다는 다양한 주체들이 사회복지 제공에서 역할을 고루 분담하는 시스템이 우월하다는 입장으로 귀결된다. 즉 '복지다원주의 welfare pluralism'로 귀결된다. 즉 사회복지와 관련하여 국가의 역할을 배제하는 것은 아니지만 국가가 사회복지의 대부분을 책임지는 것보다는 국가, 가족, 기업, 지역사회, 비영리단체 등이 적절한 역할 분담을 하는 것이 더 바람직하다는 것이다. 개인이 직접적인 소속감을 갖는 소규모 공동체와 조직들이 사회복지의 실현에서 중요한 역할을 담당할 경우 복지 수요자의 욕구에 더 잘 부합되도록 복지서비스를 공급할 수 있고, 개인들이 사회복지 문제와 관련하여 권리의식뿐 아니라 책임의식도 갖기 쉽다는 것이다. 이 문제는 3부에서 상세하게 다룰 것이다.

공동체주의는 복지국가의 제도적 설계와 관련하여 중요하게 고려할 만한 사고요소를 제공해 주고 있다. 예컨대 가족, 기업, 지역사회 등 중간 수준의 공동체와 조직이 사회구성원들의 복지 증진과 관련하여 중요한 역할을 담당할 수 있다는 사고가 그러하고, 공동체 구성원 간의 연대감의 중요성을 강조하는 부분도 그러하다.

그러나 공동체주의는 복지국가를 안정적으로 지지해 주는 철학이 되기에는 많은 난점을 안고 있다. 첫째, 공동체주의는 윤리의식의 역사적, 사회적 맥락을 지나치게 강조하는 경향이 있다. 물론 윤리의식이 공동체의 역사와 전통과 전혀 무관하게 형성되는 것은 아니겠으나, 인간의 이성적 추론 능력은 협소한 공동체의 울타리를 벗어나 보편적으로 설득력 있는 도덕적 원리를 추구할 수 있다. 개인의 자기 정체성self-identity이나 윤리관의 형성과정에서 그가 속한 공동체가 다양한 방식으로 깊이 영향을 미친다는 사실 자체는 인정할 수 있으나, 올바른 규범체계가 공동체의 전통의 맥락에서만 형성될 수 있다는 강한 주장으로 나아갈 경우에는 심각한 문제가 발생할 수 있다. 공동체가 공유하는 규범 자체가 근본적인 문제점을 가질 수 있다는 반성이 들어설 자리가 없어지는 것이다.[34] 규범과 윤리체계는 공동체 내부에서 형성, 성숙되기도 하지만 공동체 외부에서 공동체를 바라보는 시선이 존재해야 공동체의 윤리체계에 대한 근본적 반성과 이에 기초한 진화가 이루어질 수 있다.

34 『정의란 무엇인가』*Justice: What's the right thing to do?*의 저자로 잘 알려진 샌들(Michael Sandel)은 통상 대표적인 공동체주의자로 알려져 있지만, 본인은 점차 자신을 '공동체주의자'가 아니라 '시민 공화주의자(civic republican)'라 규정하며 공동체주의와 거리를 두려 했다. 무엇보다도 '공동체주의'라는 용어에 뒤따르는 보수적 이미지, 특히 공동체 구성원 대다수가 공유하는 가치를 무비판적으로 수용하는 입장이라는 이미지를 꺼렸기 때문이다. 샌들이 공동체주의자로 시작하여 시민 공화주의자로 변모해 간 과정에 대한 설명으로는 Shaw(2010) 참조.

공동체주의자들은 롤스의 정의론 등 자유주의 정치철학이 전제하는 개인이 공동체의 역사와 문화로부터 단절된 추상적이고 고립적인 개인이어서 구체적 내용을 갖지 못한다고 비판하지만, 자유주의 정치철학이 이렇게 공동체에 속박되지 않은 자율적이고 비판적인 개인을 상정하는 중요한 이유가 있는 것이다. 윤리적 판단의 궁극적 준거를 자신의 내면에 보유하는 자율적 개인을 전제함으로써, 보편적 설득력을 갖는 윤리원칙을 확보할 수 있는 가능성과 공동체의 역사와 구성원리를 근본적으로 비판적으로 성찰할 수 있는 판단지평이 확보되는 측면이 있다.

둘째, 가족, 기업, 지역사회와 같은 협소한 공동체는 그 내부에 적지 않은 차별과 불평등을 내장할 수 있으며 보편적 원리의 관점에서 보면 우연적인 요소들이 과도하게 영향력을 행사할 수 있다. 적어도 국민국가라는 큰 단위의 정치공동체에서 구현되어야 하는 복지국가의 구성원리는 협소한 공동체 내부에 국한되기 쉬운 공동체주의적 정서와 논리에서 벗어날 필요가 있다.

셋째, 공동체주의는 개인의 자유와 권리를 과도하게 제한하는 논리로 작용할 가능성이 있다. 여기에서 논의하고 있는 공동체주의는 주로 미국사회의 맥락에서 자유주의, 특히 롤스의 자유주의 정치철학에 대항하여 나온 사조인 관계로 개인의 기본권으로 간주되는 권리들을 대체로 이의 없이 존중하고 있다. 그러나 공동체주의는 정의, 자유, 선, 덕 등의 주요 가치들에 대해 주로 공동체 내에서의 그것들의 기능에 초점을 맞추어 의미를 부여하고 해석하기 때문에 자유주의와 비교할 때 개인의 자유와 권리를 크게 제한할 수 있는 잠재력을 갖고 있다고 판단된다. 자유주의에서는 개인의 절대적 권리로 간주되는 것들의 상당수가 공동체주의에서는 주로 특정한 공동체의 맥락에서 그 기능의 측면에서 해석되고 평가되기 때문에, 조건부로만 인정될 수 있기 때문이다.

예컨대 1990년대에 싱가포르의 리콴유李光耀 수상은 자유와 민주를 최우선적으로 강조하는 서양의 가치체계의 상대성을 강조하며 '아시아적 가치'를 내세운 바 있다. 이는 싱가포르의 권위주의적 정치체제와 사회문화를 정당화하려는 의도를 가진 것이었다. 그리고 이러한 리콴유의 논리는 공동체주의의 사고방식과 강한 친화성을 가진 것이었다. 공동체주의는 개인의 자유와 권리의 범위와 수준과 관련하여 명료하게 정리되지 않은 '회색지대'를 넓게 갖고 있는 것으로 판단된다.

3장

복지국가의 지향 가치

2장에서 살펴본 주요 철학사조 중에서 복지국가를 가장 안정적으로 지지해 줄 수 있는 것은 사회계약론에 입각한 롤스의 정의론이라 판단된다. 왜냐하면 민주주의 사회에서 복지국가의 운영과 발전은 적어도 원리적으로는 사회구성원들의 자발적 합의에 의존할 수밖에 없는데, 사회계약론은 원리적으로 자유주의 원리와 민주주의 원리를 내장하고 있기 때문이다. 롤스의 정의론은 자유주의와 민주주의를 원리적으로 내장하는 사회계약론적 접근의 연장선상에서 복지국가와 친화성이 있는 차등의 원칙을 정의의 원칙의 구성요소로 도출해 내었다는 점에서 민주적 합의에 의해 운영되는 복지국가를 견고하게 지지해 주는 사고 틀이라고 평가할 수 있다.

롤스의 정의론을 복지국가를 지지해 주는 핵심적인 철학적 자원

資源으로 삼는다는 것은 정의, 선, 복지, 자유, 평등, 덕 등 다양한 가치들 중에서도 정의를 복지국가를 지탱하는 핵심 가치로 삼는다는 것을 의미한다. 그런데 이미 살펴본 바와 같이 롤스의 정의의 원칙은 그 안에 자유와 평등, 민주주의의 가치를 명시적으로 포함하고 있다. 또한 최소 수혜자의 이익을 극대화한다는 차등의 원칙은 최소한 최소 수혜자의 복지 문제를 매우 중요하게 고려하고 있다는 것을 의미한다. 그런 점에서의 롤스의 정의 개념은 자유, 평등, 민주주의, 복지 등 많은 소중한 가치들을 폭넓게 수용하는 포괄적 가치다.

공리주의자들이 무엇보다 중시하는 복지라는 가치는 복지국가를 보다 실용적 차원에서 지지해 줄 수 있는 가치다. '복지' 국가라는 용어 자체가 말해 주듯 복지국가는 무엇보다 사회구성원, 특히 사회경제적 취약계층의 복지를 증진하는 데 주된 관심을 둔다. 복지국가의 철학적 기초를 마련하는 차원에서 공리주의로부터 긍정적으로 수용할 수 있는 대표적 요소로는 다음과 같은 것을 들 수 있을 것이다. 첫째, 복지주의welfarism: 개인들이 실제로 자신의 복지를 증진시키는 것으로 인식하는 것들을 존중하는 사고는 자유주의와 친화성이 있다. 종교적 근본주의 등에 대립되는 세속적 합리주의 원리를 내장하고 있다고 이야기해도 될 것이다. 둘째, 불편부당성impartiality의 원리: 불편부당성 원리는 평등주의를 내장하고 있고 민주주의와도 친화성을 갖는다. 사실 롤스의 정의론의 사유실험 장치인 '무지의 베일' 도 무엇보다 불편부당성을 확보하기 위한 것이었다. 셋째, 사회구성원 전체의 복지에 대한 고려도 공리주의적 사고로부터 수용할 만한 것이다.

권리자격론은 기본적으로 복지국가에 적대적인 사고방식이라 볼 수 있지만 긍정적으로 취할 요소가 없는 것은 아니다. 첫째, 어떠한 경우에도 국가나 다른 개인들이 침해할 수 없는 개인의 불가침의 자유와 권리가 있다는 사고는 존중될 만하다. 이는 복지국가의 발전을 위한다는 명분에 의해서도 침해되어서는 안 되는 영역에 대한 경계선을 그어주는 역할을 한다. 예컨대 복지국가를 운영하는 과정에서 개인의 인격의 존엄성을 침해할 정도로 개인의 사생활에 국가가 과도하게 개입하는 것은 마땅히 피해야 할 것이다.

둘째, 재산 형성에 더 기여한 자가 더 보상받을 권리가 있다는 공로주의적meritocratic 사고도 어느 정도 상식적 정의관에 부합되며 복지국가 운영에서 무시할 수 없을 것이다. 예컨대 재분배정책을 통해, 근로소득을 얻은 사람에게 과세하고 이 세금으로 실업자를 지원해 준 결과, 실업자의 재분배 이후 소득이 취업자의 납세 후 가처분소득보다 높아지는 상황은 예외적 경우를 제외하고는 긍정적으로 평가하기 어려울 것이다.

코헨의 운 상쇄 평등주의는 자본주의 경제와 공존하는 복지국가보다는 더 근본적 수준에서 경제적 평등을 추구하는 급진적 사회주의와 더 친화성이 있지만, 운 상쇄 평등주의에 내재한 강한 평등주의적 지향은 복지국가를 더욱 발전시켜 가는 데 필요한 추동력으로 작용할 수 있을 것이다.

공동체주의는 국가 중심의 복지체계가 야기할 수 있는 관료주의, 시민들의 책임의식 약화, 제도화된 복지체계가 낳을 수 있는 정서적 냉담성 등을 비판한다는 점에서 복지국가에 상당히 비판적인 측면도 있지만, 공동체주의가 강조하는 공동체 내 연대는 롤스식의 사회계약론적 정의관을 보완해 줄 수 있다. 이성적으로 도출된 합리적이고 정의로운 질서라 하더라도 사회구성원들로부터 정서적 지지를 받지 못할 경우엔 제대로 작동하기 어려울 수 있다. 사회구성원 간의 연대감은 사회계약론적 접근에 의해 도출된 정의로운 질서가 실제로 제대로 작동할 수 있도록 돕는 정서적 접착제 역할을 할 수 있을 것이다.[1] 따라서 복지국가의 제도적 설계와 운영에서 시민들 간의 연대의식을 가능하면 촉진할 수 있는 길을 모색할 필요가 있다.

결국 우리가 지향하는 복지국가의 철학적 기초와 관련하여 다양한 가치들의 관계는 다음과 같이 정리할 수 있다. 복지국가의 윤리적 기반이 되는 가장 핵심적 가치는 정의다. 그리고 이 정의는 사회계약론적 전통에 따라 규정되는 절차적 정의 개념이다. 즉 이상적 논의상

1 인도 출신의 경제학자이자 노벨 경제학상 수상자인 센(Amartya Sen)은 고대 인도에서는 공식적 제도와 행위규범 차원에서의 정의 개념과 현실적 맥락을 고려하여 정의의 실현 가능성 문제까지 고려한 광의의 정의 개념이 용어상으로도 구분되어 있었다는 점을 강조한다. 산스크리트어로 전자가 niti이고 후자가 nyaya다. 예컨대 롤스의 정의의 원칙과 그 원칙에 입각하여 설계된 사회제도는 niti에 해당되고, 이러한 정의의 원칙이 실제로 사회적으로 잘 작동할 수 있게 해 주는, 사회구성원들이 공유하는 윤리적 에토스는 nyaya에 해당될 것이다. 센은 롤스의 정의론이 주로 niti 차원에만 관심을 기울이고 있다는 점을 비판한다. 그리고 롤스의 정의론뿐 아니라 근대 이후 서양의 정의론 논의가 대부분 어떻게 하면 이론적으로 흠이 없는 완전하고 보편적인 정의의 원칙을 논리적으로 구성할 것인가에 집중되어 왔고, 실제로 정의의 원칙에 가까운 사회질서를 이루려면 구체적으로 어떻게 해야 하는가, 또 현실의 명백한 부정의를 줄이려면 어떤 노력이 우선적으로 필요한가 하는 등의, 구체적인 현실적 조건을 고려한 정의 '실현'의 문제에 대해서는 소홀했다는 점을 비판한다. Sen(2009).

황에서 합리적으로 자기이익을 추구하는 개인들이 자발적으로 합의할 수 있는 내용이 정의다. 그리고 롤스의 정의의 원칙은 그 안에 자유와 평등, 민주주의, 복지라는 가치를 수용하고 있다.

자유라는 가치와 관련하여 중요한 쟁점이 되어 온 것의 하나는 '소극적 자유negative liberty'와 '적극적 자유positive liberty'의 관계 문제다. 소극적 자유란 타자로부터의 강제나 방해가 없는 상태를 의미한다. 그리고 여기에서 이야기하는 적극적 자유란 자신이 하고 싶어 하는 것을 실제로 할 수 있는 능력과 조건이 확보된 상태를 의미한다. 철학자 프롬Erich Fromm은 '~로부터의 자유freedom from'와 '~을 할 자유freedom to'를 구분하였는데(Fromm, 1965: 142), 전자가 소극적 자유이고 후자가 적극적 자유라 할 수 있다.[2]

2 소극적 자유와 적극적 자유를 명확히 구분하고 양자 간의 충돌 가능성을 본격적으로 탐구한 대표적 학자는 영국의 정치철학자 벌린(Isaiah Berlin)이다. 그는 "자유의 두 가지 개념(Two Concepts of Liberty)"이라는 논문에서 소극적 자유를 타인의 강제와 간섭으로부터의 자유로 파악하고, 영국의 고전적 자유주의에서의 자유 개념이 주로 여기에 해당한다고 보았다. 반면에 적극적 자유는 '누가 나의 주인인가?'라는 질문과 관련되는 개념으로서, 개인이 고도로 이성적이고 자율적인 판단능력을 갖춘 상태에서 자신이 원하는 것을 선택하고 실행하는 자유를 의미한다고 보았다. 예컨대 알코올 중독자가 술을 찾는 것이나 편향된 교육을 받은 자가 이에 영향을 받아 어떤 것을 추구하는 것은 적극적 자유를 누리는 상태가 아니다. 현재 모습 그대로의 자아가 아니라 '진정한 자아' 또는 '고차적 자아'가 원하는 것을 실현하는 것이 적극적 자유를 실현하는 길이다. 그런데 벌린에 따르면 적극적 자유의 추구는 흔히 소극적 자유와 충돌하기 쉽다. 적극적 자유를 중시하는 입장에서는 개인의 실제 선택이 아니라, 그가 충분히 합리적이고 성찰적일 경우에 취했을 선택이 적극적 자유를 실현하는 길이다. 따라서 이런 조건에 미달

그런데 예컨대 부유층에게 세금을 많이 걷어 빈곤층을 지원함으로써 빈곤층의 적극적 자유를 증진하려는 재분배정책은 부유층의 재산권 행사를 제한한다는 점에서 부유층의 소극적 자유를 침해하게 된다는 문제가 생길 수 있다. 그래서 하이에크Friedrich Hayek와 같은 자유지상주의자들은 소극적 자유만이 진정으로 자유 개념에 부합하는 것이고, 적극적 자유는 사실은 '자유'가 아니라 '권력power'이나 '부wealth'와 같이 다른 용어로 표현되어야 하는 별개의 가치인데 사회주의자들 또는 평등주의자들이 의도적으로 자유 개념을 이런 식으로 확장하여 사용해 왔다고 주장한다(Hayek, 1960: 11-21).

하는 개인이 실제로 원하는 것은 사실은 그의 적극적 자유를 훼손하는 것이기 쉽다. 따라서 이런 개인의 선택은 보다 이성적이고 성찰적인 타인이나 사회기관에 의해 억제되어야 하고 이러한 고도의 합리성을 체현한 다른 주체가 대신 선택해 주는 것이 적극적 자유를 실현하는 길이 된다. 그러므로 이런 의미에서의 적극적 자유의 실현을 추구하는 것은 많은 경우 개인에 대한 타인의 간섭과 강제를 불가피하게 수반하고 요청한다. 파시즘이나 공산주의와 같은 전체주의 이념은 적극적 자유의 실현을 위해 소극적 자유의 제한과 억압을 적극적으로 수용하는 이념이다. 벌린은 소극적 자유의 보호를 최우선시하는 고전적 자유주의의 이상을 우선적으로 수용하는 바탕 위에서 이와 가능한 한 충돌하지 않는 범위 내에서 적극적 자유를 추구해야 한다고 보았다. 그런데 이 책에서 이야기하는 적극적 자유는 자신이 원하는 것을 할 수 있는 능력과 조건이 충족된 상태를 말하므로 벌린의 적극적 자유와는 다른 의미로 사용되고 있다. 대중적 수준에서, 소극적 자유와의 대비 속에 이야기되는 적극적 자유 개념은 주로 이 책에서 사용되는 의미에서의 적극적 자유 개념이다. 다만 개인이 자신이 원하는 것을 할 수 있는 능력 속에 개인의 이성적 판단능력을 매우 중요한 요소로 포함시킨다면 벌린식의 적극적 자유 개념으로 나아갈 여지가 생길 것이다. 벌린의 자유 개념 분석에 관해서는 Berlin(1958) 참조.

롤스의 정의의 원칙은 소극적 자유를 적극적으로 보장하기를 지향한다. 정의의 원칙 중 제1원칙, 즉 자유의 원칙에 나오는 '기본적 자유'는 대체로 소극적 자유에 해당한다고 볼 수 있을 것이다. 정의의 원칙 구현을 위해 모든 시민에게 제공되어야 하는 기본재primary goods의 목록 중 가장 먼저 나오는 것도 '기본적 자유: 사상과 양심의 자유, 결사의 자유 등'이다.

여기에서 핵심 쟁점은 사유재산권을 소극적 자유의 핵심 요소의 하나로 보아야 하느냐는 문제다. 앞에서 논의한 바와 같이 사유재산권을 불가침의 절대적 권리로 간주할 경우엔 복지국가의 건설은 원천 봉쇄된다. 그래서인지 롤스는 기본적 자유의 목록에 개인 재산personal property을 보유할 권리는 포함시켰지만, 생산수단과 같은 특정한 재산을 소유할 권리나 자유방임주의laissez-faire에서 이해되는 방식의 계약의 자유는 포함시키지 않았다(Rawls, 2003: 106-107). 그 이유를 롤스는 설명하고 있지 않은데, 롤스의 정의론의 기본 논지의 관점에서 다음과 같이 해석할 수 있을 것 같다. 일정 정도의 개인 재산을 보유할 권리는 사회구성원이 자유롭고 존엄한 인격체로서 살아가는 데 필수적이지만, 생산수단에 대한 사적 소유권이나 자유방임주의에서 이해하는 방식의, 사회적 규제로부터 벗어난 계약의 자유는 정의의 원칙에 위배되는 정도로 소득과 재산, 그리고 권력의 불평등 분배를 낳을 수 있기 때문에, 어떤 경우에도 존중해야 하는 기본적 자유의 구성요소로는 간주할 수 없다는 것이다.

우리가 지지하는 복지국가의 철학은 개인의 신체의 자유, 사상의 자유, 표현의 자유와 같이 인격 그 자체와 관련된 소극적 자유는 절대적으로 지지하나 사유재산권은 소극적 자유의 필수불가결한 요소로 간주하지 않는다. 일정 수준을 넘어서는 사유재산은 사회구성원의 합의에 따라 재분배할 수 있는 잠재적 공동재산으로 간주한다. 또 롤스의 정의의 원칙은 적극적 자유를 실현하는 것도 지향한다. 기본재의 목록에 포함된 모든 요소들이 적극적 자유의 실현을 돕는 것들이다.

한편 자유와 더불어 근대사회의 핵심 가치로 자리잡아 온 평등과 관련하여 쟁점이 되어 온 것의 하나는 우리가 추구해야 할 평등이 '기회의 평등'이냐 '결과의 평등'이냐는 것이다. 즉 사회적 경쟁과정에 진입하는 개인들의 출발선을 동일하게 해 주는 것으로 충분한가, 아니면 최종 결과까지도 어느 정도 평등하게 해 주어야 하느냐는 것이다. 그런데 이 쟁점은 사실 정확하게 설정된 쟁점이 아닐 수 있다. 기회의 평등을 구현하기 위해서라도 결과의 평등이 상당 정도 확보되어야 하기 때문이다. 예컨대 대학입시경쟁에 직면한 학생들에게 그들이 선호하는 대학에 진학할 기회를 평등하게 제공하려면 그 부모들의 소득과 재산에서의 과도한 불평등이 억제되어야 한다. 즉 부모들에게 어느 정도 결과의 평등을 제공해야 자녀들이 실질적으로 기회의 평등을 확보할 수 있다.

기회의 평등 또는 기회균등을 고전적 자유주의에서처럼 신분제의 철폐나 보통선거권의 확보 정도로 최소한의 것으로 해석한다면 기회의 평등은 결과의 평등과 확연하게 구분되겠으나, 경쟁조건의 차이의 해소라고 적극적으로 해석한다면 상속에 의한 경제적 불평등이나 선천적 재능의 차이로 인한 성과의 격차는 모두 재분배정책을 통해 해소되어야 한다. 사실 기회의 평등의 논리를 끝까지 밀고 나가면 결국 코헨식의 운 상쇄 평등주의로 귀결되는 것이 자연스러울 것이다. 결국 문제는 어느 수준까지 결과의 불평등을 수용해야 하느냐는 문제로 귀착된다.

복지국가는 명백히 결과의 평등을 지향한다. 그러나 운 상쇄 평등주의와 같은 강한 평등주의로 귀착해야만 하는 것은 아니다. '복지' 국가라는 것이 사회구성원의 복지의 증진을 지향하고, 특히 사회경제적 약자의 복지의 증진에 우선성을 두는 제도라면, 복지국가의 프로그램들이 장기적으로 사회구성원들의 복지를 가능한 한 많이 증진시킬 수 있어야 한다. 따라서 제도의 효율성과 지속가능성, 시장경제와 사회복지제도 간의 상호보완성 등 복지국가의 성과performanco 문제도 중요하게 고려할 수밖에 없다. 따라서 코헨식의 평등주의보다는 사회경제적 약자층의 처지를 실제로 얼마나 개선할 수 있느냐는 문제가 적극적으로 고려된 롤스식의 평등주의가 복지국가와 친화성이 더 큰 평등주의라 판단된다.

공동체주의자들이 강조하는 연대는 아주 일반적으로 이야기하자면 공동체 구성원 간에 어느 정도 운명의 공유를 의미한다고 볼 수 있다. 공동체에 속한 타인의 행복과 불행에 대해 다른 구성원들이 책임의식을 갖고 개입한다는 것이다. 평등과 연대는 밀접한 관계에 있다. 우선 평등은 연대의식 형성의 조건이 된다. 불평등 수준이 높은 사회에서는 구성원 간에 연대감이 형성되기 어렵다. 또 평등은 연대라는 가치가 구현되는 한 형태라 볼 수 있을 것이다(신정완, 2002: 332). 연대의식이 높은 사회에서 과도한 불평등은 용납되기 어려울 것이다.

복지국가의 형성과 발전은 상당 정도 연대의식을 전제로 한다. 사회구성원 간에 연대감이 전혀 없는 사회에서는 유복한 사람들이 가난한 사람들을 지원하기 위해 세금을 내는 데 저항감을 크게 가질 것이다. 납세는 법적 의무이기 때문에 할 수 없이 세금을 낸다 하더라도, 재분배를 위한 조세에 대한 저항이 강한 사회에서는 감세와 복지 축소를 주장하는 목소리가 커질 것이다. 연대감이 전혀 없는 사회에서 부유층이 빈곤층 지원을 위해 기꺼이 세금을 내려 하는 경우는 복지국가를 빈곤층의 사회적 저항을 무마하기 위한 비용 또는 필요악으로 간주할 경우에 국한될 것이다. 따라서 복지국가가 충분히 발전하고 잘 유지되려면 연대의식의 형성과 유지가 필요하다.

연대의식 또는 연대감의 원초적 형태는 타인의 불행이나 행복에 대한 공감sympathy일 것이다. 경제학의 아버지라 불리는 스미스Adam Smith가 『도덕감정론』[3]에서 설파한 바와 같이 인간은 누구나 타인에 어느 정도 감정이입하여 타인의 불행을 함께 슬퍼할 수 있는 공감능력을 갖고 있다. 가장 원초적인 감정 차원에서는 복지국가 건설의 정서적 토대는 타인의 불행에 대한 공감 또는 동정과 자신이 미래에 경험할 수 있는 불행에 대한 두려움일 것이다. 그리고 양자는 자연스레 중첩될overlap 수 있다. 타인이 현재 겪고 있는 불행은 내가 과거에 겪었던 불행일 수도 있고, 내가 미래에 겪게 될 불행일 수도 있다. 이것이 연대감의 원초적 기초다.

스미스는 인간의 내면에 '공정한 관찰자impartial spectator'가 자리잡

3 『도덕감정론』*The Theory of Moral Sentiments*의 초판은 1759년에 출간되었다. 국내 번역본으로는 박세일·민경국 공역, 『도덕감정론』(개역판, 비봉출판사, 2009)이 있다.

고 있어서 개인들이 어느 정도는 타인에 감정이입하여 공감하기도 하고, 어느 정도는 자신을 타자화하여 자신의 외부에서 자신을 냉정하고 객관적으로 관찰하기도 한다고 본다. 이를 통해 자기중심성으로부터 어느 정도 벗어나게 된다. 즉 '역지사지易地思之'가 가능해진다. 공정한 관찰자의 태도 형성을 사회계약론적 관점에서 이론화한 것이 롤스의 '무지의 베일'이라 볼 수 있다. 단 무지의 베일 상황은 공정한 논의 상황을 조성하기 위해 내가 누구로 태어날지 모른다는 '정보의 차단'을 도입한 것이라면, 공정한 관찰자 개념은 나와 타인의 처지를 두루 잘 알기 때문에 오히려 공정한 입장에 도달할 수 있다는 '정보의 확장'을 도입한 것이라는 차이가 있다. 합리적으로 자기이익을 추구하는 개인들이 만장일치로 합의하여 정의의 원칙을 도출한다는 롤스의 사회계약론적 접근법이나, 인간은 본성적으로 타인의 처지에 공감하며 자신을 객관화해 볼 수 있다는 스미스의 인간본성론적 접근법 모두 연대의 원리에 기초한 사회질서, 대표적으로는 복지국가를 지지해 줄 수 있는 논리라 할 수 있다.

다만 공동체주의가 강조하는 연대는 자연적, 역사적 조건에 의해 구성원들이 서로 친밀감을 자연스레 가질 수 있는 공동체 내부에서나 형성될 수 있는 일종의 감정이다. 그러나 복지국가를 지탱하는 가치로서 기능할 수 있는 연대는 인간의 이성적 추론능력에 기초하여 협소한 공동체의 경계를 넘어서는 확장된 연대여야 할 것이다.

2부

자본주의와 복지국가

우리가 이 책에서 다루는 복지국가는 자본주의 사회 속에 존재하는 복지국가, 다른 말로 하면 자본주의 경제와 공존하는 복지국가다. 자본주의 경제와 복지국가 간에는 복잡다기한 관계가 성립된다. 우선 복지국가 운영에 필요한 재원은 주로 조세와 사회보험료 수입으로 조달되는데, 조세와 사회보험료는 자본주의 경제에 참여하는 경제주체들이 시장을 통해 얻은 소득으로부터 나온 것이다. 즉 자본주의 경제는 복지국가를 재정적으로 떠받친다.

한편 복지국가를 통해 재분배되는 소득은 자본주의 경제 속으로 다시 흘러들어간다. 예컨대 정부가 빈곤층의 생계지원을 위해 빈곤층에게 현금을 지급하면 빈곤층은 이를 기업들이 생산한 재화나 서비스를[1] 구매하는 데 사용한다. 즉 복지국가를 통해 빈곤층에게 제공된 소득은 자본주의 경제의 소비재 시장 속으로 흡수된다. 빈곤층

1 재화(goods)란 소비하면 소비자에게 좋은(good) 것들을 총칭한다. 재화에는 식료품과 같은 최종 소비대상, 즉 소비재도 포함되지만 기계와 같이 생산과정에서 소비되는 재화, 즉 생산재도 포함된다. '재화'라는 용어를 좁은 의미로 사용할 경우엔 소비대상 중 물적 형태를 취하는 것만을 지칭한다. 즉 쌀, 집, 컴퓨터 등을 지칭한다. 소비대상 중 물적 형태를 취하지 않는 것을 '서비스' 또는 '용역(services)'이라 한다. 의료서비스, 교육서비스, 행정서비스 등이 그 사례다. 재화의 경우엔 생산이 완료된 이후에 소비가 이루어지지만 서비스의 경우엔 생산과 소비가 동시에 이루어진다. 예컨대 의사가 환자를 진료하는 중에 의료서비스가 생산되고 동시에 소비된다. '재화'라는 용어를 넓은 의미로 사용하는 경우엔 좁은 의미에서의 재화에 더하여 서비스까지 포괄하는 의미로 사용된다. 이 책에서는 앞으로 '재화'라는 용어를 서비스를 포함하는 넓은 의미로 사용하고, 문맥상 필요한 경우에만 '서비스'란 용어를 사용할 것이다.

이 정부가 지급한 현금의 일부를 저축할 경우엔 이 저축자금이 은행 등 금융기관으로 흘러들어가 금융시장의 작동을 위한 재원으로 활용된다.

또 예컨대 정부가 공공 보육시설을 대규모로 설립하여 보육서비스를 직접 공급할 경우엔 민간 보육서비스 시장이 그만큼 위축된다. 즉 자본주의 경제원리가 작동할 수 있는 사업 영역이 위축된다. 반면에 공공 보육시설의 설립에 투입되는 건물이나 설비자재의 대부분은 정부가 기업들로부터 구입한다. 따라서 이러한 상품[2]을 정부에 판매하는 기업들은 복지국가 영역과의 관계 속에서 사업기회를 확보한다.

자본주의 경제와 복지국가가 맺는 복잡하고 다양한 관계들 중에서 2부에서 다루는 것은 복지국가가 어떠한 방식으로 자본주의 경제를 지원하거나 보완하는가 하는 문제다. 복지국가는 사회구성원들이 삶의 전全 과정을 통해 겪는 다양한 사회적 위험을 관리해 준다는 본연의 기능을 수행하는 과정에서 자본주의 경제를 활성화하기도 하고, 자본주의 경제가 해결하기 어려운 문제들을 해결해 주기도 한다. 특히 자본주의 경제의 중요한 약점의 하나는 분배적 정의의 관점

2 상품(commodity)은 시장에서 거래되는 재화를 의미한다. 즉 상품은 재화의 부분집합이다. '상품'이란 용어를 좁은 의미로 사용할 경우에는 처음부터 판매를 목적으로 생산되는 재화만을 의미한다. 넓은 의미로 사용할 경우엔, 판매를 목적으로 생산되었든 아니든 결과적으로 시장에서 거래되는 재화를 의미한다. 자본주의 경제에서 시장에서 거래되는 재화의 대부분은 처음부터 판매를 목적으로 생산된 것들이다.

에서 만족스럽지 않은 결과를 산출한다는 것이다. '부익부, 빈익빈'이라는 말이 표현해 주듯이 자본주의 경제는 대체로 이미 재산이 많고 소득이 높은 사람들이 더 많은 재산과 소득을 용이하게 얻을 수 있게 하며, 현재 가난한 사람들이 미래에도 가난에서 벗어나기 어렵게 하는 측면이 있다. 복지국가는 이 문제를 상당 정도 시정해 줄 수 있다.

4장에서는 복지국가가 어떤 경로를 통해 자본주의 경제의 미시적 효율성과 거시적 효율성 및 안정성을 높여 주는가 하는 문제를 다룰 것이다. 여기에서 '미시적micro'이란 말은 자본주의 경제를 구성하는 개별 경제주체들, 즉 개인, 가계household[3], 기업, 정부의 행위와 관련되어 있다는 것을 의미한다. '거시적macro'이란 말은 개별 경제주체가 아니라 '국민경제national economy' 전체의 작동과 관련되어 있다는 것을 의미한다. 4장의 내용을 통해 우리는 복지국가가 본연의 과제 수행을 넘어서 자본주의 경제의 원활한 작동을 지원해 주는 측면이 많다는 점을 이해하게 될 것이다. 또 4장에 등장하는 경제용어들의 상당수가 3부에도 등장하기 때문에, 4장은 3부의 내용을 이해하기 위한 이론적 기초를 다져 주는 역할도 수행할 것이다. 5장에서는 자본주의 경제를 분배적 정의의 관점에서 평가할 것이다. 분배적 정의

3 가계(家計) 또는 가구(家口)는 대체로 같은 주거공간에 살면서 경제생활, 특히 소비를 함께 하는 개인들의 모임을 지칭한다. 가족(family)이 혈연관계 중심의 개념인 데 반해 가계는 경제활동 중심의 개념이다. 현실적으로 가계는 가족과 겹치는 경우가 많지만 겹치지 않을 수도 있다.

의 관점에서 자본주의 경제가 어떤 결함을 가지는가를 확인함으로써 자본주의적 분배원리를 상당 정도 시정해 주는 복지국가의 존재이유를 더 잘 이해할 수 있게 될 것이다. 또 복지국가가 구체적으로 어떤 방식으로 자본주의적 분배원리를 시정함으로써 분배적 정의의 실현을 지원해 줄 수 있는지를 설명할 것이다.

4장

복지국가와 자본주의 경제의 효율성

1 복지국가와 자본주의 경제의 미시적 효율성

복지국가는 미시적 차원의 '시장실패market failure'를 해결하거나 보완해 줌으로써 자본주의 경제의 미시적 효율성을 높여 준다. 시장실패란 시장이 바람직한 결과를 산출하는 데 실패하는 경우를 의미하며, 미시적 차원의 시장실패란 개별 경제주체들의 행위나 개별 경제주체들 사이의 관계에서 발생하는 시장실패를 의미한다. 보통 미시적 차원의 시장실패 사례로 거론되는 대표적인 것들로는 독과점[1], 공공재,

1 독과점이란 '독점(monpoly)'과 '과점(oligopoly)'을 합한 말이다. 미시경제학에서 독점이란 하나의 재화를 한 기업만이 공급하는 경우를 지칭하고, 과점이란 하

외부성, 정보의 불완전성을 들 수 있다. 그런데 독과점 문제는 복지국가와는 직접적 관계가 없는 사안이므로 여기에서는 미시적 차원의 시장실패와 관련하여 공공재, 외부성, 정보의 불완전성 문제만을 다룰 것이다.

공공재public goods란 통상적으로는 민간 경제주체가 공급하기가 어렵거나 바람직하지 않아서 주로 정부 등 공공기관이 공급하는 재화를 지칭하는 말로 사용된다. 그러나 공공재에 대한 경제학적 정의는 좀 더 엄밀하여 '소비에서의 경합성'과 '소비에서의 배제성'이 없는 재화를 의미한다. 소비에서의 경합성이란 재화의 공급량이 주어져 있을 때에 어떤 소비자들의 소비량이 늘면 다른 소비자들의 소비량이 감소하는 성격을 의미한다. 소비자들이 시장에서 구매하는 재화, 즉 상품의 대부분은 소비에서의 경합성을 갖고 있다. 예컨대 시장에 나와 있는 쌀의 양이 주어져 있을 때에 어떤 소비자들이 쌀의 소비량을 늘리면 다른 소비자들이 소비할 수 있는 몫은 그만큼 줄어들 것이다.

그러나 어떤 재화는 소비에서의 경합성이 없다. 즉 어떤 소비자들이 소비량을 늘려도 다른 소비자들의 소비량이 줄어들지 않는다. 예컨대 국방서비스를 생각해 보자. 한 나라의 국민은 모두 국방서비스를 소비하고 있다. 평화 시에는 국방서비스를 소비하고 있다는 사실을 잘 느끼지 못하지만 사실은 국방서비스를 소비하고 있기 때문

나의 재화를 소수의 기업들이 공급하는 경우를 지칭한다.

에 평화를 누리고 있다고 볼 수도 있다. 그리고 모든 국민은 국방서비스를 서로 동일한 규모로 소비하고 있다. 예컨대 한국 정부가 국방서비스의 공급량을 정하면, 모든 국민은 서로 동일하게 한국 정부가 제공하는 국방서비스의 규모만큼을 소비하고 있는 셈이다.[2] 그런데 몇 년 사이에 국방서비스 공급량은 그대로인 반면에 신생아가 많이 출생했고 외국인이 한국으로 많이 이주해 왔다고 해 보자. 그럴 경우 국방서비스를 소비하는 사람들이 늘어났으므로, 오래 전부터 한국에 거주해 온 주민들의 입장에서는 그들 이외의 사람들의 국방서비스 소비 총량이 증가한 셈이다. 그러나 그렇다고 해서 오래 전부터 한국에 거주해 온 사람들의 국방서비스 소비량이 감소하지는 않는다. 즉 국방서비스는 소비에서의 경합성이 없는 재화다.

소비에서의 배제성이란 어떤 사람들을 재화의 소비로부터 배제할 수 있는 성격을 지칭한다. 우리가 시장에서 구매하는 상품들은 대부분 소비에서의 배제성을 갖는다. 돈을 내지 않은 사람들은 상품을 얻을 수 없고 또 따라서 소비할 수 없다. 그러나 어떤 재화들은 돈을 내지 않은 사람이라 하더라도 그를 소비로부터 배제시킬 방법이 없다. 다시 국방서비스를 생각해 보자. 국방서비스 공급을 위해선 돈이 필요하고 이 돈은 조세로 조달된다. 좀 황당한 상황이겠지만 정부가 세금을 내지 않은 국민은 국방서비스를 소비할 자격이 없다고 판

2 물론 소비량은 동일하지만 소비로부터 얻는 효용은 사람마다 다를 수 있다. 예컨대 휴전선 가까이에 거주하는 국민은 효용이 매우 높을 수 있고 남해의 자그마한 섬에 거주하는 국민은 효용이 비교적 낮을 수 있다.

단하여 이들이 국방서비스를 소비하지 못하게 하려 한다고 가정해 보자. 그런데 국방서비스를 소비하지 못하게 할 방법이 있는가? 국외로 추방하는 방법밖에는 없을 것이다. 그리고 굳이 그렇게 할 필요가 있는가? 국방서비스는 소비에서의 경합성이 없으므로 세금을 내지 않는 국민이 세금을 내는 국민과 동등한 수준으로 국방서비스를 소비한다고 해서 세금을 내는 국민의 국방서비스 소비량이 감소하는 것은 아니다. 따라서 굳이 그렇게 할 필요도 없다.

그런데 국방서비스와 같이 소비에서의 경합성과 배제성이 없는 재화는 시장을 통해 공급할 수 없다. 시장을 통해 공급이 이루어지려면 소비자들이 재화의 가격을 지불하고 구매해야 한다. 그런데 소비에서의 배제성이 없기 때문에 많은 소비자들이 본인은 공공재를 구매하지 않고 남이 먼저 공공재를 구매하기를 기다릴 것이다. 누군가 남이 공공재를 먼저 구매하면 본인은 돈을 내지 않고도 공공재를 소비할 수 있기 때문이다. 이 문제를 '무임 승차자 문제free rider problem'라 한다. 대다수 소비자들이 이기적이고 기회주의적으로 행동한다면 돈을 내고 공공재를 구매하려는 사람은 극소수일 것이다. 따라서 민간기업들이 공공재를 공급한다면 이 기업들은 적자를 면할 수 없을 것이다. 그러므로 사회적으로 적정한 수준만큼 공공재가 공급될 수 없다. 즉 시장은 공공재를 사회적으로 적정한 수준으로 공급하는 일에 실패할 수밖에 없다. 따라서 정부가 조세라는 강제수단을 통해 국민으로부터 재원을 조달하여 공공재를 공급할 수밖에 없게 된다.

그런데 빈민지원정책과 같은 사회복지정책은 빈곤으로 인한 범죄나 자살 등 사회문제를 줄여 주며 사회적 긴장과 갈등을 완화시킴으로써 해당 정책의 직접적 수혜자 이외의 사람들의 복지도 높여 주는 선 또는 재화goods이며, 직접적 수혜자 이외의 사람들의 관점에서는 소비에서의 경합성과 배제성이 없는 재화, 즉 공공재라 볼 수 있다. 우선 직접적 수혜자가 아닌 사람들도 빈민지원정책으로 인해 간접적 혜택을 보기 때문에 이런 정책을 '소비'한다고 볼 수 있다. 또 정부의 빈민지원정책을 통해 간접적으로 혜택을 보는 사람들이 시간이 갈수록 늘어난다고 해서 오래 전부터 간접적으로 혜택을 보던 사람들의 빈민지원정책의 '소비량'이 감소하는 것은 아니기 때문에 이런 정책은 소비에서의 경합성이 없다. 또 이런 정책을 집행하는 한 그 누구도 이 정책의 소비로부터 배제시킬 방법이 없다는 점에서 이런 정책은 소비에서의 배제성도 없다.

그렇다면 직접적 수혜자뿐 아니라 다른 사람들에게도 혜택을 주는 빈민지원정책의 시행을 위한 재원은 어떻게 조달할 것인가? 대다수 국민이 빈곤한 사람들의 곤경을 완화하여 줌으로써 자신들이 누릴 간접적 혜택을 늘리기 위해 기꺼이 비용을 부담하려 한다면 예컨대 성금 모금을 통해 재원을 조달할 수 있을 것이다. 그러나 빈곤 문제를 크게 완화할 수 있을 만큼 충분한 성금이 모일 것인가? 이 문제와 관련해서는 무임 승차자 문제가 발생하지 않을 것인가? 그리고 매년 안정적으로 모일 것인가? 그것이 어렵다면 정부가 조세라는 강제 수단을 통해 재원을 조달할 수밖에 없게 된다.

다음으로 외부성externality 또는 외부효과external effect란 어떤 주체의 행위가 그와의 거래관계 당사자가 아닌 제3자에게 영향을 미치는 현상을 지칭한다. 제3자에게 유리한 영향을 미치는 경우를 외부경제

external economy 또는 긍정적 외부효과positive external effect라 하고, 부정적 영향을 미치는 경우를 외부불경제external diseconomy 또는 부정적 외부효과negative external effect라 한다. 외부성이 있을 경우에 시장에 자원배분을 맡기면 영향을 받는 제3자의 이해관계가 고려되지 않기 때문에 재화가 사회적으로 바람직한 수준보다 지나치게 많이 공급되거나 너무 적게 공급되기 쉽다. 따라서 효율성 측면에서 시장실패가 발생한다.

먼저 외부경제의 사례로 전염병 예방접종을 생각해 보자. 어떤 사람이 전염병 예방주사를 맞으면 본인이 전염병에 걸릴 확률이 크게 줄어들 뿐 아니라 다른 사람에게 감염시킬 확률도 크게 줄어든다. 따라서 많은 사람들이 전염병 예방주사를 맞을수록 예방주사를 맞은 사람들뿐 아니라 맞지 않은 사람들이 얻는 혜택도 커진다. 즉 전염병 예방접종은 '소비에서의 외부경제'를 야기한다. 즉 사회 전체적으로 전염병 예방접종 서비스를 많이 소비할수록 소비자뿐 아니라 제3자에게도 더 도움이 된다. 그런데 민간병원에서 제값을 받고 예방주사를 놓게 되면 건강하여 전염병에 걸릴 확률이 낮은 사람들의 다수는 주사를 맞지 않으려 할 것이다. 따라서 사회 전체적으로 보면 상당히 많은 사람들이 전염병에 걸리게 될 것이다. 즉 사회적으로 바람직한 수준보다 전염병 예방접종 서비스의 소비량과 공급량이 지나치게 적을 것이다. 이 문제에 대한 대표적 해결책은 보건소와 같은 공공 의료기관이 무상으로 또는 매우 저렴하게 예방접종 서비스를 공급하는 것이다. 사회복지정책의 중요한 부분인 예방의료는 소비에서의 외부경제를 낳는 것이다.

외부불경제의 사례로는 환경오염 문제를 들 수 있다. 폐수를 방출하는 공장 바로 옆에 양어장이 있는데, 공장에서 나온 폐수가 양어장으로 흘러들어가 양어장의 물고기들이 폐사한다고 가정해 보자. 공장이 생산을 많이 할수록 제3자인 양어장 주인의 피해는 늘어난다. 이런 상황을 '생산에서의 외부불경제'라 한다. 그런데 정부가 규제를 하지 않으면 공장주는 양어장 주인의 피해를 고려하지 않고 생산량을 결정할 것이다. 따라서 사회적으로 바람직한 수준보다 생산량이 클 것이고 따라서 폐수 방출량도 많을 것이다. 이 문제에 대한 해결 방안은 다양한데, 예컨대 정부가 폐수를 방출하는 공장에 대해 폐수 방출량에 따라 벌금을 부과할 수 있을 것이다.[3]

한편 '소비에서의 외부불경제'의 사례로는 음주나 흡연을 들 수 있다. 음주는 음주운전 등으로 이어지기 쉽고, 흡연은 간접흡연을 통한 제3자의 건강 악화로 이어지기 쉽다. 음주나 흡연을 규제하기 위해 술과 담배에는 통상적 재화에 부과되는 부가가치세에 비해 한결 세율이 높은 주세나 담배세를 부과하거나 흡연구역을 지정한다.

정보의 불완전성이란 거래 당사자들이 거래 대상인 재화와 관련된 정보, 예컨대 재화의 질이나 생산비용에 대한 정보를 불완전하게 갖고 있는 상황을 지칭한다. 정보의 불완전성 중에서도 경제학자들

3 외부불경제를 야기한 주체에게 벌금을 물림으로써 외부불경제를 낳는 행위를 억제하자는 아이디어를 처음 제안한 경제학자가 피구(Arthur Pigou)인 관계로 이러한 벌금을 피구세(Pigovian tax)라 한다.

이 많이 다룬 대표적 문제가 '정보의 비대칭성'이다.[4] 정보의 비대칭성이란 거래 당사자 중 한 쪽은 정보를 많이 갖고 있고 다른 쪽은 정보를 적게 갖고 있는 상황이다. 이럴 경우엔 정보를 많이 갖고 있는 쪽이 다른 쪽에게 피해를 주며 거래를 자기에게 일방적으로 유리하게 이끌어 갈 가능성이 클 것이다.

대표적 사례로는 의료시장을 들 수 있다. 의사는 환자의 질병과 이에 대한 적절한 치료방법 즉 의료서비스의 내용, 그리고 이러한 의료서비스의 생산비용을 잘 알고 있지만 환자는 아는 게 별로 없다. 이럴 경우에 의료서비스의 양과 가격이 시장에서의 자발적 거래를 통해 결정되도록 하면 과잉진료와 의료비 과잉청구 등의 문제가 발생하기 쉬울 것이다. 따라서 정부가 의료시장에 개입하여 의료서비스 공급량과 의료비 수준을 통제해야 한다. 아니면 정부가 공공 의료기관을 통해 의료서비스를 직접 공급해야 할 것이다. 어느 사회에서나 의료시장의 경우엔 정부의 규제가 많은 편인데 그 핵심 이유의 하나는 의료시장이야말로 정보의 비대칭성 문제가 발생하는 대표적 시장이라는 점이다.

정보의 비대칭성은 사회보험social insurance을 정당화하는 대표적 근거이기도 하다. 사회보험이란 강제가입 원리에 입각하여 정부 등 공공기관이 운영하는 보험을 지칭한다. 그런데 대개 보험서비스 소비자인 보험가입자의 속성에 대해서는 당사자인 보험가입자가 보험서비

4 '정보의 비대칭성(asymmetry of information)'이라 하기도 하고 '비대칭 정보(asymmetric information)'라 하기도 한다.

스 공급자보다 풍부하고 정확한 정보를 갖고 있다. 따라서 민간 보험 시장에서는 질병이나 화재 등 나쁜 사건에 직면할 가능성이 높은 사람들이 주로 보험에 가입하기 쉽다. 예컨대 민간 의료보험 상품은 질병에 걸릴 가능성이 높은 사람들일수록 구매할 가능성이 크다. 이는 보험서비스 공급자인 보험회사의 보험금 지출을 증가시키게 된다. 보험회사가 이에 대응하여 보험료를 높이면 나쁜 사건에 직면할 가능성이 매우 높은 사람들만 보험에 가입하게 된다. 이를 '역선택adverse selection'이라 하는데, 역선택이란 정보의 비대칭성 상황에서 정보를 적게 가진 거래자의 입장에서 볼 때 거래하고 싶지 않은 상대방과 거래를 하게 될 가능성이 커지는 문제를 말한다. 역선택은 거래 일방의 '숨겨진 속성hidden characteristics 또는 hidden type'으로 인해 발생하는 문제다. 예컨대 보험회사의 입장에서 볼 때 보험 가입자의 건강상태는 숨겨진 속성인 것이다.[5]

이렇게 나쁜 사건에 직면할 가능성이 매우 높은 사람들이 주로 보험에 가입하게 되면 보험회사의 보험금 지출은 다시 늘어나 보험회사는 보험료를 더 높이게 되고 결국에는 민간 보험시장이 극도로 위축될 수 있다. 대부분의 국민을 의무적으로 보험에 가입하게 하는 강제보험제도인 사회보험은 보험 가입자 수를 극대화함으로써 보험 가입자들이 나쁜 사건을 겪게 될 평균적 확률을 비교적 정확하게 예측

5 이 문제를 해결하기 위해 보험회사는 보험 가입 희망자에게 건강검진을 요구하는 등 보험 가입 희망자의 건강 관련 정보를 취득하려고 노력한다. 그러나 보험회사가 보험 가입 희망자가 보유한 수준의 정보를 취득하기는 어렵다.

할 수 있게 해 준다. 따라서 이에 따라 적정 보험료를 징수함으로써 보험제도를 안정적으로 유지할 수 있게 된다. 이 문제는 이후 보험시장의 원리를 설명할 때에 더 상세하게 다룰 것이다.

역선택과 쌍을 이루는 개념이 '도덕적 해이moral hazard'다. 통상적으로는 개인이나 기관이 말 그대로 도덕적으로 해이하게 행동하는 경우를 통칭하는 말로 사용되곤 한다. 그러나 이 용어는 본래 정보의 비대칭성으로 인한 문제 중 '숨겨진 행동hidden action'으로 인해 발생하는 문제로서, 주로 보험시장에서 발생하는 문제를 설명하기 위해 고안된 용어다. 예컨대 자동차보험에 가입한 소비자는 자동차 사고가 나더라도 보험회사가 비용을 지불해 준다는 점을 알기 때문에 보험 가입 이전에 비해 사고위험을 줄이려는 노력을 덜 하여 사고발생 확률을 높이기 쉽고 이로 인해 보험회사의 보험금 지급액이 늘어나게 된다. 의료보험의 예를 들자면 의료보험에 가입한 사람은 건강관리를 소홀히 하거나 필요 이상으로 병원을 자주 방문하여 보험기관의 의료비 지출을 증가시킬 가능성이 클 것이다. 보험에 국한하여 이야기하자면 역선택은 보험 계약을 체결하는 시점에 발생하는 문제이고, 도덕적 해이는 보험 계약 체결 이후에 발생하는 문제다. 보험계약 체결 이후에 보험 가입자가 어떻게 행동할지는 계약 체결 시에 보험기관이 잘 알 수 없다. 즉 이는 '숨겨진 행동'인 것이다.

정보의 불완전성 문제의 또 하나의 유형은 '가치재merit goods 문제'다. 가치재는 원리적으로는 시장에서 거래가 가능하지만 소비자의 불완전 정보로 인해 그 진정한 가치를 소비자들이 과소평가하여 과소 소비하기 쉬운 재화, 또는 소비에서의 외부경제를 발생시키기 때문에 시장에서 소비량이 결정되도록 할 경우엔 과소 소비되기 쉬운 재화를 지칭한다. 예컨대 예방의료 서비스의 경우 건강한 사람들은 그 가치를 제대로 평가하지 못하기 쉽다. 또 소비자들은 예방의료 서비스의 소비가 타인들에게 주는 긍정적 효과를 고려하지 않고 자신의 소비량을 결정하게 된다. 따라서 사회적으로 바람직한 수준보다 과소 소비되기 쉬우므로 정부가 무상으로 또는 저렴하게 공급하거나 소비자들이 의무적으로 소비하게 하는 보건의료정책을 통해 적정 소비를 유도할 수 있다.

가치재의 진정한 가치를 소비자들이 과소평가하기 쉽다는 것은 '소비자 무지consumer ignorance'의 한 형태라 할 수 있다. 소비자 무지란 소비자들이 소비선택과 관련하여 충분히 합리적인 선택을 하기 어렵다는 사정을 나타내 주는 용어다. 소비자 무지가 발생하는 가장 중요한 요인은 정보의 부족이다. 의료서비스와 같이 매우 복잡하여 전문지식이 필요한 재화의 소비와 관련해서는 소비자들이 정보가 부족하여 잘못된 판단을 하기 쉽다. 소비자 무지는 소비자들이 흔히 근시안적이어서 발생하기도 한다. 사람들은 흔히 현재 자신의 상태에 비추어 미래의 상태를 예측하는 경향이 있다. 예컨대 현재 건강한 사람은 미래에 질병에 걸릴 가능성을 심각하게 고려하지 않아 의료보험에 가입하지 않기 쉽다. 또 현재 젊고 소득이 있는 사람은 나중에 늙어 돈을 벌지 못하게 될 상황을 심각하게 고려하지 않기 쉽다. 따라서 미래의 위험에 대한 대비에 소홀하여 젊은 시절에 저축을 충분히 하지 않거나 연금 상품을 구매하지 않기 쉽다. 이러한 유형의 소비자 무지에 대응하기 위한 방안의 하나는 우리나라의 국민건강보험이나 국민연금같이 전 국민을 강제로 가입시키는 사회보험제도를 운영하는 것이다.

소비자 무지 문제는 사회복지정책과 관련하여 복지 수혜자들에게 현금으로in cash 지원하는 것보다 현물로in kind 지원하는 것이 더 바람직하다는 논리로 이어질 수 있다. 어떤 가난한 사람이 술을 아주 좋아할 경우에 이 사람에게 현금으로 지원해 주면 이 사람은 지원받은 돈으로 술을 많이 사 마실 가능성이 클 것이다. 그러나 술을 많이 마시는 것은 단기적으로는 이 사람의 복지를 늘리지만 장기적으로는 이 사람의 복지를 줄일 가능성이 크다. 과음으로 인해 병이 날 수도 있고 노동능력이 떨어질 수도 있다. 이렇게 소비자가 자신에게 진정으로 도움이 되는 소비선택이 무엇인지를 잘 판단하지 못하는 상황에서는 소비자에게 현금으로 지원하는 것보다는 식료품이나 의료서비스와 같이 생활에 필수적인 재화를 현물로 직접 지원하는 것이 나을 수 있다는 것이다.

정보의 불완전성 정도는 현재보다 미래의 상황과 관련하여 한결 심할 것이다. 우리는 미래에 우리에게 어떤 일이 발생할지를 잘 알지 못한다. 이렇게 잘 알지 못하는 상황을 경제학에서는 '위험risk'과 '불확실성uncertainty'으로 엄밀하게 구분한다. 위험은 미래에 실제로 어떤 사건event이 발생할지는 확실하게 알지 못하지만 미래에 발생할 사건들의 확률분포는 알려진 경우이고,[6] 불확실성은 확률분포가 알

6 확률분포란 발생 가능한 사건들과 각 사건의 발생확률 간의 대응관계를 의미한다. 한편 일상적 용어로 사용될 때 우리말 '위험'은 대개 나쁜 상황에 직면하게 되는 경우를 지칭하는 말이다. 즉 영어 'danger'에 해당되는 말이다. 예컨대 '암에 걸릴 위험'이라는 말은 많이 사용되지만 '암에 걸리지 않고 건강하게 살 위험'이라는 말은 사용되지 않는다. 그러나 경제학에서 말하는 '위험(risk)'은 중립적

려지지 않은 경우다. 위험에 대해서는 대체로 보험시장을 통해 대처할 수 있지만 불확실성에 대해서는 보험시장을 통해 대처할 수 없다. 보험시장이 성립하려면 사건들의 확률분포를 알 수 있어야 하기 때문이다.

이제 보험시장의 성립원리에 대해 살펴보기로 하자. 어떤 사람이 행운good luck을 입게 될 경우에 이 사람의 월 소득은 500만 원이 되고 불운bad luck을 당할 경우에는 이 사람의 월 소득이 50만 원이 된다고 해 보자. 그리고 각 소득수준에서 이 사람이 누리는 효용을 수치로 표시할 수 있다고 가정하고, 500만 원 소득수준에서의 효용이 100 util유틸[7]이고 50만 원 소득수준에서의 효용이 20 util이라고 가정하자.[8] 그리고 행운을 입을 확률이 0.8이고 불운을 겪을 확률이 0.2라고 해 보자. 그렇다면 이 사람의 기대효용expected utility 수준은 (0.8 × 100 util) + (0.2 × 20 util) = 84 util이 된다. 그리고 이 사람의 기대소득expected income, 즉 소득의 수학적 기대치는 (0.8 × 500만 원) +

인 용어로서, 특정 확률로 암에 걸릴 수도 있고 특정 확률로 암에 걸리지 않을 수도 있는 상황 자체가 위험이다.

7 'util'은 '효용(utility)'에서 만들어낸 용어다.

8 소득 500만 원은 소득 50만 원의 10배이지만 500만 원 소득에서의 효용 100은 50만 원 소득에서의 효용 20의 5배로 가정했다. 소득이 높아질수록 소비도 높아질 것인데 소비에서 한계효용 체감이 작용한다고 가정해서 수치를 이렇게 만들어 본 것이다.

(0.2 × 50만 원) = 410만 원이 된다.

그런데 이 사람은 위험을 싫어하는 위험 기피자risk averter여서 기대소득 410만 원을 확실하게 받는 경우에 90 util의 효용을 누리게 된다고 가정해 보자. 즉 이 사람은 0.8의 확률로 500만 원의 소득을 얻고 0.2의 확률로 50만 원의 소득을 얻어 기대소득이 410만 원이 되는 것보다는 1의 확률로 410만 원을 얻는 것을 선호하는 사람이다. 그리고 이러한 위험을 수반한 상황에서 이 사람의 기대효용 수준은 84 util이라고 가정했는데, 위험이 전혀 없이 확정된 소득 380만 원을 받을 경우에도 이 사람의 효용수준은 84 util이 된다고 가정해 보자. 이럴 경우에 기대소득 410만 원과 확정소득 380만 원의 차액 30만 원을 '위험 프리미엄risk premium'이라 한다. 위험 프리미엄이란 위험 기피자가 위험을 회피하는 대가로 지불할 용의가 있는 최대금액을 의미한다. 즉 이 사람은 30만 원 미만의 돈을 지불함으로써 380만 원과 410만 원 사이의 확정된 소득을 얻을 수 있다면 30만 원 미만의 돈을 기꺼이 지불할 것이다. 만일 정확히 30만 원을 지불해야 한다면 그만큼 지불함으로써 380만 원의 확정소득을 얻든, 아니면 지불하지 않음으로써 위험을 감수하면서 기대소득이 410만 원이 되든 관계없이 동등하게 84 util의 효용수준을 누리게 될 것이다.

만일 보험시장이 존재하여, 이 사람이 월 보험료로 30만 원 미만의 금액, 예컨대 20만 원을 보험회사에 납부하면 보험회사가 이 사람에게 매월 390만 원의 소득을 확실하게 보장해 준다면 이 사람은 보험에 가입할 것이다. 이것이 보험시장의 성립원리다. 즉 보험료가 위험 프리미엄보다 낮다면 보험시장이 성립할 수 있는 가장 기본적인 조건이 마련되는 것이다. 그런데 이 사람이 보험에 가입하여 위험으로부터 벗어난다는 것은, 이 사람이 보험에 가입하지 않았을 경우에 이 사람이 떠맡았을 위험을 보험회사가 대신 떠맡게 된다는 것을 의미한다. 이 사람이 실제로 불운에 처할 경우에 보험 가입 이전에는 50만 원의 소득을 얻게 되지만, 보험 가입 이후에는 보험회사가 390만 원의 소득을 보장해 주어야 하기 때문에 340만 원을 보험금으로 이 사람에게 지불해 주어야 하기 때문이다. 그런데 왜 보험회사는 이러한 위험을 기꺼이 감수하려 할까? 보험 가입자가 다수이기 때문이다. 수많은 사람들이 보험에 가입하면 개인 간의 행운과 불운 발생이 서로 상쇄되어 통계적으로 거의 정확하게 사람들의 위험발생 확률 평균치를 파악할 수 있게 된다. 따라서 보험회사는 매월 보험금으로 지출되어야 할 비용을 상당히 정확하게 알 수 있다. 또 따라서 보험회사가 적정 수준의 이윤을 얻으면서 사업을 운영하기 위해서는 개인별로 얼마만큼의 액수를 보험료로 징수해야 하는지도 알 수 있다. 따라서 보험회사는 개인에 비해 더 작은 위험에 노출되어 있는 셈이어서 개인들의 위험을 대신 떠맡을 수 있는 것이다.

따라서 보험시장이 성립하려면 일단 발생할 가능성이 있는 사건들의 확률분포가 알려져야 한다. 그래야 개인들이 각자의 위험 프리미엄을 계산하여 보험 가입 여부를 결정할 수 있게 된다.[9] 또 보험회

9 현실에서는 개인들이 특정 불운, 예컨대 암에 걸릴 불운 등 나쁜 사건이 발생할 확률을 모르는 상태에서 막연한 불안감으로 인해 보험에 가입하는 경우가 많다. 그러나 합리적이고 신중한 사람이라면 전국적 수준의 통계자료 등을 통해 자신이 이러한 불운에 실제로 어느 정도 노출되어 있는지를 개략적으로라도 판단하여 보험 가입 여부를 결정하려 할 것이다.

사는 보험 가입 대상자 전체 차원에서 사건들의 발생확률을 통계적으로 비교적 정확하게 알 수 있어서 이에 적합한 보험상품을 시장에 내놓을 수 있게 된다. 둘째, 위험 기피자가 충분히 많아야 한다. 위험을 두려워하지 않고 오히려 '모 아니면 도'라는 식으로 위험을 즐기는 위험 애호자risk lover가 압도적 다수라면 보험에 가입할 사람이 거의 없을 것이다.

셋째, 상이한 주체들에게 공통적으로 닥칠 수 있는 사건의 발생이 주체 간에 서로 독립적이어야 한다. 즉 어떤 주체에게 나쁜 사건이 발생할 확률이 높아진다고 해서 다른 주체에게 동일한 나쁜 사건이 발생할 확률이 높아져서는 안 된다. 다른 말로 하면 각 주체에게 발생하는 사건 간에 상호 관련성이 없어야 한다. 예컨대 A라는 배가 바다에 침몰할 확률과 B라는 배가 바다에 침몰할 확률 간에는 대부분의 경우 상호 관련성이 없을 것이다. 그러나 A라는 기업이 부도날 확률과 B라는 기업이 부도날 확률 간에는 상호 관련성이 있을 수 있다. 사건 간의 상호 관련성 또는 비독립성이 성립하는 경우의 하나는 사건 간에 인과관계가 있는 경우다. 예컨대 A라는 기업이 부도나면 A에게 납품하는 다른 기업도 과거에 외상으로 납품한 상품의 대금을 상환받지 못하는 등의 이유로 인해 부도날 가능성이 높아진다. 또 어떤 개인이 전염병에 걸리면 다른 개인에게 감염시키기 쉽다.

또 어떤 사건이 수많은 주체들에게 동시다발적으로 닥칠 경우에도 상이한 주체들에게 발생하는 사건들 간에 상호 관련성이 생긴다. 예컨대 인플레이션은 해당 국민경제 내의 모든 경제주체들에게 동시적으로 발생하는 사건이다.[10] 내가 인플레이션으로 인한 실질소득[11]의 감소라는 나쁜 사건을 만났다면 다른 사람들도 동일한 사건을 만났을 것이다. 또 불경기 상황에서는 부도 기업들이 늘어난다. 비독립적 사건에 대해서는 보험시장이 성립하기 어렵다. 예컨대 불경기로 인한 기업의 도산이나 이윤율 감소라는 나쁜 사건에 대비해 주는 보험상품을 내놓을 보험회사는 없을 것이다. 일단 불경기가 닥치면 수많은 기업들이 도산하거나 이윤율이 감소할 것이기 때문에 보험회사가 지불해야 할 보험금이 천문학적으로 높아질 것이기 때문이다.

넷째, 보험회사의 보험료 총수입이 보험금 지급액과 운영비를 포함하여 보험회사의 총비용을 초과해야 한다. 그래야 보험회사들이 사업을 지속할 수 있을 것이다.

그런데 어떤 나쁜 사건들의 경우에는 이러한 조건들을 충족시킬 수 없다. 이런 경우에는 보험시장이 성립하지 않을 것이다. 첫째, 사건들의 확률분포가 알려지지 않을 수 있다. 예컨대 화산 폭발이라는 사건은 극히 드물게 발생하기 때문에 발생확률을 알 수 없다. 이러한

10 경제 전체 또는 경제의 일부 부문에 있는 주체들에게 동시적으로 발생하는 위험을 '체계적 위험(systematic risk)' 또는 '총계적 위험(aggregate risk)' 또는 '분산 불가능 위험(undiversifiable risk)'이라 한다.

11 실질소득(real income)은 구매력(purchasing power), 즉 그 소득으로 상품을 얼마나 구매할 수 있는가를 기준으로 평가한 소득을 뜻한다. 반면에 명목소득(nominal income)은 화폐액을 기준으로 평가한 소득을 뜻한다. 예컨대 2000년과 2010년 사이에 물가가 20% 상승하고 어떤 사람의 명목임금도 20% 상승했다면 이 기간에 이 사람의 실질소득은 변하지 않은 것이다. 즉 실질소득의 상승률은 0%다.

사건은 '위험'이 아니라 '불확실성'에 해당하는 사건이다. 둘째, 위험 기피자가 너무 적어서 보험시장이 성립하지 않을 수 있다. 이런 상황은 기질적으로 위험 애호자인 사람이 많아서라기보다는 사람들이 정보가 부족하거나 근시안적이어서 미래의 위험에 대비하지 않게 되어서 발생하는 경우가 대부분일 것이다. 즉 주로 소비자 무지로 인해 발생하는 문제일 것이다. 셋째, 상호 독립성이 없는 사건들도 상당히 있다. 인플레이션, 경기불황, 대규모 천재지변 등[12]은 일단 발생하면 수많은 사람들에게 동시에 발생하는 사건들이다.

이렇게 보험시장 원리를 통해 해결할 수 없는 문제들은 사회보험이나 공공부조와 같은 사회복지제도를 통해 해결할 수밖에 없다. 사회보험은 가입자로부터 보험료를 징수하여 나쁜 사건이 발생한 가입자에게 민간 보험회사의 보험금 지급과 유사하게 급여benefits[13]를 지급한다는 점에서는 민간보험private insurance과 유사한 측면이 있다.

그러나 사회보험은 다음과 같은 점에서 민간보험과 다르다. 우선

12 지진이 자주 발생하는 일본에서는 천재지변인 지진에 대비하는 보험상품도 거래된다고 한다. 그러나 지진보험의 경우 보험회사가 지불해야 하는 보험금이 일정 수준을 초과할 경우엔 정부가 재정적으로 지원해 주고 보험제도의 운영과 관련하여 정부의 규제가 많다고 한다. 즉 순수하게 시장원리에 따라 운영되지는 않는다.

13 사회복지학에서 말하는 '급여(benefits)'란 사회복지제도를 통해 사회구성원들에게 제공되는 현금이나 현물을 의미한다. 그런데 한국어 '급여'라는 용어가 월급이나 연봉처럼 노동의 대가로 지급되는 현금이나 현물을 지칭하는 용어로 많이 사용되기 때문에 독자에게 혼란을 줄 수도 있을 것이다.

민간보험은 보험서비스 수요자와 보험서비스 공급자 간의 자발적 계약에 의해 성립되지만 사회보험은 강제가입 원리에 입각해 있다. 즉 가입을 원하지 않는 사람들도 법률에 의해 의무적으로 가입해야 한다. 강제가입 원리를 통해 다음과 같은 문제를 해결할 수 있다.

첫째, 소비자 무지로 인해 사회구성원의 일부가 미래의 위험에 적절히 대비하지 못하는 문제를 해결할 수 있다.

둘째, 가입자가 매우 많기 때문에 사건의 확률분포를 매우 정확하게 알 수 있고, 따라서 적정 보험료 수준과 적정 급여수준을 정확하게 결정할 수 있다. 강제가입 원리에 입각해 있기 때문에 사회보험의 가입자는 대개 모든 국민이거나 모든 노동자다. 따라서 통계적으로 상당히 정확한 계산에 입각하여 제도를 운영할 수 있다. 또 강제가입이기 때문에 역선택 문제도 발생하지 않는다.

셋째, 수많은 가입자를 대상으로 하여 대단위로 운영되기 때문에 보험서비스 공급에서 '규모의 경제economies of scale' 효과를 볼 수 있다. 규모의 경제란 재화의 생산량이 늘어날수록 평균 생산비, 즉 재화 단위당 생산비가 하락하는 경우를 지칭한다.[14] 예컨대 미국처럼 의료보험이 민간 보험회사나 의료보험조합에 의해 운영될 경우엔 의료보험 서비스를 공급하는 기관이 매우 많아진다. 그런데 각 기관마다 별도로 시설과 인력, 행정체계를 갖추어야 하기 때문에 사회 전체적으로 보면 운영비가 너무 높아진다. 따라서 민간 보험기관이 거둔 보

14 '경제(economy 또는 economies)' 라는 용어는 종종 '절약' 이나 '효율성' 이라는 의미로도 사용되는데, '규모의 경제' 나 '외부경제' 에서의 '경제' 가 그런 경우다.

험료의 매우 큰 부분이 운영비로 지출되기 때문에 가입자의 의료비 보상에 쓸 돈이 줄어든다. 반면에 예컨대 한국의 국민건강보험제도에서는 국민건강보험공단이라는 단일 주체가 의료보험제도를 운영하기 때문에 운영비가 크게 줄고, 따라서 보험료 수입의 대부분을 가입자의 의료비 보상에 쓸 수 있다.

넷째, 가입자가 매우 많아 보험료 수입 규모가 매우 크기 때문에 독립성이 없는 사건들에도 어느 정도 대응할 수 있다. 예컨대 '실업보험unemployment insurance'[15]은 실업이라는 나쁜 사건에 대처하기 위한 보험제도인데, 실업은 노동자들 간에 사건 발생이 서로 독립적이지 않은 나쁜 사건이다. 경기가 나빠지면 실업이 많은 사람들에게 동시에 닥친다. 따라서 실업급여 수급자가 많아지고 실업급여 지급액이 급증한다. 그러나 거의 모든 노동자가 가입자이기 때문에 실업보험료 수입이 워낙 커서 대부분의 경우 재정적으로 큰 문제 없이 실업급여를 지급할 수 있다.

강제가입 원리에 입각해 있다는 점 외에도 사회보험은 소득계층 간 재분배효과를 볼 수 있게 설계할 수 있다는 점에서도 민간보험과

15 한국에는 '실업보험'이 아니라 '고용보험'이라는 제도가 있다. 그러나 이 제도가 다루는 나쁜 사건은 물론 고용이 아니라 실업이다. 한국의 고용보험제도는 실업자에게 생활비를 제공하는 '실업급여'뿐 아니라 취업자의 고용 유지나 직업능력 개발 등 '적극적인' 프로그램들을 포함하고 있기 때문에 '고용보험'이라는 이름을 갖게 된 것으로 짐작된다. 정책 담당자들이 좀 더 적극적이고 긍정적인 이미지를 주는 명칭을 선호한 것으로 볼 수 있다. 그러나 영어로는 'unemployment insurance'이기도 해서 '고용보험'이라는 명칭은 개념 혼동을 야기할 수도 있다.

다르다. 즉 가난하여 보험료 납부액이 매우 적은 사람들도 비교적 높은 수준의 급여 혜택을 받을 수 있도록 제도를 설계할 수 있다. 또 사회보험의 대표적 사례인 공적 연금public pension의 경우 민간 보험회사 등이 공급하는 금융상품인 민간연금에 비해 인플레이션으로 인한 실질소득 감소 문제에 더 잘 대처할 수 있다. 민간연금은 적립제도funded system에 입각해 있다. 즉 연금 가입자들이 은퇴 전에 적립한 보험료를 보험회사 등 연금상품 공급자들이 운용하여, 적립된 원금에 수익을 추가하여 가입자가 일정 연령에 도달한 후에 연금으로 지급한다. 그런데 인플레이션이 빠르게 진행되는 사회에서는 은퇴 후에 받는 연금액의 실질가치가 크게 하락하여 연금 가입자가 손해를 보게 된다는 문제가 발생한다. 이에 반해 공적 연금은 대부분 부과제도pay-as-you-go system에 입각해 있다. 즉 현재 경제활동을 하여 수입이 있는 노동세대가 납부한 연금 보험료로 현재 은퇴 상태에 있는 퇴직 세대에게 연금을 지급한다. 인플레이션이 진행되면 대체로 노동세대의 명목소득도 그만큼 상승하기 때문에 명목소득의 일정비율로 책정되는 연금보험료 납부액도 상승한다. 따라서 현 은퇴세대에게 지급할 연금액도 넉넉히 확보할 수 있기 때문에 인플레이션으로 인한 은퇴세대의 실질 연금수령액 감소 문제에 잘 대처할 수 있다.[16]

16 대부분의 선진국의 공적 연금제도는 부과제도에 입각해 있으나 한국의 국민연금은 '수정 적립제도' 또는 '부분 적립제도'에 입각해 있다. 즉 연금 가입자가 과거에 납부한 연금보험료를 재원으로 하여 가입자가 일정 연령에 도달한 후에 연금을 지급한다. 그러나 연금보험료 납부액보다 연금 급여액이 훨씬 많게 제도가 설계되어 있어 언젠가는 연금적립금, 즉 연기금(pension fund)이 소진되게 되어 있

지금까지 사회복지정책이 어떠한 측면에서 대표적인 미시적 시장 실패를 해결해 주거나 최소한 완화해 주는지를 살펴보았다. 그런데 사회복지정책은 시장이 시장실패에 빠지지 않고 정상적으로 작동하는 경우에도 다양한 방식으로 미시적 차원에서 시장의 효율적 작동을 지원할 수 있다.

첫째, 사회복지정책은 노동력의 질을 향상시킴으로써 노동생산성을 제고할 수 있다. '인적 자본 이론'에서 강조하듯이 사람의 신체에 저장되는 지식과 기능, 즉 인적 자본human capital은 오랜 기간에 걸쳐 축적되고 보다 높은 수익을 얻기 위해 투자되는 대상이라는 점에서는 물적 자본physical capital과 원리적으로 다르지 않다. 향후에 보다 큰 이윤을 얻기 위해 기업가가 공장설비나 기계 등에 투자하는 것과 마찬가지로 노동자들은 향후 보다 높은 소득을 얻기 위해 자신의 지식과 기능 수준을 높여 주는 교육이나 훈련에 투자한다. 사회복지정책은 빈곤층의 소득과 소비 수준을 높여 줌으로써 이들이 자신의 노동력의 질을 향상시키기 위해 투자할 수 있는 기회를 넓혀 준다. 또한 잘 정비된 공공 보건의료체계와 공교육체계는 사회구성원들의 평균적 건강수준과 지식·기능수준을 높여 줌으로써 그 사회의 노동력의 질을 향상시켜 경제성장에 기여한다.

둘째, 사회복지정책은 노동공급을 증가시킴으로써 경제성장에 기여할 수 있다. 현재 한국은 선진국들과 비교해 볼 때 실업률은 비

다. 그래서 '수정' 적립제도 또는 '부분' 적립제도라 부르는 것이다.

교적 낮은 편이나 고용률이 상당히 낮은 수준에 머물러 있다.[17] 이는 주로 기혼여성의 경제활동참가율[18]이 크게 뒤져 있는 데 기인한다. 그런데 기혼여성의 경제활동참가율은 보육제도의 정비 정도에 크게 의존한다. 저렴하게 이용할 수 있는 양질의 공공 보육시설이 늘어나면 그만큼 기혼여성의 경제활동참가율이 높아질 수 있다. 또한 인구 고령화는 중·고령자의 생애취업기간의 연장을 강력히 요구한다. 노동공급 규모의 유지를 위해서도 그러하고 노인층을 대상으로 한 복지프로그램의 재원 확보를 위해서도 그러하다. 그런데 산업구조와 기술구조가 급격히 변동하는 사회에서는 중·고령자가 과거에 습득한 지식과 기능이 쉽게 무용지물이 되어 이들이 보유한 인적 자본이 급속히 가치저하depreciation하기 쉽다는 문제가 있다. 해결책은 이들이 새로운 지식과 기능을 습득하는 것인데, 중·고령자는 젊은 사람에 비해 새로운 지식과 기능을 습득하여 새로운 기술체계에 적응하기가 어렵다는 문제가 있다. 사회복지정책은 잘 정비된 공공 평생교육체계의 정비를 통해 중·고령자의 재숙련화reskilling[19]를 지원할 수 있다. 이를 통해 이

17 고용률이란 생산가능인구 중 취업자가 차지하는 비율을 의미한다. 그리고 생산가능인구 = 경제활동인구 + 비경제활동인구이고, 경제활동인구 = 취업자 + 실업자다. 따라서 고용률을 높이려면 경제활동인구 중에서 취업자가 차지하는 비율을 높여야 하기도 하지만, 생산가능인구 중에서 취업을 포기하였거나 취업능력이 없는 인구인 비경제활동인구의 비율을 낮추어야 하기도 한다. 한편 실업률은 경제활동인구 중 실업자가 차지하는 비율을 의미한다.

18 경제활동참가율은 생산가능인구 중 경제활동인구가 차지하는 비율을 의미한다.

19 재숙련화란 교육·훈련을 통해 노동자의 숙련 또는 기술을 다시 형성하는 것을 뜻

들의 생애취업기간을 연장시킴으로써 노동공급을 증가시킬 수 있다.

셋째, 사회복지 프로그램을 대규모로 표준적으로 운영함으로써 규모의 경제 효과를 볼 수 있다. 예컨대 사회복지 프로그램 중 중요한 부분을 차지하는 사회서비스social services[20], 즉 보육, 양로, 의료서비스 등을 정부가 대량으로 표준화된 방식으로 공급할 경우 다수의 소규모 민간기관들이 분산적으로 공급하는 경우에 비해 서비스 단위당 생산비가 감소하기 쉽다. 이를 통해 소비자들은 양질의 사회서비스를 저렴하게 이용할 수 있게 된다.

넷째, 사회복지제도의 확충은 사회구성원으로 하여금 자신의 생애를 합리적으로 설계할 수 있게 지원함으로써 생애에 걸친 복지수준을 높여 줄 수 있고 경제성장에도 간접적으로 기여할 수 있다. 예컨대 학업능력과 학업의욕이 높은 저소득층 젊은이가 대학원 진학을 희망할 때, 학자금 대출이나 무상지원을 통해 그가 학업을 마쳐 본인이 원하는 직업을 얻도록 지원하고, 학업 이수 후 취업한 다음에 그가 대출금 상환이나 납세를 통해 사회로부터 얻은 혜택에 대해 보상하도록 함으로써 생애 전체에 대해 합리적인 설계를 할 수 있도록 돕는다(신정완, 2006: 194-196).

한다.

20 사회서비스란 사회복지 프로그램 중 정부 등 공공기관이 직접 필수적 서비스를 제공하는 프로그램들을 지칭한다. 대표적으로는 보육, 양로, 의료서비스 제공 프로그램 등을 들 수 있다.

2 복지국가와 자본주의 경제의 거시적 효율성과 안정성[21]

복지국가는 국민경제의 순환회로에 긍정적 영향을 미치고 사회집단 간의 관계를 긍정적으로 변화시킴으로써 국민경제가 더 효율적이고 안정적으로 작동할 수 있게 하며, 그 결과 안정적 경제성장을 달성하는 데 기여할 수 있다. 첫째, 복지국가는 소득재분배정책을 통해 저소득층의 소득과 소비 수준을 높임으로써 유효수요effective demand[22]를 창출하고 이를 통해 국민경제의 내수 기반을 안정화시킨다. 이는 주로 케인스 경제학Keynesian economics에서 강조한 것인데, 케인스에 따르면 소득수준이 높아질수록 한계소비성향marginal propensity to consume이 체감한다. 즉 소득수준이 높아감에 따라 소득 한 단위 증가분 중에서 소비지출로 나가는 부분의 비중이 줄어든다. 소득수준이 높은 부유층은 이미 소비재를 충분히 소비하고 있는 상태이기 때문에 새로이 발생한 추가소득을 주로 저축에 쓰게 된다는 것이다. 반면에 저소득층은 기본적인 소비재도 충분히 소비하지 못하고 있는 상태이므로

21 이 절의 내용은 신정완(2006: 198-201)을 미세하게 수정, 보완하여 정리한 것이다.

22 유효수요란 구매력을 동반하는 수요를 말한다. 즉 상품을 구매할 능력이 있는 사람이 갖는 수요가 유효수요다. 어떤 아주 가난한 사람이 태평양에 있는 아름다운 섬을 갖고 싶은 마음이 간절하더라도 이 섬을 구매할 능력이 전혀 없기 때문에 이런 욕구는 유효수요가 아니다. 경제학 교과서에 나오는 '수요(demand)'는 모두 유효수요를 의미한다.

소득이 증가하면 이를 대부분 소비로 지출한다. 따라서 소득이 소수 부유층에 집중되어 있는 사회에 비해 소득이 균등하게 분배되어 있는 사회에서 국민의 평균소비성향이 더 커서 국민소득 중 소비지출이 차지하는 비중이 더 크다.[23] 이는 기업들이 생산해 낸 소비재가 더 잘 팔리게 된다는 것을 의미하므로 기업들은 생산규모를 늘리게 되고 이에 따라 고용도 증가하게 된다. 고용증가는 다시 국민의 소득수준을 높이고, 이는 다시 소비수준을 높이는 선순환이 형성된다는 것이다.

둘째, 복지국가는 과도한 경기변동business cycle을 억제시켜 경제주체들이 안정적인 경제생활을 누릴 수 있도록 해 준다. 예컨대 불황기에는 실업자와 빈곤층이 늘어난다. 따라서 실업급여 수급자나 한국의 국민기초생활제도와 같은 공공부조제도의 수급자가 늘어난다. 실업급여 등의 형태로 발생하는 사회복지지출은 빈곤층의 소득수준을

23 한계소비성향이 체감하면 소득이 늘어날수록 평균소비성향(= 총소비액/총소득액)도 감소한다. 소득이 늘어날수록 소득 증가분 중에서 소비로 지출되는 부분의 비율이 줄어든다면 소득이 늘어날수록 총소득 중에서 총소비액이 차지하는 비중도 줄어드는 것이다. 그리고 예컨대 A 사회는 10개의 가구로 구성되어 있는데, 한 가구는 월 소득이 1,000만 원이고 나머지 아홉 가구는 월 소득이 100만 원이라고 하자. 한계소비성향이 체감하므로 평균소비성향도 체감하여 1,000만 원 소득 가구의 평균소비성향은 0.5이고 100만 원 소득 가구의 평균소비성향은 1이라고 하자. 이럴 경우 이 사회의 가구들의 월 총소비액은 (1,000만 원×0.5×1) + (100만 원×1×9)=1,400만 원이 된다. 그리고 B 사회도 10개 가구로 구성되어 있고 10개 가구의 월 소득 합계는 A 사회와 마찬가지로 1,900만 원이라고 하자. 그런데 B 사회의 10개 가구의 월 소득은 모두 동일하게 190만 원씩이다. 그리고 190만 원 소득 가구의 평균소비성향은 0.8이라 하자. 그러면 B 사회의 월 총소비액은 (190만 원×0.8×10) = 1,520만 원이 된다.

어느 정도 유지해 줌으로써 불황기에 발생하는 유효수요 감소 문제를 완화해 주어 경기회복 시점을 앞당기는 효과를 갖는다. 또 소득수준이 높은 개인에게 보다 높은 세율을 적용하는 누진소득세나 이윤 수준이 높은 기업에게 보다 높은 세율을 적용하는 누진법인세와 같은 누진세제도도 불황기에 경기회복효과를 발휘한다. 불황기에는 개인들의 소득이 감소하고 기업들의 이윤도 감소하기 때문에 호황기에 비해 개인의 소득이나 기업의 이윤에 적용되는 세율이 낮아진다. 더 낮은 세율을 적용받게 되면 납세 후에 개인의 수중에 남는 가처분소득이나 기업의 수중에 남는 가처분이윤이 그만큼 늘어나기 때문에 개인은 소비를 늘리고 기업은 투자를 늘릴 수 있는 여지가 커진다. 이를 통해 불황기에 소비수요와 투자수요가 감소하는 효과를 어느 정도 억제시킬 수 있고, 따라서 경기회복을 촉진한다.

호황기에는 복지국가로 인해 이와 반대되는 방향으로 국민경제가 작동하게 된다. 호황기에는 실업자나 빈곤층이 줄어들기 때문에 사회복지지출이 감소한다. 사회복지지출의 감소는 호황기에 발생하는 유효수요 증가를 억제하는 효과를 발휘하여 경기과열과 물가상승을 억제해 준다. 반면에 호황기에는 개인의 소득과 기업의 이윤이 증가하기 때문에 누진세제도 하에서 개인의 소득과 기업의 이윤에 적용되는 세율이 높아진다. 이에 따라 호황기에 발생하는 높은 소득과 이윤의 큰 부분을 정부가 흡수하게 됨으로써, 고소득에 수반되는 고소비와 고이윤에 수반되는 고투자를 억제하여 경기과열을 막아 주는 효과를 낳는다.

즉 규모가 큰 복지국가와 이를 재정적으로 뒷받침해 주는 누진세제도가 정비되어 있으면, 경기변동을 완충하기 위해 정부가 그때그때

정책조절을 통해 유효수요를 적정 수준으로 유지하려 노력하지 않아도 자동적으로 과도한 경기변동이 억제되어 국민경제가 안정화되는 효과가 발생한다. 이를 사회복지지출과 누진세제도의 '자동안정장치 automatic stabilizer 또는 built-in stabilizer' 기능이라 한다.[24]

셋째, 복지국가가 제공하는 '사회안전망social safety net'은 기업구조조정이나 산업구조조정을 지원하는 효과를 낳기도 한다. 기업구조조정이란 기업의 존속과 발전을 위해 기업의 주력 사업의 변경, 기업 내 조직들 간에 인력, 자금 등 자원의 재배치, 그리고 새로운 기술의 도입 등을 추진하는 것을 의미한다. 산업구조조정이란 경제발전과정에서 일부 산업은 도태되고 다른 산업은 더욱 성장하거나 새로운 산업이 부상하는 등의 변화과정을 의미한다. 경제발전에 불가피하게 수반되는 과정인 동시에 경제발전의 원동력이기도 한 기업구조조정과 산업구조조정은 단기적으로는 많은 사회적 갈등과 고통을 낳는다. 특히 구조조정과정에서 발생하는 정리해고는 큰 사회적 문제를 낳으며 어느 자본주의 사회에서나 이로 인한 긴장과 갈등이 항시적으로 존재한다고 할 수 있다. 노동자와 노동조합은 고용안정을 위해 흔히 기업구조조정이나 산업구조조정에 저항하곤 하지만 이는 장기적 해결책이 되기 어렵다.

복지국가는 실업 등 사회구성원의 경제적 위험을 완화해 주는 사회안전망을 제공함으로써, 노동자들로 하여금 불가피한 구조조정을

24 누진세뿐 아니라 비례세도 자동안정장치 기능을 수행한다. 그러나 누진세만큼 강력한 효과를 갖지는 않는다.

수용하고 이에 적극적으로 적응하려는 태도를 갖도록 해 줄 수 있다. 예컨대 스웨덴의 경우 실업자의 재취업을 지원해 주는 '적극적 노동시장정책ALMP: the active labor market policy'[25]이 잘 정비되어 있는 관계로 기업구조조정이나 산업구조조정에 대한 노동자와 노동조합의 거부감이 작은 편이다.

넷째, 사회복지제도는 기업의 인건비 지출을 감소시킬 수도 있다. 사회복지제도를 통해 노동자들에게 제공되는 '사회임금social wages'[26]은 기업이 직접 지급하는 시장임금을 보충함으로써 기업의 인건비 부담을 줄일 수 있다. 이는 특히 임금지불능력이 낮은 중소기업에 크게 도움이 된다. 한국의 경우 대기업/중소기업 간 임금격차가 과도하여 중소기업 저임금 노동자층의 임금수준을 높여 줄 필요성이 큰데, 많은 중소기업의 경영상태가 매우 열악하여 이들이 인건비 지출의 대폭 증가를 수용하기 어려운 형편에 있다는 문제가 있다. 사회복지제도를 통해 제공되는 사회임금 수준이 높을 경우 중소기업 노동자들의 총임금(= 시장임금 + 사회임금)이 높아지므로 이 문제가 완화

25 실업정책은 크게 적극적 노동시장정책과 소극적 노동시장정책(PLMP: the passive labor market policy)으로 대별된다. 적극적 노동시장정책은 실업자의 취업을 지원하는 정책이고, 소극적 노동시장정책은 실업급여 제공 등을 통해 실업자가 실업기간에도 생계를 유지할 수 있도록 해 주는 정책이다.

26 사회임금이란 사회복지제도를 통해 노동자들에게 제공되는 현금이나 현물을 의미한다. '임금'이라는 명목으로 제공되는 것은 아니나 기업이 지급하는 임금과 마찬가지로 결국 노동자의 생계유지에 사용되므로 사회가 지급하는 임금이라고 볼 수도 있다는 점에서 '사회임금'이라는 용어를 사용하는 것이다.

될 수 있을 것이다.

다섯째, 복지국가는 노동쟁의를 감소시켜 주는 등 단체교섭의 거래비용transaction costs[27]을 줄일 수 있다. 현재 한국의 단체교섭은 주로 개별 기업 수준에서 임금이나 사내 복지 등 고용조건을 둘러싸고 전개되며, 주로 이러한 문제들에서 노사 간에 합의점을 찾지 못하여 노동쟁의가 발생한다. 그런데 사회임금의 수준이 높아지면 기업 수준에서의 임금인상 요구 등이 완화되어 노동쟁의 발생이 줄고 쟁의기간이 단축될 수 있다. 현재 한국 노사관계의 대립성은 노동자들의 생활상의 요구가 거의 전부 개별 기업 수준에서 해결되어야 하는 상황에 크게 기인한다. 복지국가의 발전은 노동자들의 욕구가 충족될 수 있는 경로를 다양화함으로써 기업 수준의 단체교섭이 짊어져 온 과도한 하중을 줄일 수 있다.

여섯째, 복지국가의 발전을 통해 사회안전망이 충실하게 갖추어지면 사회구성원 간에 '신뢰trust'도 강화되기 쉽다. 그런데 신뢰는 최근에 경제성장과 사회안정을 위해 필수적인 요소로 새로이 주목받고 있는 '사회적 자본social capital'[28]의 핵심요소라 할 수 있다. 일곱째, 복

27 거래비용이란 거래에 의해 발생하는 총비용 중 상품 구매비용을 제외한 부분을 뜻한다. 예컨대 어떤 사람이 아파트를 구입하였다면 아파트 구매비용 외에도 부동산 공인중개사 수수료, 아파트에 관한 정보 취득 비용 등을 지불하였을 것이다. 이렇게 거래에 수반되는 간접적 비용들이 거래비용이다. 단체교섭을 예로 들면 고용주 입장에서는 노동자들에게 지급한 임금이 직접비용이고 단체교섭에 들인 시간과 노력, 또 파업 등으로 인한 손실 등이 거래비용이다.

28 사회구성원 간에 형성되는 관계의 특성이 경제와 사회의 효율적 작동을 촉진하는

지국가의 활동을 통한 사회구성원들의 생활안정은 빈곤으로 인한 자살이나 범죄 등 사회적 문제들을 줄여 이로 인한 사회적 비용을 경감할 수 있다.

효과를 가질 때 이러한 관계의 특성을 '사회적 자본'이라 한다. 예컨대 사회구성원 간에 신뢰와 협력, 정보 공유 등이 잘 이루어진다면 경제와 사회가 효과적으로 작동하는 데 도움이 될 것이다. 기계와 같은 물적 자본이나 노동자의 지식과 기능과 같은 인적 자본이 생산성을 높이듯이 사회구성원 간의 신뢰와 협력 등도 생산성을 높인다는 점에서 이를 사회적 '자본'이라고 표현하곤 한다.

5장

자본주의와 분배적 정의

1 자본주의에 대한 정의론적 접근의 필요성

경제학은 전통적으로 '정의론theory of justice'과는 거리가 먼 학문이었다. 주류경제학mainstream economics 또는 orthodox economics이나 비주류경제학heterodox economics[1]을 막론하고 정의의 관점에서 자본주의를 체계적

1 '주류경제학'과 '비주류경제학'이라는 용어는 가치판단을 포함하는 용어가 아니다. 즉 주류경제학이 비주류경제학보다 내용적으로 우월하다는 판단을 내포하는 용어가 아니다. 그저 자본주의 사회에서 현실적으로 지배적인 지위를 차지하는 경제학과 그렇지 못한 경제학이라는 사실판단만을 포함하는 용어다.

으로 평가한 사례는 거의 없다. 대부분의 자본주의 사회에서 경제학의 지배적 패러다임으로 군림해 온 신고전파 경제학은 스스로를 규범경제학normative economics이 아니라 실증경제학positive economics이라 규정하며, 경제현상에 대한 규범적 평가를 가능한 한 피해 왔다. 여기에서 규범경제학이란 특정 경제상태 또는 경제현상이 얼마나 바람직한가를 평가하는 것을 주된 과제로 삼는 경제학을 의미하며, 실증경제학이란 이러한 규범적 평가 없이 경제현상의 배후에 있는 인과관계 등을 설명하는 데만 치중하는 경제학을 지칭한다.

신고전파 경제학의 전통에 입각하여 자원배분에 대한 규범적 평가를 다루는 유일한 분야인 후생경제학welfare economics[2]의 경우에도 평가의 기준은 거의 전적으로 효율성efficiency 기준이고, 형평성equity이나 공정성fairness 등 정의와 관련된 기준을 활용하는 경우는 거의 없다. 이는 형평성 등의 기준은 사회구성원들이 쉽게 합의하기 어려운 문제이며, 따라서 객관적으로 분석할 방법이 없다는 판단에 따른 것이다.

후생경제학에서 중추적 역할을 하는 대표적인 기본 개념이 '파레토 효율Pareto efficiency' 또는 '파레토 최적Pareto optimality'이다. 파레토 효율이란 최소한 어떤 한 주체의 효용 또는 복지를 감소시키지 않고서는 다른 주체의 효용 또는 복지를 증가시킬 수 없는 상태를 의미한다. 예컨대 A, B, C라는 세 개의 경제상태가 있고 갑과 을이라는 두

2 '후생경제학' 대신에 '복지경제학'이라 번역하기도 한다.

명의 주체가 있다고 하자. A 상태에서 갑의 효용이 100, 을의 효용이 10이고, B 상태에서 갑의 효용이 40, 을의 효용이 60이며, C 상태에서 갑의 효용이 40, 을의 효용이 50이라고 하자. 이 중에서 어떤 상태가 가장 바람직한가?

공리주의자라면 두 사람의 효용의 합계가 가장 큰 A 상태가 가장 바람직하다고 평가할 것이다. 그런데 이런 입장은 개인의 개별성을 고려하지 않고 마치 두 사람이 한 사람의 각 지체肢體이기라도 한 듯 간주한다는 점에서 문제가 있다. 파레토 효율의 관점에서 보면 일단 C라는 상태는 바람직하지 않다. 왜냐하면 C 상태에서 B 상태로 이행하면 갑의 효용은 40으로 불변이면서 을의 효용은 50에서 60으로 10만큼 증가할 수 있기 때문에 C를 선택할 이유가 없다. C 상태에서 B 상태로 이행하면 파레토 효율의 관점에서 개선이 이루어진다. 즉 그 어떤 주체의 효용도 감소하지 않으면서 효용이 증가하는 주체가 한 명 이상 생긴다. 이를 '파레토 개선Pareto improvement'이라 한다.

이번에는 A와 B를 비교해 보자. A에서 B로 이행하면 갑의 효용은 감소하고 을의 효용은 증가한다. 반면에 B에서 A로 이행하면 갑의 효용은 증가하지만 을의 효용이 감소한다. 따라서 A와 B 두 상태를 놓고 볼 때 어떤 한 주체의 효용을 감소시키지 않고서는 다른 주체의 효용을 증가시킬 수 없다. 즉 파레토 개선의 여지가 없다. 따라서 A와 B 모두 파레토 효율 기준을 충족시키는 상태들이다. 여러 파레토 효율 상태들 중에서 어떤 것이 우월한지는 파레토 효율 개념만으로는 판정할 수 없다. 평등주의자라면 A보다는 B에서 주체들 간의 효용격차가 작다는 점에서 아마도 B가 더 바람직한 상태라고 평가할 것이다. 그러나 이는 효율 외에 평등이라는 별도의 평가기준을 도입한 셈인데, 신고전파 경제학은 과연 평등이 바람직한지 여부를 판단하는 것은 과도한 가치평가의 부담을 지는 일이라고 본다. 따라서 평등은 기꺼이 수용하기 어려운 평가기준인 것이다.

파레토 효율 개념은 정치학의 '만장일치 원칙'과 유사하다. 주체들이 자신의 효용에만 관심이 있고 남의 효용과 자신의 효용을 비교하여 시기심 같은 것을 갖지 않는다면 파레토 개선에 대해서는 모든 주체들이 지지할 것이다. 예컨대 C에서 B로 이행하는 것에 대해서는 을뿐 아니라 갑도 동의할 수 있을 것이다.[3] 그러나 A에서 B로 이행하거나 반대로 B에서 A로 이행할 경우에는 이행 이전보다 효용이 감소하는 사람이 생기기 때문에 그는 이행에 반대할 것이다. 따라서 파레토 효율 상태란 만장일치에 의해 다른 상태로 이행할 여지가 없는 상태를 의미한다.

파레토 효율 개념에는 규범적 평가 문제에 관한 신고전파 경제학의 전형적 사고방식이 반영되어 있다. 첫째, 각 주체의 개별성을 존중해야 한다는 사고방식이 반영되어 있다. 이는 상이한 주체들의 효용을 합산하여 합계가 더 큰 쪽을 더 좋은 상태라 보는 공리주의적 사

3 그러나 현실에서는 타인의 효용수준에 의해 자신의 효용수준이 영향 받는 경우를 흔히 발견할 수 있다. 자신이 좋아하는 사람의 효용수준이 높아지면 자신의 효용수준이 높아질 수 있고, 자신이 싫어하거나 경쟁심을 느끼는 사람의 효용수준이 높아지면 자신의 효용수준이 낮아질 수 있다. 이러한 현상을 '타인을 고려하는 선호(other-regarding preference)'라 한다. 파레토 효율의 논의는 타인을 고려하는 선호가 없다는 가정 위에서 전개된다.

고방식을 거부하는 데서 나타난다. 둘째, 가능한 한 규범적 평가를 최소화하려는 사고방식이 반영되어 있다. 즉 만장일치가 성립할 수 없는 규범적 평가기준은 활용할 수 없다는 사고방식이 깔려 있다.

그런데 현실에서 파레토 개선이 이루어질 수 있는 상황으로는 어떤 것이 있을 수 있겠는가? 자발적 거래가 대표적 사례일 것이다. 어떤 소비자가 자발적으로 100만 원을 주고 컴퓨터를 구매했다면, 이는 구매를 통해 자신의 효용이 개선된다고 판단했기 때문일 것이다. 역으로 판매자는 100만 원에 컴퓨터를 파는 게 팔지 않는 것보다 낫다고 판단했기 때문에 판매했을 것이다. 따라서 적어도 사전적으로는ex ante 모든 자발적 거래는 파레토 개선을 이루는 행위다.[4]

그렇다면 정부의 소득재분배정책은 어떨까? 모든 소득재분배정책은 수많은 경제주체들 간에 소득이전income transfer을 발생시킨다. 자신이 낸 세금보다 정부로부터 받은 지원 금액이 더 큰 사람이 있다면 역으로 자신이 정부로부터 지원받은 것보다 세금을 더 낸 사람이 있을 수밖에 없다. 따라서 파레토 효율의 관점에서 보면 그 어떤 소득재분배정책도 파레토 개선을 이룰 수 없고, 따라서 재분배 이전이나 재분배 이후나 파레토 효율의 관점에서는 모두 동등하게 파레토 효율 상태인 것이다.[5] 재분배를 목적으로 하는 정책이 아니더라도 정부

4 사후적으로는(ex post) 거래를 통해 효용이 감소하는 경우도 얼마든지 있을 수 있다. 어떤 상품을 사서 써 보니 불량품이어서 안 사느니만 못했다고 후회하는 소비자의 경우가 그 사례다.

5 이는 경제주체의 효용수준과 소득수준 간에는 어느 정도 비례관계가 있다는 것을

의 거의 모든 정책은 결과적으로 경제주체들 간의 소득재분배를 야기하기 때문에 파레토 개선을 이룰 수 없다. 즉 파레토 개선은 정부의 특정 정책이 바람직한 것인지 여부를 판단하게 해 주는 기준으로 작용할 수 없다. 결국 파레토 효율이라는 평가기준은 많은 주체들에게 영향을 미치는 사안, 대표적으로는 정부의 정책과 관련해서는 거의 쓸모없는 평가기준인 것이다.

이는 신고전파 경제학이 규범적 평가 문제와 관련하여 극도의 '학문적 금욕주의' 입장을 취하는 데 기인한다. 그리고 이는 이해해 줄 수 있는 측면이 있다. 과학성과 객관성을 지향하는 과학에서는 반론의 여지가 많은 규범적 평가기준을 가져서는 안 된다는 것이다. 그러나 대부분의 경제현상에 수반되는 재분배 문제에 대해 규범적 평가를 할 수 없도록 스스로를 얽맨다는 것은 스스로를 '쓸모없는' 경제학으로 만들어가는 길이기도 하다. 반론의 여지가 있다 하더라도 상대적으로 더 설득력 있는 규범적 평가기준을 만들어가는 일에 경제학자들이 관심을 가질 필요가 크다.

신고전파 경제학과 더불어 주류경제학의 중추적 부분을 구성하는 케인스 경제학의 경우에도 자본주의에 대한 규범적 평가의 주된 기준은 완전고용/불완전고용, 거시경제적 안정성/불안정성 등 거시경제 차원의 효율성 기준이고, 형평성 등 정의와 관련된 기준을 활용하

전제로 한 설명이다. 즉 어떤 경제주체의 소득수준이 높아질수록 효용수준도 높아지리라는 것이다. 이는 받아들일 만한 전제다. 효용이나 복지의 크기를 측정하는 것이 사실상 불가능하기 때문에 통상적으로 소득을 대리변수로 활용한다.

는 경우는 찾아보기 어렵다. 4장에서 살펴본 바와 같이 케인스 경제학은 정부가 빈곤층에게 소득을 지원해 주는 정책을 적극적으로 지지해 주는 이론 틀을 갖고 있다. 또 케인스 자신이 경제학은 '도덕과학moral science'이라는 인식을 갖고 있었다.[6] 그럼에도 불구하고 케인스 경제학 역시 잘 정돈된 정의론적 입장을 갖고 있지 못하다.

비주류경제학의 대표격인 마르크스 경제학Marxian economics도 자본주의에 대한 정의론적 비판을 제시하지 않는다. 마르크스주의의 역사철학인 역사유물론historical materialism은 윤리나 철학을 경제라는 하부구조 또는 토대에 의해 결정되는 상부구조의 일부로 파악한다. 즉 존재Sein와 당위Sollen[7]를 구분하는 전통적인 접근법에서 벗어나, 통상 당위의 영역으로 간주되는 문제들, 예컨대 윤리나 종교 등도

6 케인스는 해로드 경(Sir Roy Harrod)에게 보낸 편시에서 "경제학은 본질적으로 사연과학이 아니라 도덕과학이다. 즉, 경제학은 내적 성찰과 가치판단을 활용한다(Economics is essentially a moral science and not a natural science. That is to say, it employs introspection and judgement of value)"라고 쓴 바 있다. Wright(1989: 473)에서 재인용.

7 여기에서 '존재'란 현실 세계가 이러저러한 상태로 '있음(sein)'을 뜻하고 '당위'란 무엇을 어떻게 '해야 함(sollen)'을 뜻한다. 존재의 차원을 다루는 학문이 과학이고 당위의 차원을 다루는 학문이 윤리학이다. 여기에서 존재와 당위의 관계가 중요한 철학적 쟁점이 된다. 예컨대 존재에 대한 지식으로부터 당위가 도출될 수 있는가 아니면 양자는 서로 독립적인가 하는 문제는 중요한 철학적 쟁점이다. 'Sein'과 'Sollen'은 독일어로서 'Sein'은 영어의 be 동사에 해당하는 동사 'sein'을 명사화한 것이고, 'Sollen'은 영어의 'should' 또는 'ought to'에 해당하는 조동사 'sollen'를 명사화한 것이다.

경제라는 '사회적 존재'에 의해 결정되는 '사회적 의식'[8] 차원의 문제로 간주한다. 윤리 문제에 대한 마르크스주의적 연구는 어떤 윤리적 입장이 더 타당한가를 판단하는 규범적 차원에서 이루어진 것이 아니라 특정 윤리체계가 어떤 사회경제적 조건을 토대로 하여 형성되며, 사회의 기능적 재생산에서 어떤 기능을 수행하는가를 설명하는 분석적 차원에서 이루어져 왔다.

이러한 접근은 현상 서술description이나 분석 차원에서는 의미가 크다. 윤리, 철학, 종교의 진화과정을 보면 사회경제적 조건의 변화에 의해 크게 영향받아 왔다는 점을 인정할 수밖에 없다. 그러나 현실을 개선하기 위한 처방prescription 차원에서는 규범적 평가가 불가피하다. 사실 마르크스주의자들을 포함하여 사회주의자들이야말로 자본주의 현실에 대한 도덕적 의분義憤을 크게 가진 사람들이고 이들에게 있어 사회주의는 단지 자본주의보다 더 효율적인 경제체제일 뿐 아니라 윤리적으로도 더 정당한 체제로 받아들여진다.

그러나 마르크스주의는 적어도 이론적 차원에서는 자본주의에 대한 윤리적 비판을 중요한 요소로 포함하지 않는다. 이 점이 마르크스Karl Marx와 그 동료 엥겔스Friedrich Engels가 과거의 '유토피아적 사회주의utopian socialism'와 그들 자신의 '과학적 사회주의scientific socialism'를 구분한 주된 근거의 하나였다. 마르크스와 엥겔스에 따르면 마르크

8 마르크스주의에서 '사회적 존재'란 인간의 사회적 삶의 객관적 내용 또는 조건을 의미한다. '사회적 의식'이란 역사의 특정 발전단계에서 사회구성원들이 집단적으로 공유하는 의식이나 정신문화로서 종교나 윤리, 철학, 예술 등을 들 수 있다.

스주의 이전의 사회주의 사상들은 대체로 자본주의에 대한 윤리적 비판에 근거하여 사회주의를 윤리적으로 정당화하고 이런 윤리적 입장에 공감하는 사람들을 결집시켜 사회주의 사회를 점진적으로 건설하고자 했다. 그러나 마르크스주의는 자본주의 경제[9]의 작동원리와 발전경향에 대한 과학적 분석에 기초하여, 자본주의가 그 자체의 발전논리에 따라 필연적으로 붕괴로 나아가고 공산주의 사회의 도래를 위한 물질적 기초를 창출해 간다는 점을 입증하였다는 것이다. 이러한 입장은 마르크스주의에서 윤리적 담론moral discourse이 극히 주변화되는 결과를 초래했다.

또한 대중적 통념과 달리, 마르크스 경제학의 중추적 부분인 착취론theory of exploitation 또는 잉여가치론theory of surplus value은 정의론적 논리구조를 갖고 있지 않다. 착취론은 자본주의에 대한 윤리적 비판이 아니라 자본주의 경제의 객관적 사실에 대한 설명체계로서의 지위를 갖고 있다. 착취론의 논리구조를 단순하게 설명하면 다음과 같다. 마르크스의 자본주의 분석은 노동가치론에 입각해 있다. 즉 상품의 가치는 상품 생산에 필요한 노동의 양에 의해 결정되고 이는 노동시간으로 측정된다. 자본주의 경제에서 노동자에게 지불되는 임금은 노동자의 노동력의 가치 또는 노동력의 재생산비다. 노동력이란 노동자의 체력, 지식, 기술 등 노동수행을 위한 능력이다. 노동자가 노동력을 유지하면서 노동을 계속하려면 의식주에 필요한 상품을 소비

9 마르크스 자신은 '부르주아적 생산양식'이라는 용어를 주로 사용했다.

해야 하고 지식과 기술의 유지를 위해 학업도 쌓고 훈련도 받아야 한다. 이를 위해서도 상품의 소비가 필요하다. 이렇게 노동력의 재생산을 위해 필요한 상품들을 생산하기 위해서는 노동이 투입되어야 하는데, 이렇게 노동력 재생산에 필요한 상품들을 생산하기 위해 지출되는 노동시간이 노동력의 가치를 결정한다.

그런데 노동자 한 명의 하루 노동력의 가치가 5시간의 노동시간에 해당된다고 하자. 그런데 자본가가 노동자를 고용한 후에 8시간 일을 시키고 임금은 노동력의 가치만큼만 지불했다고 하자. 그렇다면 3시간의 노동에 대해서는 자본가가 노동자에게 지불하지 않은 셈이다. 즉 3시간의 노동은 부불不佛노동, 즉 지불되지 않는 노동이다. 이 부불노동 또는 잉여노동에 해당하는 가치가 잉여가치다. 잉여가치를 포함한 상품이 판매되어 자본가에게 화폐로 회수될 때 잉여가치 부분을 이윤이라 한다. 따라서 이윤의 원천은 노동자의 부불노동, 즉 노동자가 공짜로 자본가에게 제공한 노동이고 이런 방식으로 부불노동을 수취하는 것이 자본주의적 착취다.

그런데 마르크스주의가 지향하고 또 그 도래를 전망하는 공산주의 사회가 결국 착취 없는 사회라는 점에서 자본주의적 착취에 대한 분석은 적어도 암묵적으로는 착취에 대한 윤리적 비판을 깔고 있다고 볼 수 있을 것이다. 그러나 자본주의에서 발생하는 착취에 대한 마르크스의 설명은 착취가 발생하는 메커니즘과 그 효과 분석에 집중되어 있지 적어도 명시적으로는 착취에 대한 윤리적 비판을 중요한 요소로 포함하고 있지 않다.

결국 경제학의 대표적 패러다임들에서 자본주의에 대한 정의론적 접근을 발견하기 어려운데 이는 주로 다음과 같은 요인들에 기인하는 것으로 판단된다. 첫째, 경제학의 전문화의 효과라 볼 수 있다. 경제학은 도덕철학moral philosophy의 일부로 태동하였으나,[10] 전문 학문 분야로 발전하는 과정에서 도덕철학과 분리되어 실증과학으로 진화해 왔다. 이는 다른 사회과학 분야에도 대체로 해당된다고 볼 수 있을 것이다.

둘째, 자본주의 경제질서를 일종의 자동장치로 보는 견해가 확산되어 갔다. 신고전파 경제학은 자본주의 경제의 메커니즘mechanism의 핵심을 수요-공급 메커니즘으로 파악한다. 수요-공급 상황에 의해 가격이 결정되고 가격이 다시 수요-공급을 조절하는 자기완결적인 시스템으로 파악한다. 이는 스미스의 '보이지 않는 손the invisible hand'의 논리의 연장선상에 있다. 한편 마르크스 경제학은 자본주의 경제를, 자본 간 경쟁에 의해 강제되는 자본축적의 논리에 의해 작동하며, 인위적으로 통제할 수 없는 고유의 경제법칙과 발전경향을 갖는 시스

10 통상 체계적 학문으로서의 경제학의 창시자로 평가되는 스미스(Adam Smith)는 도덕철학 담당 교수직을 가졌고 그는 『국부론』*An Inquiry into the Nature and Causes of the Wealth of Nations*(1776)을 쓰기 전에 『도덕감정론』*The Theory of Moral Sentiments*(1759)를 썼다. 센(Amartya Sen)은 경제학이 윤리학적 기원과 공학적 기원을 갖고 있는데, 시간이 지날수록 윤리학적 접근이 약화되면서 경제학의 발전에 중요한 손실이 초래되었다고 본다(Sen, 1999: 17-27). 한편 인류가 공유하는 도덕감정의 기초를 심층적으로 다룬 『도덕감정론』과 개인들의 이기적 행위가 시장을 매개로 하여 사회적으로 좋은 결과를 가져온다는 점을 주장한 『국부론』 사이에 논리적 충돌이 있는가 하는 문제가 독일 학자들을 중심으로 논의되었는데, 이 문제를 '아담 스미스 문제'라 한다. 이에 관해서는 박순성(2003) 참조.

템으로 파악한다. 결국 자신의 고유한 작동원리와 발전논리를 갖는 시스템으로서의 자본주의 경제에 대한 과학적 설명체계로서의 경제학, 즉 '과학으로서의 경제학economics as a science'의 발전은 경제학을 도덕철학과 점점 더 분리시키는 방향으로 진행되어 왔다고 할 수 있다.

그러나 자본주의에 대한 정의론적 관점에서의 평가는 다음과 같은 점에서 필요하다. 첫째, 수많은 제도와 정책이 명시적으로 또는 암묵적으로 정의론적 판단에 입각해 있다. 예컨대 조세정책을 생각해 보자. 어떤 사람에게 얼마만큼 세금을 부과할 것인가를 결정함에 있어 정의론적 판단을 전혀 배제할 수 있겠는가? 사회복지정책은 어떠한가? 누가 우선적으로 사회복지정책의 대상자가 되어야 하는가, 또 얼마만큼을 지원해 주는 것이 적정한가를 결정하는 일에서 정의론적 판단이 배제될 수 있을까? 공정거래정책도 마찬가지다. 어떤 거래가 공정한 거래여서 존중되어야 하고 어떤 거래가 불공정한 거래여서 정부의 제재를 받아야 하는가를 판단함에 있어 정의론적 판단이 배제될 수 있겠는가? '공정성fairness' 자체가 정의 개념을 구성하는 핵심 요소인 것이다. 환경정책도 마찬가지다. 환경 파괴를 수반하는 경제성장을 통한 현 세대의 복지 증진과 환경 파괴로 인한 후 세대의 복지 감소 문제는 '세대 간 정의intergenerational justice' 문제의 대표 사례다.

둘째, 자본주의에 대한 대다수 사람들의 지지나 반대는 효율성뿐 아니라 정의론 차원의 평가기준에 크게 의존해 있다. 대다수 사람들이 롤스처럼 정의를 사회의 제1덕목으로까지 보는지는 확실하지 않다. 그러나 적어도 매우 중요한 가치로 보는 것은 분명해 보인다. 예컨대 대다수 사람들이 큰 분노를 느끼게 되는 대표적 경우는 불의한 방식으로 재산이나 권력을 획득하여 부귀영화를 누리는 사람들을 보

게 될 경우다.[11]

특히 이 책에서 다루는 복지국가는 주로 조세정책과 사회복지정책을 통해 동일 세대의 상이한 개인이나 집단 간에, 또 상이한 세대 간에 소득과 재산, 삶의 기회의 광범위한 재분배를 야기한다는 점에서 정의론적 판단기준, 특히 분배적 정의론과 뗄 수 없는 관계에 있다고 할 수 있다.

2 경제학에서 자본주의에 대한 정의론적 평가의 사례들

드물기는 하지만 경제학에서 명시적 또는 암묵적으로 자본주의에 대한 정의론적 평가를 담고 있는 요소들을 발견할 수 있는데 대표적으로는 다음과 같은 것을 들 수 있다.

신고전파 경제학의 시장실패론

신고전파 경제학은 주로 효율성 측면에서 시장의 성과에 대해 긍정적 평가를 내리고 있으나 다음과 같이 시장실패가 발생하는 경우를 인정하고 있다. 첫째, 독과점을 들 수 있다. 공급자가 하나밖에 없는 시

11 동물실험 결과 침팬지 등 많은 고등동물들도 뚜렷한 정의감각을 갖고 있다는 점이 확인되었다고 한다.

장(=독점시장)이나 소수의 공급자밖에 없는 시장(=과점시장)에서는 독과점 기업들이 이윤극대화를 추구하는 과정에서 다수의 공급자와 수요자가 있는 시장(=완전경쟁시장)에 비해, 상품의 공급량은 줄고 가격은 상승하므로 독과점시장은 소비자의 관점에서 더 비효율적인 시장이다. 그러나 이는 시장구조가 독과점시장인 경우나 완전경쟁시장인 경우나 생산의 기술적 조건은 동일하여 생산비도 동일하다는 전제 위에서 도출되는 결론이다. 실제로는 수많은 소규모 기업들로서는 독과점 기업들이 생산하는 상품을 생산하는 것이 전혀 불가능하거나, 가능하다 하더라도 훨씬 높은 생산비가 드는 경우가 많을 것이다. 그러나 생산의 기술적 조건이나 시장규모로 인해 독과점 형성이 불가피하다 하더라도 독과점기업들이 독과점이윤의 감소를 수용한다면 상품의 생산량을 늘리고 가격을 낮추는 것이 가능하다. 그러나 독과점 기업들이 스스로 이런 선택을 할 리 없다.

이는 주로 효율성 기준에 입각하여 독과점시장을 평가하는 논리이지만, 공급자와 수요자 간의 교섭력bargaining power 차이에 따른 불공정거래에 대한 비판으로 해석할 수도 있을 것이다. 즉 정의론적 차원의 비판으로 해석할 수도 있다. 또한 독과점 기업 종사자들은 소비자들에 비해 평균적으로 소득이 높은 사람들일 것이므로 이들의 이익을 더 늘리는 방식으로 상품의 생산량과 가격이 결정된다는 것은 분배적 정의 차원에서 비판의 대상이 될 수 있다.

둘째, 외부성을 들 수 있다. 4장에서 살펴본 바와 같이 외부경제란 어떤 주체의 행위가 그와 거래관계에 있지 않은 제3자에게 유익한 영향을 미치는 경우다. 이 경우에 행위 주체는 제3자의 이익까지 고려하여 재화의 생산량이나 소비량을 결정하지 않기 때문에 사회적으로 바람직한 수준보다 적게 생산하거나 소비하게 된다. 반면에 외부불경제란 어떤 주체의 행위가 그와 거래관계에 있지 않은 제3자에게 해로운 영향을 미치는 경우다. 이 경우에 행위 주체는 제3자의 손해까지 고려하여 재화의 생산량이나 소비량을 결정하지 않기 때문에 사회적으로 바람직한 수준보다 많이 생산하거나 소비하게 된다. 외부성에 대한 신고전파 경제학의 평가는 기본적으로 효율성 기준에 입각해 있다. 외부성이 존재할 경우에 시장에 자원배분을 맡기면 사회적으로 바람직한 수준만큼 재화가 생산되거나 소비되지 않는다는 것이다.

그러나 외부성 개념은 정의론적 차원에서 시장경제에 대한 비판을 가능케 하는 측면도 있다. 외부경제가 있는 경우에는 이익을 보는 제3자는 대가 없이 이익을 보는 셈이다. 다른 말로 하면 기여contribution 없이 보상reward을 누리는 것이다. 반면에 외부불경제가 있는 경우에 손실을 보는 제3자는 그가 의사결정에 참여한 것도 아니고 그가 책임져야 할 것도 아닌 사안에서 손실을 보게 된다. 즉 책임 없는 손실이 발생하는 것이다. 반대로 외부불경제를 발생시키는 행위를 한 주체는 자신으로 인해 타인에게 발생한 손실에 대해 보상하지 않는다. 즉 외부성이 있는 경우에는 기여와 보상의 불일치, 책임과 손실의 불일치가 발생하고, 따라서 정의론적 관점에서 보면 문제가 있는 것이다. 그리고 기여와 보상이 일치하고, 책임과 손실이 일치하는 것이 분배적 정의에 부합한다고 간주한다면[12] 외부성은 분배적 정의

12 분배적 정의에 대한 입장에 따라서는 그렇게 보지 않을 수도 있다.

를 훼손하는 사례라 할 수 있다. 그리고 외부성은 예외적으로 발생하는 현상이라기보다는 보편적 현상에 가깝다. 예컨대 거의 모든 생산활동은 다소간 환경오염을 낳는다.

셋째, 정보의 불완전성 특히 정보의 비대칭성도 시장실패의 대표적 사례다. 의료시장에서처럼 의료서비스 소비자와 의료서비스 공급자 간에 정보의 비대칭성이 클 경우엔 과잉진료나 의료비 과잉청구 등의 부작용을 낳는다. 이는 사회적으로 적정한 수준의 의료서비스 생산량과 소비량, 그리고 적정한 수준의 가격으로부터의 이탈을 낳는다는 점에서 효율성 차원에서 부정적으로 평가할 수도 있지만, 정보격차로 인한 계약조건의 편파성이라는 점에서 정의론적 차원에서도 부정적으로 평가할 수 있다. 즉 계약주체 간의 정보의 대칭성을 '공정한fair' 계약 성립을 위한 중요한 조건의 하나로 간주할 수 있는데 정보의 비대칭성은 이를 위반하는 것이다.

마르크스 경제학의 착취론

앞에서 언급한 바와 같이 착취론 또는 잉여가치론은 적어도 명시적으로는 정의론적 논리구조를 갖고 있지 않다. 그러나 마르크스의 노동가치론에 따르면 가치를 창출하는 것은 오직 노동이다. 따라서 가치를 생산한 주체가 이를 취득할 권리를 갖고 있다고 해석한다면, 자본가가 수취하는 이윤은 노동자라는 타인의 노동의 성과를 대가 없이 가져간 불로소득이라는 점에서 분배적 정의론의 관점에서 비판할 수 있다. 그리고 이렇게 해석한다면 마르크스의 착취론은 노직의 권리자격론과 유사한 논리형식을 가졌다고 볼 수 있다. 노직은 마르크스의 착취론에 내포된 분배적 정의론은 공리주의나 롤스의 정의론과 같은 '최종상태 중심의 분배적 정의론'이 아니라 자신의 권리자격론과 마찬가지로 '역사적 분배적 정의론'의 한 형태라 보았다. 즉 최종 분배상태가 바람직한 패턴pattern을 취하고 있느냐 여부가 아니라, 취득대상물의 형성과정의 측면에서 소유권을 주장할 만한 자격이 있는 자가 실제로 소유하고 있느냐 여부를 중심으로 판단하는 분배적 정의론이라는 것이다(Nozick, 1983: 197-198). 다만 노직은 마르크스와는 달리 노동가치론을 받아들이지 않기 때문에 자본가가 시장거래를 통해 취득한 이윤은 원리적으로 정당하다고 생각한다.

그러나 마르크스 자신은 자본주의를 주로 분배적 정의론의 관점에서 비판하지는 않았다. 마르크스주의에 따르면 특정 생산양식은[13] 그 작동을 지원하는 윤리체계를 요구하고 산출한다. 자본주의적 생산양식의 논리 내에서는 자본가와 노동자 사이의 고용계약과 자본가의 이윤 취득은 정당하다. 마르크스는 자본주의적 착취를 윤리적 관점 또는 정의론적 관점에서 비판하기보다는 자본주의적 착취 시스템이 낳는 각종 효과와 그 시스템의 자기파괴 경향을 설명하는 데 치중했다. 그러나 물론 마르크스가 자본주의적 생산양식과 분배방식을 그 자체로 긍정한 것은 아니다.[14] 다만 자본주의적 생산양식이 인류

13 생산양식(mode of production)이란 생산이 수행되는 기술적, 제도적 형태라 할 수 있는데, 이 용어가 거시적 차원에서 사회의 물질적 재생산 방식을 지칭하는 의미로 사용될 경우에는 통상적인 용어로 '경제체제'로 바꿀 수 있다.

14 마르크스의 주저인 『자본론』*Das Kapital*에는 자본주의에 대한 마르크스의 도덕

역사의 발전과정에서 필연적으로 등장하며 인류의 발전을 위해 일정한 역할을 담당하는 측면이 있다는 점을 인정했다. 또 자본주의의 발전논리 자체가 자본주의의 붕괴를 야기하며 더 고도로 발전된 사회인 공산주의 사회로의 이행을 위한 물질적 기초를 마련한다는 점을 논증하는 데 주력했다.

베블렌의 자본주의의 이분성론

베블렌Thorstein Veblen은 제도경제학institutional economics의 창시자인데, 제도경제학은 사상사적으로 독일의 역사학파historical school[15]의 문제의식

적 분노가 선명하게 표출되어 있는 문구들이 자주 나온다.

15 역사학파는 19세기에 독일에서 태동한 경제학 조류다. 통상 리스트(Friedrich List)를 선구자로 보고 슈몰러(Gustav Schmoller)를 역사학파의 절정기를 대표하는 학자로 본다. 19세기 초에 활동한 리스트는 당시 지배적인 경제학 조류였던 고전파 경제학(classical economics)에 이론적으로 대항하였고, 19세기 말에 활동한 슈몰러는 당시 지배적 경제학 조류였던 신고전파 경제학에 대항하였다. 역사학파는 고전파와 신고전파가 공유하는 추상적, 보편적 방법론에 대항하여 특수주의적 방법론을 제시하였다. 즉 민족마다 또 경제발전단계마다 경제상황이 다르므로 각기 별개의 접근법이 필요하다는 것이다. 또 신고전파가 의거하는 방법론적 개체론(methodological individualism)에 맞서 방법론적 전체론(methodological holism)을 주창하였다. 즉 개별 경제주체의 보편적 행위양식을 가정하여 개별 경제주체의 행위로부터 보편적 경제법칙을 연역적으로 도출해 내는 방법에 저항하여, 특수한 역사적, 제도적 맥락을 갖는 국민경제 또는 민족경제를 통합적으로 분석하는 방법을 주창하였다. 또 연역적 논리에 의해 보편적 이론을 구성하는 방법을 불신하여 상세하고 구체적인 역사서술과 통계작업을 중시하였고, 이러한 구체

과 방법론을 계승하여, 당시 지배적 경제학 패러다임이었던 신고전파 경제학을 강하게 비판하며 나온 경제학 패러다임이다. 베블렌은 신고전파 경제학의 추상적, 보편적, 개체주의적 방법론을 비판하며 자본주의 경제의 제도적 다양성과 비경제적 제도에 대한 경제의 의존성 등을 강조했다. 또 경제주체의 행위가 신고전파 경제학이 전제하듯 합리적 이익추구에 의해서만 이루어지는 것이 아니라 다양한 동기에 의해 이루어진다는 점을 강조했다. 그리고 경제주체의 행위를 인도하는 다양한 동기들은 경제주체가 속한 사회가 오랜 세월에 걸쳐 형성해 온 문화와 관습, 제도 등에 의해 결정적으로 영향 받는다는 점을 강조했다.

또 신고전파 경제학자들과는 달리 베블렌은 자본주의에 대해 대단히 비판적인 입장을 갖고 있었고, 특히 그의 조국인 미국에서 당시 발전해 가고 있던 독점자본주의monopoly capitalism에 대해 비판적이었다. 그리고 신고전파 경제학은 독점자본주의에서 발생하는 수많은 경제현상을 제대로 설명하지 못한다고 보았다.

베블렌은 자본주의가 여러 차원에서 '이분성二分性: dichotomy'으로 특징지어진다고 보았다. 이분성의 하나는 '제작본능the instinct of workmanship'과 '취득본능the acquisitive instinct'이라는 대립 쌍으로 이루어진 이분성이다. 제작본능은 생활에 필요한 재화를 생산하려는 본능이고 취득본능은 무언가를 취득하려는 본능이다. 제작본능은 재화

적 서술에 의거하여 비교를 통해 유사한 것들을 묶어냄으로써 일정한 패턴을 발견해 가는 귀납적 방법에 의존하였다.

생산의 발전을 낳는 건강하고 긍정적인 본능이다. 취득본능은 취득하고자 하는 것을 스스로 생산함을 통해 충족될 수도 있지만 남이 생산한 것을 빼앗음으로써, 즉 약탈함으로써 충족될 수도 있다.[16] 베블렌은 자본주의야말로 평화적이고 합법적이며 수동적 방식으로 약탈이 효과적으로 실현될 수 있는 시스템이라 보았다.

합법적이고 수동적 방식으로 약탈을 달성하는 집단이 '부재 소유주들absentee owners'이다. 지주, 주주, 대기업 이사회 구성원 등이 대표적 사례다. 이들은 생산에 적극적으로 기여하지 않으면서도 사유재산제도에 입각하여 취득본능을 고도로 실현하며 약탈에 기초하여 고소득을 누리는 사람들이다.[17] '부재 소유주들'과 대립 쌍을 이루는 집단이 '보통 사람들common people 또는 the common man'이다. 보통 사람들은 제작본능에 따라 자신의 생활에 필요한 재화를 생산하는 대다수 사람들이고 사회를 실질적으로 떠받치면서도 충분히 보상받지 못하는 사람들이다.

또 하나의 이분성은 '산업industry' 대 '영업business'이라는 이분성이다. 산업은 인간에게 필요한 재화를 생산하는 불가결한 활동이다. 산업을 실질적으로 운영하는 노동자, 기술자, 과학자 등은 주로 생산의 효율성 제고 등 산업 자체의 발전에 관심을 갖는 경향이 있

16 취득본능이 약탈이라는 형태로 발현되는 경우가 '약탈본능(the predatory instinct)'이다.

17 베블렌은 '부재 소유주'와 유사한 의미로 '기득권층(the vested interests)'이란 말도 사용한다.

다. 이에 반해 영업은 영리적 목적에 따라 이루어지는 활동이다. 산업적 이해관심interest과 영업적 이해관심은 일치할 수도 있지만 불일치할 수도 있다. 예컨대 어떤 기업주가 자신의 기업의 생산기술을 개선함을 통해 이윤을 많이 올렸다면 이 경우는 산업적 이해관심과 영업적 이해관심이 일치한 경우다. 반면에 예컨대 독점기업이 독점이윤의 취득이라는 영업적 이해관심을 실현하기 위해 인위적으로 생산량을 축소했다면 이 경우엔 영업적 이해관심의 실현을 위해 생산 잠재력의 최대 실현이라는 산업적 이해관심을 억압한 셈이다. 그런데 자본주의 특히 독점자본주의에서는 영업적 이해관심 또는 영업의 논리가 산업적 이해관심 또는 산업의 논리를 압도하고 지배하는 경향이 있다는 것이다.

베블렌의 '자본주의의 이분성'이라는 개념 틀은 자본주의에 만연한 불로소득, 불공정거래, 투기 등을 비판하는 데 유용하게 사용할 수 있을 것이다. 특히 1980년대 이후 미국을 선두로 하여 신자유주의의 대두와 함께, 기업 경영에서 생산에 적극적으로 기여한 노동자들의 이익보다 '부재 소유주들'인 주주들의 이익을 우선시하는 자본주의 운영방식인 '주주자본주의shareholder capitalism'의 논리가 지배해 왔는데, 이를 비판하는 데 유용할 것이다. 기여와 보상의 불일치 문제를 포착하는 개념 틀인 자본주의의 이분성은 분배적 정의론의 논리 구조를 갖고 있다고 볼 수 있다.

3 분배적 정의의 측면에서 자본주의의 결함

자본주의에서 소득분배는 1차적으로 시장에서 결정된다.[18] 각 개인은 시장에 생산요소, 즉 생산에 필수적인 요소인 노동, 자본, 토지를 제공하고 이에 대한 대가로 임금, 이자와 이윤[19], 지대를 얻는다. 각 개인이 얻는 소득의 규모는 각자가 제공한 생산요소의 내용과 규모, 가격에 의해 결정된다. 그리고 가격은 각 생산요소시장에서의 수요-공급에 의해 결정된다.

18 그래서 시장에서의 소득분배를 '1차적 소득분배'라 하고 정부에 의한 재분배를 '2차적 소득분배'라 한다.

19 이자(interest)는 자본을 임대해 준 데 대한 대가이고 이윤(profit)은 기업의 총수입에서 총비용을 뺀 잔여액이다. 그리고 총비용에는 이자도 포함된다. 어떤 자본가가 공장 부지를 지주에게서 빌리고 운영자금을 은행에서 빌려서 노동자를 고용해서 사업을 했다면 이 자본가는 지주에게 임대료 또는 지대를 납부하고 은행에 이자를 납부하고 노동자에게 임금을 지급해야 한다. 그러고도 남는 돈이 있다면 이를 이윤이라 한다. 남에게 돈을 빌리지 않고 자기 돈으로 사업을 한 자본가는 이자를 남에게 지급할 필요가 없으므로 이 이자 부분도 본인이 가져가게 된다. 자기 돈으로 사업을 한 데다 사업의 기획이나 노동자 관리 등 경영노동도 수행한 자본가가 얻는 이윤 속에는 이론적으로는 이자 부분과 본인의 노동에 대한 임금 부분도 포함되어 있다. 다른 말로 하면 좁은 의미에서의 순수한 이윤 외에 '이자로서의 이윤'과 '임금으로서의 이윤'도 포함되어 있다. 마르크스 경제학에서는 이자와 이윤 모두 산업자본가가 노동자를 착취하여 얻는 잉여가치로부터 나온다. 신고전파 경제학에서는 이자와 구분되는 순수한 이윤이 형성되는 원인을 다양한 방식으로 설명한다.

시장에서 이러한 방식으로 소득분배가 이루어지기 위해서는 생산요소를 개인들이 소유할 수 있어야 한다. 즉 사유재산제도가 전제되어야 한다. 문명이 일정하게 발전된 사회에서 사유재산이 전혀 인정되지 않은 경우를 발견하긴 어렵다. 사유재산과 관련하여 핵심적으로 중요한 문제의 하나는 생산수단, 즉 생산에 필요한 물적 자산, 예컨대 공장, 토지 등이 사유재산으로 되어 있느냐 여부다. 자본주의는 생산수단의 대부분이 사유재산으로 존재하는 경제체제다.

사유재산제도에 기초하여 경제주체들은 법률의 테두리 내에서 시장에서 자발적 거래를 통해 경제생활을 영위하고 그 과정에서 소득을 얻는다. 이 절에서는 자본주의를 분배적 정의의 관점에서 평가하기 위해, 자본주의의 핵심 요소인 사유재산제도와 시장에 의한 소득분배[20]를 분배적 정의의 측면에서 평가할 것이다.

사유재산제도

사유재산제도가 자본주의의 핵심 특징임에도 불구하고 경제학의 역사에서 사유재산제도는 많이 다루어진 주제가 아니다. 경제학의 중

20 '시장에 의한 소득분배'는 자본주의 경제의 근본 원리의 하나인 '시장에 의한 자원배분'의 일부다. 생산요소시장에서의 거래를 통해 경제주체들의 시장소득이 결정되는데 생산요소시장은 전체 시장의 일부다. 이 절에서는 자본주의에 대한 분배적 정의론 차원의 평가를 수행하기 때문에 '시장에 의한 자원배분' 일반이 아니라 그 일부인 '시장에 의한 소득분배'만을 다룬다.

심 분석 대상은 시장이었지 자본주의 시장경제[21]의 근본적인 제도적 배경인 사유재산제도가 아니었다. 주류경제학의 계보에 있는 고전파 경제학, 신고전파 경제학, 케인스 경제학 모두 사유재산제도를 주어진 조건으로 전제하였을 뿐 사유재산제도의 형성과정을 본격적으로 분석하거나 사유재산제도의 정당성 여부를 깊이 있게 평가하지 않았다.[22] 반면에 마르크스 경제학은 자본주의적 소유관계의 형성과정과 재생산과정을 비판적으로 분석해 왔다.

주류경제학이 사유재산제도를 본격적으로 다루기 시작한 것은 20세기 후반에 발전한 신제도경제학new institutional economics에서부터였다.[23] 신제도경제학은 기본적으로 신고전파 경제학의 전통 위에서 발전한 경제학 조류다. 즉 방법론적 개체론에 입각하여 자신의 이익을 합리적으로 추구하는 경제주체들의 행위가 모여 시장에서 어떠한 결과를 낳는가를 분석한다. 그러나 전통적 신고전파 경제학이 제도 문

21 통상 '자본주의'라는 용어와 '시장경제'라는 용어를 같은 의미로 사용하곤 하지만 양자가 동일한 것은 아니다. 예컨대 자원배분은 주로 시장을 통해 이루어지도록 하되 생산수단에 대한 소유권은 국가나 노동자 집단이 갖는 '사회주의 시장경제'도 논리적으로 존재할 수 있고 역사적으로도 존재한 바 있다.

22 또 사유재산제도가 야기하는 권력관계 또는 지배-종속관계도 제대로 다루지 않았다. 대표적으로는 기업 내부의 권력관계를 본격적으로 분석하지 않았다.

23 통상 신제도경제학의 출발점으로 간주되어 온 연구는 코즈(Ronald Coase)의 1937년 논문 "기업의 본성(The Nature of the Firm)"이다. 신제도경제학은 20세기 후반에 들어 본격적으로 발전했고 '신제도경제학'이라는 용어를 처음으로 쓴 사람은 윌리암슨(Oliver Williamson)이다. 윌리암슨 자신이 대표적 신제도경제학자인데 그는 2009년에 노벨경제학상을 받았다.

제를 다루지 않은 것을 보완하기 위해 재산권property right 등 제도 문제를 본격적으로 연구해 왔다. 신제도경제학은 재산권이 명료하게 설정되어야 경제적 성과가 좋아진다고 본다. 재산권이 명료하게 설정되어야만 경제행위와 관련하여 누가 책임지고 누가 권리를 가지느냐가 분명해지기 때문에 경제주체들이 장기적 안목에서 합리적으로 행위할 수 있다는 것이다. 그리고 다양한 재산권 제도들 중에서 사유재산제도가 가장 좋은 성과를 가져온다고 본다. 개인 수준에서 책임과 권리가 명료해져야만 경제의 기본 단위인 개인들이 자기 책임 하에서 자신의 이익을 극대화하기 위하여 합리적으로 행위할 수 있기 때문이다.

그런데 자본주의의 골간을 이루는 기본제도라 할 수 있는 사유재산제도가 경제학에서 오랫동안 분석되거나 평가되지 않아온 이유는 무엇일까? 다음과 같은 이유가 있었으리라 짐작된다. 첫째, 서구의 역사에서 사유재산제도 또는 자본주의적 소유 관계가 확립된 것은 시민의 사유재산권을 자주 침해해 온 왕권에 저항하여 시민들이 오랜 기간 격렬하게 투쟁하였기 때문에 가능하였다.[24] 통상 체계적 과학으로서의 경제학은 고전파 경제학에서부터 시작되었다고 보는데, 고전파 경제학은 철학적으로는 자유주의에 입각해 있었고 특히 경제적 자유주의에 입각해 있었다. 즉 개인의 경제적 선택의 자유를 최대한 존중해야 경제적 성과가 좋아진다는 입장에 서 있었다. 그리고 개인의 경제적 선택의 자유는 처분 대상인 재산이 개인의 수중에 있다는

24 이 경우의 시민은 주로 상당 수준의 재산을 가진 시민, 즉 부르주아적 시민을 지칭한다.

것을 전제로 한다. 이는 고전파 경제학이 국가로부터 시민의 정치적, 경제적 자유를 쟁취한 시민혁명의 이념적 전통 위에 있었음을 의미한다. 이런 이념적 전통 위에서 성립된 고전파 경제학이나, 고전파 경제학을 이념적으로 계승한 신고전파 경제학의 입장에서는 사유재산제도는 너무나 자명하게 정당하여 별도의 규범적 판단이 필요 없는 대상으로 받아들여졌을 것이다.

둘째, 학문 분야별로는 재산권을 엄밀하게 정의하고 재산권 관련 분쟁을 해결하는 원칙을 정하는 문제는 경제학이 아니라 법학의 소관으로 간주되어 왔다. 이 점도 경제학이 사유재산제도를 심층적으로 다루지 않게 된 주요 원인으로 작용했을 것이다.

그리하여 자본주의 경제에 대한 주류경제학의 옹호논리는 사유재산제도가 규범적으로도 정당하고 경제적 성과도 높인다는 점을 입증하는 데 무게 중심이 두어지지 않았고, 시장경제가 수요-공급의 균형을 달성하는 등 우수한 경제적 성과를 낳는다는 점을 논증하는 데 치중되어 왔다. 신제도경제학의 경우엔 재산권 문제를 본격적으로 다루었지만 사유재산제도에 대한 신제도경제학의 옹호는 주로 효율성 측면에 집중되었지 정의의 측면에 무게가 실린 것은 아니었다.

그리하여 사유재산제도에 대한 규범적 정당화는 전통적으로 경제학자들이 아니라 정치철학자들의 몫이 되었다. 1부에서 살펴본 노직의 권리자격론이 그 대표 사례다.[25] 사유재산제도에 대한 신제도경

25 경제학자 중에서 정치철학적 연구를 깊이 있게 수행한 대표적 학자인 하이에크조차도 사유재산제도를 깊이 있게 다루지 않았다. 사회주의에 대한 그의 비판의 핵

제학의 옹호논리가 사유재산제도가 발휘하는 긍정적 효과에 초점이 맞추어진 데 반해, 노직의 권리자격론은 사유재산제도가 그 성과와 무관하게 그 자체로 도덕적으로 정당하다는 점을 논증하는 데 초점이 맞추어져 있다. 그러나 우리는 1부에서 권리자격론이 어떠한 논리적 난점을 안고 있는지를 살펴보았다.

필자는 사유재산제도 전체를 부정하는 것이 아니라 그것의 몇 가지 주요 측면을 비판하는 입장에 서 있다. 예컨대 남보다 훨씬 더 많이 노력해서 남보다 더 높은 소득을 얻고 그것을 저축하여 큰 재산을 형성한 사람은 그 재산의 전부는 아니라 하더라도 큰 부분을 자신의 의사에 따라 처분할 권리를 부여받아야 할 것이다. 그리고 얼마간의 사유재산은 개인의 자유의 필수적인 기반이기도 하다. 필자가 여기에서 비판적으로 검토하고자 하는 것은 불의한 방식으로 취득한 사유재산의 문제, 사유재산의 상속 문제, 개인 간 재산 규모의 과도한 격차 문제, 그리고 사유재산에 입각한 추가적 소득의 취득 문제, 즉 재산소득 문제다.

먼저 불의한 방식으로 취득한 사유재산 문제를 살펴보자. 사유재산제도에 대한 대표적인 원칙적 옹호논리인 노직의 권리자격론의

심 표적은 계획경제였지 공유재산제도가 아니었다. 마찬가지로 자본주의에 대한 그의 옹호의 핵심 근거는 시장경제의 효율성이었지 사유재산제도가 아니었다. 물론 하이에크는 사유재산제도를 비타협적으로 옹호했고 생산수단에 대한 사회주의적 소유와 시장경제가 결합된 사회주의 시장경제의 효과적 작동 가능성을 불신했다. 하지만 그의 분석의 초점은 소유 문제가 아니라 시장경제/계획경제 문제에 놓여 있었다.

세 번째 원칙이 '부정의의 시정' 원칙이다. 즉 '취득에서의 정의'나 '이전에서의 정의' 원칙에 위배되는 방식으로 취득한 소득이나 재산은 정의롭지 못한 방식으로 얻은 것이기 때문에 사후적으로 시정되어야 한다는 것이다. 그러나 노직은 현실에서는 다양한 이유로 부정의의 시정이 이루어지기 어려운 경우가 많다는 점을 인정했다.

노직은 소득이나 재산 취득에 있어 부정의를 매우 좁게 규정하였지만, 노직의 기준에 비추어 보아도 현실에서 정의롭지 못한 방식으로 소득이나 재산이 취득되는 경우는 그다지 예외적인 현상이 아니라 광범위한 현상으로 보아야 할 것이다. 명백한 불법적 취득의 사례인 사기, 횡령, 또 한국 재벌기업들에서 흔히 나타나는 계열사에 '일감 몰아주기'와 같은 사업기회 편취 등은 흔히 발생하는 현상이다. 물론 행정부의 감독과 사법부의 판결을 통해 시정할 수 있지만 '유전무죄, 무전유죄'라는 말이 나타내듯 현실에서 행정부의 감독이나 사법부의 판결이 부자와 빈자에 대해 중립적이고 불편부당하게 적용되지 않는 경우가 비일비재하다. 돈을 많이 가진 개인이나 조직은 돈으로 행정부나 사법부를 매수할 수 있다. 고위 공직자들이 은퇴 후에 흔히 대기업에 이사나 고문 등으로 취업했다가 다시 기회가 오면 공직자로 복귀하는 '회전문 현상'은 자본주의 사회에서 흔히 발견되는 현상이다. 이런 상황에선 규제대상인 기업에 의해 규제기관이 매수, 포획당하기 쉬운 것이다.

어떤 사람들은 이런 문제는 자본주의 자체와는 관련이 없고 어떤 사회에나 어느 정도 있기 마련인 부정부패나 공직자 기강 해이 차원의 문제로 보아야 한다고 할 것이다. 물론 그런 측면도 있다. 자본주의 사회 중에서도 부패가 매우 심한 사회도 있고 스웨덴이나 덴마크처럼 부패수준이 매우 낮은 사회도 있다. 그러나 사회의 거의 모든 영역에서 '돈이 발언하는Money speaks' 자본주의 사회에서는 재산이 많은 개인이나 규모가 큰 기업이 정의롭지 못한 방식으로 소득이나 재산을 취득하는 것을 엄정하게 차단하기를 어렵게 하는 구조적 압력이 작용한다.

상속은 자본주의 사회에서 행운과 불운이 개인의 운명을 좌우하게 만드는 대표적 사례다. 1부에서 살펴본 정치철학 조류들 중에서 부자 부모를 둔 자녀가 상속으로 인해 처음부터 큰 재산을 가지고 출발하는 것을 원리적으로 정당화해 주는 것은 노직의 권리자격론으로 대표되는 자유지상주의밖에 없다. 상속으로 인한 재산과 소득의 격차는 롤스의 입장에서는 정의의 원칙의 제2원칙 중 하나인 '공정한 기회균등의 원칙'에 정면으로 위배된다. 상속으로 인한 개인 간 경제적 처지의 차이야말로 '도덕적으로 임의적인morally arbitrary' 요인에 의해 개인들의 삶의 조건이 달라지는 대표 사례다. 또 운 상쇄 평등주의자인 코헨의 입장에서는 개인 간 선택과 노력의 차이 이외의 요인으로 인한 불평등, 즉 부정의의 대표 사례일 것이다.

상속을 정당화하는 대표적 논리로는 다음과 같은 것을 들 수 있다. 첫째, 자기의 재산을 자식에게 물려줄 권리를 존중해야 한다는 것이다. 정당한 방식으로 형성한 재산을 자식에게 물려주는 것은 개인의 기본적 권리라는 것이다. 자기 재산을 자선기관에 기부할 권리나 자식에게 물려줄 권리나 원리적으로는 동일한 차원의 권리라는 것이다. 일견 타당해 보이는 논리다. 그러나 거꾸로 재산을 물려받는 쪽에 주목하면 어떤 사람은 부자 부모를 만나 막대한 재산을 물려받아 사회생활에 뛰어들고 어떤 사람은 부모로부터 물려받은 것이 거의 없거나 심지어 부채만 물려받아 짐만 잔뜩 진 채 사회생활을 시작하는 상황을 공평하다고 볼 수는 없을 것이다.

이 문제와 관련하여 영국의 사상가 밀John Stuart Mill은 부모가 자기 재산을 자식에게 유언을 통해 물려줄 권리, 즉 유증遺贈; bequest의 권리는 사유재산권의 구성적 요소로서 존중해야 하지만, 재산 상속에 관한 유언 없이 부모가 사망했을 경우 자녀가 부모의 재산을 물려받을 권리, 즉 상속inheritance의 권리는 결코 당연한 것이 아니라는 입장을 취했다. 전근대사회의 경우에는 대개 가족이나 친족집단 구성원 모두가 공동으로 노동하여 재산 형성에 공동으로 기여하였고, 재산이 개인이 아니라 가족이나 친족집단의 공동소유물이라는 사고방식이 보편적이었다. 하지만 근대사회는 핵가족제도에 기초해 있고, 핵가족의 구성원 중에서 재산 형성에 기여한 자는 대개 가장家長뿐이거나 기껏해야 가장 부부에 한정된다는 것이다. 따라서 자녀가 재산을 물려받을 자명한 권리가 있는 것은 아니라는 것이다. 또 부모가 자녀에게 유증할 수 있는 재산의 규모도 한정하는 것이 바람직하다고 보았다. 자녀가 경제적으로 안락하고 독립적으로 사는 데 필요한 수준을 넘어서는 재산은 사회에 환원하게 하여 더 많은 사람들의 삶에 기여하게 해야 한다는 것이다(Mill, 2010: 47-58).

둘째, 자식에 대한 사랑과 헌신은 인간의 자연스럽고 건강한 본능이기 때문에 재산을 자식에게 물려주려는 욕구를 막기 어렵고, 또 이런 욕구야말로 사람들로 하여금 열심히 일해서 재산을 축적하려는 동기를 갖게 해 주기 때문에 경제발전의 원동력이 된다는 것이다. 또 이를 통해 후 세대가 전 세대보다 잘 살게 되어 인류의 발전이 이루어진다는 것이다. 실제로 그런 측면이 분명히 있을 것이다.

그러나 1부에서 언급한 바와 같이 상속권을 거의 전적으로 인정해 주는 것은 사회의 기본 단위를 개인이 아니라 가족이나 유전자로 보는 사고와 친화성이 있어서, 권리와 의무를 갖는 기본 단위를 개인으로 보는 근대 사회의 기본 원리와 충돌하는 측면이 있다. 그런데 왜 가족이 아니라 개인을 사회의 기본 단위로 보아야 하는가? 권리와 의무를 가진 주체가 되려면 자율적 판단능력을 가진 인격체여야 하기 때문이다. 그리고 인격은 개인 수준에서만 존재한다. 부모와 자식의 관계가 매우 특별한 것이어서 다른 인간관계와는 별도로 취급해야 하는 측면이 있다 하더라도, 권리와 의무의 주체, 그리고 고통이나 쾌락을 느끼는 주체는 개인일 수밖에 없으며, 따라서 분배적 정의의 문제도 기본적으로 개인 간 관계의 측면에서 접근할 수밖에 없다. 상속의 문제도 기본적으로는 큰 재산을 상속받는 개인과 그렇지 못한 개인 간의 삶의 기회 격차가 공정한가의 관점에서 바라보아야 한다.

철학적 논의를 떠나 사람들의 보편적 감성의 차원에서도, 가난한 부모를 만나 제대로 먹지도 입지도 못하고 또 가난하다는 이유로 친구들로부터 따돌림당하며 지내는 어린이처럼 사람들의 마음을 아프게 하는 경우도 드물다. 그리고 이렇게 자란 어린이가 성인이 되어 부모로부터 재산은 하나도 물려받지 못하고 늙고 병든 부모를 부양하면서 힘겹게 살아가는 것을 보면 세상이 참으로 불공평하다고 절실히 느끼게 된다. 이와 반대로 본인이 남달리 노력한 것도 아니고 바람직하게 생활한 것도 아닌데 부자 부모로부터 많은 재산을 상속하여 부귀영화를 누리는 사람처럼 사람들의 기분을 상하게 하는 경우도 드물다. 자식의 행복을 바라며 자식에게 재산을 더 많이 물려주고자 하는 것이 인간의 타고난 본능이고 또 긍정적 효과를 낳는 측면이 있다 하더라도, 사회는 이런 본능을 더 큰 사회적 정의와 이익을 위해 억제시킬 수 있어야 하는 것이다.

한편 소득과 재산의 과도하게 불평등한 분배는 소득과 재산이 정당한 방식으로 취득된 것인지 여부와 관계없이 분배적 정의의 관점에서 비판적으로 볼 수 있다. 이는 노직의 권리자격론과 대립되는 입장이다. 사유재산을 보호하는 이유는 재산 소유주인 개인의 정당한 권리를 존중해야 하기 때문인 것만은 아니다. 사유재산 보호를 통해 사회구성원 전체의 복지 증진에 기여할 수 있다는 점도 중요한 근거다. 앞에서 살펴본 바와 같이 경제학 조류 중 재산권 문제를 심도 있게 다룬 신제도경제학의 사유재산 옹호론은 사유재산 보호를 통해 경제적 성과를 높일 수 있다는 결과주의적 관점에 입각해 있다. 재산권 설정 문제와 관련해서도 특정한 형태의 재산권이 낳는 사회적 결과를 중요하게 고려할 필요가 있다.

결과주의적 입장에 선 대표적 철학 조류인 공리주의의 입장에서는 아주 부유한 개인의 소득이나 재산에 비교적 무겁게 과세하여 빈곤한 개인을 지원하는 제도나 정책은 대부분의 경우 사회 전체의 복지 총량 증대에 기여하는 것으로 긍정적으로 평가될 것이다. 우선 한계효용 체감의 법칙에 따라 재분배가 직접적으로 사회 전체 차원의 복지 증진에 기여하기도 하지만, 재분배를 통한 사회구성원 간 소득과 재산의 격차 축소는 장기적으로 사회통합과 사회안정을 통해 사회구성원 전체의 복지 총량을 늘리는 측면도 있다. 한편 공동체주의자들은 소득과 재산의 과도한 불평등 분배가 건강한 공동체의 유지에 필수적인, 사회구성원 간의 연대감을 훼손한다는 점을 중시할 것이다.

또한 사유재산 축적 규모의 차이는 개인의 노력과 선택뿐 아니라, 상속권과 같은 사회제도나 타인들의 협력 등 개인이 통제하기 어려운 수없이 많은 외부 조건에 결정적으로 의존한다. 또 재산을 많이 가진 자는 정치권력에 대한 접근과 정보 취득에서도 유리하고, 이는 다시 추가적 재산 축적을 용이하게 하는 '양의 피드백positive feedback' 또는 '누적적 효과accumulative process'를 낳는다. 이러한 과정이 장기간 진행될 경우 애초에 사유재산 규모의 차이를 발생시킨 요인이 설령 개인 간 노력과 선택의 차이라 하더라도 이 요인은 장기적으로 매우 희석될 것이다. 따라서 개인 간 재산 규모의 과도한 차이는 애초에 재산 격차를 낳게 된 요인의 정당성 여부와 무관하게 정의의 측면에서 수용하기 어렵다.

한편 재산은 추가적 소득을 낳는다. 땅을 남에게 임대해 주면 임대료 또는 지대rent를 받고 돈을 은행에 예금하면 이자를 받고, 주식을 구매하면 배당금을 받고 또 운 좋으면 매매차익도 얻을 수 있다. 즉 재산은 재산소득을 낳는다. 그런데 대부분의 사람들은 근로소득에 비해 재산소득은 덜 정당하다고 본능적으로 느낀다. 재산소득을 '불로소득'이라 부르는 관행, 그리고 '불로소득'이라는 용어가 풍기는 부정적 뉘앙스를 보면 알 수 있다. 그런데 왜 근로소득에 비해 재산소득은 덜 정당하게 느껴지는가? 근로소득이 노동이라는 생산요소를 제공한 데 대한 정당한 대가이듯 재산소득은 자본이나 토지와 같은 생산요소를 제공한 데 대한 정당한 대가인 것이 아닌가? 그러나 사람들은 거의 본능적으로 근로소득을 낳는 원천인 노동과 재산소득을 낳는 원천인 자본이나 토지는 질적으로 서로 다른 것이라고 느끼는 것이다.

그렇다면 과연 어떤 점에서 다른가? 첫째, 소유제도에 따라서는 개인 자본 소유주 없이도 자본이 공급될 수 있고 개인 지주 없이도 토지가 공급될 수 있으나 어떠한 소유제도 하에서도 노동하는 사람 없이 노동이 공급될 수는 없다. 소련 등 구 사회주의 사회에서는 토지나 공장 등 생산수단이 국유화되었다. 따라서 지주나 자본가가 따로 없었다. 경제적 성과는 비록 좋지 않았으나 어쨌든 토지와 자본[26]이 공급되는 데는 문제가 없었다. 따라서 근로소득은 어떤 소유제도에서나 존재할 수밖에 없지만 재산소득은 그렇지 않다.

둘째, 근로소득의 원천인 노동이 수행된다는 것은 노동자가 자신의 삶의 시간을 노동에 바친다는 것을 의미한다. 노동은 귀중한 삶의 시간의 소비과정이자 체력의 고갈, 신경의 집중, 산업재해 위험에의 노출 등 많은 고통을 수반하는 일이다. 노동 투입은 결국 노동자의 삶 자체의 투입 또는 인간 자체의 투입이다. 반면에 자기 소유의 농지를 소작인에게 임대하여 소작료 또는 지대를 받는 지주의 경우는 어떠한가? 소작인이 일정 기간 농사를 짓고 나서 토지 임대계약이 종료되어도 토지는 지주에게 고스란히 남는다. 물론 농사짓는 과정에서 토지의 양분이 일부 소진될 수 있지만 비료를 주고 시간이 지나면

26 사회주의 경제에서도 '자본(capital)'이 존재하느냐는 문제는 '자본'을 어떻게 정의하느냐에 달렸다. 신고전파 경제학에서처럼 자본을 공장, 기계설비 등 생산에 투입되는 물적 자산이라 정의한다면 사회주의뿐 아니라 모든 경제체제에서 자본이 존재할 수밖에 없다. 마르크스처럼 '자기 증식하는 가치'라고 정의한다면 상품교환에 기초하여 가치 증식이 이루어지는 자본주의 경제에서만 자본이 존재한다고 할 수 있을 것이다.

지력地力은 대부분 복원될 것이다. 적어도 지주가 자신의 삶을 투입했다고 보기는 어려울 것이다. 반면에 노동자가 노동에 소비한 시간은 결코 되돌려지지 않는다.

은행에 예금을 해서 이자를 수취하거나 주식을 구매하여 배당금을 받는 경우는 어떠한가? 투입된 것은 화폐다. 예금을 하면 대부분의 경우에 원금과 이자를 돌려받고 주식을 구매하면 다소간 배당금을 받는다. 또 주식을 팔면 주식 대금을 화폐로 돌려받는다. 투자자의 능력과 운에 따라 주식투자과정에서 이익을 많이 볼 수도 있고 손실을 볼 수도 있다. 산업재해의 위험은 전혀 없고 투자종목을 선정하거나 매매시점을 결정하는 과정에서 시간을 다소 들일 수 있고 주가의 등락에 따라 스트레스를 받을 수 있을 것이다. 그러나 노동을 수행하는 경우처럼 자신의 한 번밖에 없는 삶의 시간의 큰 부분을 소비하는 것은 아니다.

그러나 지주가 애초에 땅을 구매할 돈을 버는 과정에서, 또 주식투자자가 주식투자에 투입할 돈을 버는 과정에서 노동을 수행했을 수도 있지 않은가? 그렇다면 노동을 수행하는 과정에서 근로소득을 벌었을 것이므로 이미 보상받은 것이다. 그리고 투입된 재산이 설령 본인의 과거 노동의 산물을 저축한 결과라 하더라도 시간이 지나면서 재산소득 수취를 통한 재산증식이 거듭될수록 이 부분은 그만큼 희석된다.

물론 자본주의 경제를 전제로 하는 한 토지를 공급하는 지주도 있어야 하고 자본을 공급하는 주체도 있어야 할 것이다. 그리고 자본주의적 소유관계를 전제로 하는 한 이들이 토지나 자본을 시장에 내놓지 않으면 경제가 작동하지 않는다는 점에서 재산소득자들도 일정한 기능, 그러나 매우 소극적인 기능을 수행한다. 그러나 자신의 생활 시간의 핵심 부분을 노동에 바치는 사람들만큼 경제에 기여한다고 보기는 어려울 것이다.

시장에 의한 소득분배

시장에 의해 소득분배가 이루어진다는 것은 각 생산요소시장의 수요-공급 상황에 의해 생산요소를 공급하는 경제주체의 소득수준이 결정된다는 것을 의미한다. 수요는 크지만 공급이 부족한 생산요소에 대해서는 높은 가격이 형성될 것이므로 이런 생산요소를 공급하는 경제주체는 높은 소득을 얻게 된다. 예컨대 생명공학 전공자에 대한 수요는 크나 이 분야의 전공자 공급이 매우 부족하다면 생명공학 전공자는 높은 임금을 얻게 될 것이다. 반대로 수요는 크지 않으나 공급은 큰 생산요소를 공급하는 경제주체는 낮은 소득수준에 머물게 될 것이다.

수요-공급 상황에 의해 경제주체의 소득수준이 결정되는 시스템은 매우 중요한 측면에서 합리성을 갖고 있다. 사회적 수요가 큰 쪽으로 더 많은 자원이 투입되도록 유도함으로써 한정된 사회의 자원을 효율적으로 활용할 수 있도록 하기 때문이다. 시장경제의 중요한 장점의 하나가 바로 이것이다. 그러나 수요-공급 상황에 의한 소득수준 결정은 분배적 정의의 측면에서 많은 문제점을 안고 있기도 하다.

첫째, 수많은 익명의 사람들의 의사결정이 모여 이루어지는 수요-공급 상황에 대해 개인이 얼마나 책임져야 하느냐는 문제가 있다. 예컨대 어떤 노동자가 오랜 기간에 걸쳐 많은 비용을 지불하여 교육과 훈련을 받아 특정 일자리에서 전문성을 확보하게 되었다고 하자. 그러나 얼마 안 있어 이런 일자리에 대한 수요가 감소하여 이 사람의 임금이 크게 떨어지거나 아니면 아예 일자리를 잃을 상황에 처했다고 하자. 이에 대해 이 사람이 얼마나 책임져야 하는가? 많은 경우 전문가들도 잘 예측하기 어려운 시장상황의 변화로 인해 불이익에 처하게 된 평범한 사람은 그 결과에 대해 얼마나 책임져야 하는가? 이에 대한 신고전파 경제학의 표준적 답변은 변화된 수요 상황에 맞게 노동자가 새로운 지식과 기능을 습득하여 수요가 커진 다른 일자리로 이동하면 된다는 것이리라. 그러나 현실적으로 과거에 개인이 보유했던 지식과 기능과는 전혀 다른 내용의 새로운 지식과 기능을 습득하는 것은 쉽지 않은 일이다. 또 설령 각고의 노력을 통해 새로운 지식과 기능을 성공적으로 습득하였다 하더라도 노동시장의 구조에 따라서는 일자리 이동이 어려울 수도 있다.

자본과는 달리, 특히 금융자본과는 달리 노동의 이동성은 현실적으로 매우 제한되어 있다. 수요-공급의 변화에 대해 노동자는 신속하게 적응하기 어렵다. 또 자본의 경우에도 공장을 설립하여 생산을 수행하는 산업자본은 수익이 더 많이 나는 쪽으로 쉽게 이동하기가 금융자본에 비해 어렵다. 생산설비의 교체 또는 업종 전환, 공장 이전 등은 시간이 많이 들 뿐 아니라 그 과정에서 노사 갈등을 낳기 쉽기 때문이다. 즉 생산요소별로 수요-공급 상황에 적응할 수 있는 능력과 조건에서 커다란 차이가 있다. 대체로 자본에 비해서는 노동이, 금융자본에 비해서는 산업자본이 상황적응에 어려움을 더 겪게 된다.

둘째, 노동자는 자본 소유주에 비해 수요-공급의 변화가 야기하는 위험을 분산시키기 어렵다. 돈이 많은 사람은 돈을 부동산, 다양한 금융자산 등에 분산 투자함으로써 특정 자산시장에서의 수요-공급 상황이 자신에게 불리하게 작용할 가능성에 대비할 수 있지만, 노동자가 동시에 여러 산업에서 여러 일자리를 가짐으로써 산업별, 직종별 수요-공급 상황 변화에 대응할 수는 없다. 그런 점에서도 노동은 불리한 성격을 가진 생산요소이고, 따라서 시장의 수요-공급 상황에 의해 소득수준이 결정되는 자본주의적 분배원리는 노동자들에게 위험 부담을 많이 떠맡기는 원리다.[27]

셋째, 생산요소 간에는 '저장 가능성'의 측면에서도 차이가 있다. 토지는 활용하지 않고 방치해도 그 품질이 별로 변하지 않은 채 그대로 남는다. 노동은 어떠한가? 어떤 노동자가 장기실직상태에 있다고 하자. 시간이 지날수록 이 사람의 노동능력은 떨어질 것이다. 기술과 시장 상황의 변화에 따라 이 사람이 보유한 지식과 기능이 무용지물이 될 수 있다. 장기간 실직상태에 있으면 소득이 없어 생활할 수 없기 때문에 취업을 서둘러야 하기도 하지만, 실직 기간에 그의 노동능력이 저하하거나 아예 무용지물이 될 수도 있기 때문에

27 영국의 케인스주의 경제학자 미드(James Meade)는 자본주의 경제에서 노동자들이 자본을 동원하여 설립하는 기업, 대표적으로는 생산자 협동조합보다는 재산 소유주(property owners)가 노동자들을 고용하여 설립하는 자본주의적 기업이 지배적으로 될 수밖에 없는 핵심 원인을 노동과 자본 간의 위험 분산 가능성 차이에서 찾았다. 재산 소유주는 시장 상황 변동에 대비하여 자신의 재산을 여러 사업에 분산 투자할 수 있지만 노동자가 동시에 여러 가지 일자리를 갖는 방식으로 위험을 분산시킬 수는 없다는 것이다(Meade, 1972: 426).

불리한 고용조건이라도 받아들이고 취업하려 노력해야 한다. 즉 자신의 노동 또는 노동력[28]을 '궁박판매'하게 된다. 즉 궁핍하고 절박한 상태에서 판매하게 된다. 따라서 노동이라는 생산요소를 공급하는 주체인 노동자는 그만큼 불리한 상황에 처해 있는 것이다.

넷째, 시장경제에 만연한 투기는 대부분 서민의 생활조건을 악화시킨다. 예컨대 부동산 투기 열풍으로 인해 주택 값이 크게 상승하면 서민은 주택 장만하기가 어려워진다. 주택 가격 상승이 서민의 명목소득을 줄이는 것은 아니나 생활필수품인 주택의 가격을 상승시킨다는 점에서 적어도 주택 구입과 관련해서는 서민의 실질소득을 줄이는 셈이다.[29] 투기는 매우 광범위하게 발생하는 현상이고 그 피해자는 대부분 돈 없는 서민이다.

다섯째, 소득분배를 포함하여 시장에서의 거래를 통한 자원배분이 정의론적 관점에서 정당화될 수 있는 핵심적 근거는 그것이 개인들의 '자발적 선택'의 결과라는 점이겠으나, '자발적 선택'이라는 것

28 신고전파 경제학에서는 시장에서 '노동'이 매매된다고 보고 마르크스 경제학에서는 '노동력'이 매매된다고 본다.

29 이런 현상을 '금전적 외부불경제(pecuniary external diseconomy)'라 한다. 본래적 의미의 외부불경제는 어떤 주체의 행위가 그와의 거래관계에 포함되어 있지 않은 제3자에게 피해를 주는 경우를 지칭한다. 다른 말로 하면 어떤 주체의 행위가 가격을 매개로 하지 않고 제3자에게 피해를 주는 경우라 할 수 있다. 금전적 외부불경제는 가격을 매개로 하여 발생하는 현상이라는 점에서 엄밀한 의미에서 외부불경제는 아니다. 그러나 어떤 주체의 행위가 상품의 가격 상승을 통해 어쨌든 선의의 피해자를 낳는다는 점에서 외부불경제와 일부 유사한 측면이 있어서 이를 금전적 외부불경제라 한다.

이 진정한 의미에서의 자발적 선택이 아닌 경우가 흔하다. 신고전파 경제학에 따르면 자발적 거래는 적어도 사전적으로는ex-ante 항상 '소비자 잉여consumer surplus'와 '생산자 잉여producer surplus'의 형태로 거래 이익을 낳는다. 소비자 잉여란 소비자가 상품 구매를 통해 얻는 이득을 말한다. 소비자는 상품 구매에 들어가는 비용보다 구매를 통해 얻는 효용이 더 크다고 판단할 때에야 상품을 구매할 것이다. 그러므로 모든 자발적 구매는 적어도 사전적으로는 항상 소비자 잉여를 낳는다. 반대로 판매자는 예외적 경우를 제외하고는 그 가격에 판매함으로써 이익을 얻을 수 있을 때에야 판매할 것이다. 따라서 자발적 판매는 생산자 잉여를 낳는다. 그리고 이런 점은 시장경제의 중요한 장점의 하나다. 자발적 거래를 통해 거래 상대자 모두 이득을 볼 수 있다는 것이다.

그런데 이런 논리를 따른다면 예컨대 극도로 고용조건이 나쁜 일자리라 하더라도 어떤 노동자가 그 일자리를 받아들였다면, 이는 실업자로 남거나 다른 일자리를 갖는 것보다는 낫다고 본인이 판단한 데 기인할 것이다. 따라서 그런 일자리를 둘러싼 노동자와 고용주 간의 고용계약은 '자발적 선택'에 따른 것이며, 거래주체들이 합리적 존재라면 이 거래는 적어도 사전적으로는 거래 쌍방 모두에게 거래이익을 제공한다고 볼 수 있을 것이다.

문제는 현실에서는 '강제된 자발적 선택'이 비일비재하다는 점이다. 거래 쌍방의 경제적 처지가 현저하게 다를 경우, 외관상 '자발적 선택'이라 하더라도 그 '자발성'은 의심의 여지가 크다. 예컨대 굶어 죽을 위기에 직면한 사람이 '자발적으로' 노예계약을 수락하려 할 경우에도 사회가 이를 금지하는 것은 노예제도가 윤리적으로 수용할 수 없는 것이기 때문이기도 하지만, 굶어죽을 위기에 직면한 사람의 '자발적 계약'에서의 '자발성'은 사실은 '강제성'으로 해석할 수밖에 없기 때문이기도 할 것이다. 진정으로 정의로운 사회라면 사회구성원들이 그런 계약까지도 '자발적으로' 맺고 싶어지는 막다른 골목에 처하지 않도록 도와야 할 것이다.

요즘 우리 사회에서 갑甲과 을乙 사이의 불공정거래가 중요한 사회문제로 대두되었다. 갑이란 유리한 조건에서 계약을 맺을 수 있는 주체이고 을은 불리한 조건에서 계약을 맺어야 하는 주체를 지칭한다. 대기업이 여러 중소기업들과 하청계약을 맺는다면 대기업이 갑이고 중소기업들이 을이 된다. 인허가 업무를 담당하는 관청과 인허가를 받아야 하는 기업 간의 관계에선 관청이 갑이고 기업이 을이다. 그리고 고용계약의 경우엔 대체로 고용주가 갑이고 취업 희망자가 을이다. 이러한 갑과 을이 외관상으로는 자발적으로 계약을 맺었다는 이유만으로 이런 계약을 모두 공정한 계약이라고 볼 수는 없을 것이다. 사회구성원 간의 경제적 처지의 격차, 그리고 선택의 폭에서의 격차를 줄여야 진정한 의미에서 자발적 계약에 근거하여 거래가 형성되고 발전될 수 있을 것이다.

여섯째, 생산요소의 가격은 생산과정에서 해당 생산요소와 함께 사용되는 다른 생산요소의 양과 질에 의해서도 결정된다. 그런데 특정 생산요소의 소유주는 자기가 공급하는 생산요소와 함께 사용되는 다른 생산요소의 양과 질을 통제할 수 없는 경우가 많기 때문에 이런 방식으로 생산요소의 가격이 결정되는 것은 분배적 정의의 관점에서 문제가 있다. 예컨대 두 명의 노동자가 있는데 이들은 완전히 동일한 노동을 수행하고 일솜씨나 노동시간에서도 양자 간에 아무런 차이가 없다고 하자. 그런데 한 명은 노후한 생산설비를 사용하는 기업에서 일하고 다른 한 명은 성능이 뛰어난 최신 생산설비를 사용하는 기업에서 일한다고 하자. 그럴 경우 노후한 생산설비를 활용하는 노동자의 생산성은 상대적으로 떨어지게 되고 이에 따라 이 노동자가 받는 임금도 대부분의 경우 더 낮게 된다. 따라서 '동일 노동, 차등 임금'이 형성된다.

또 노동자가 속한 기업이 시장에서 지배적 지위를 가진 독과점기업인가 아니면 영세기업인가에 따라서도 임금수준이 크게 달라질 것이다. 즉 상이한 노동자들이 수행하는 노동의 질이 서로 완전히 동질적이고 노동시간과 노동강도가 동일하다 하더라도 생산성과 임금수준은 서로 달라진다. 즉 노동자가 통제할 수 없는 요인에 의해 임금격차가 발생하는 것이다. 시장원리에 의해 임금이 결정되면 '동일 노동, 차등 임금'이 보편적 현상이 된다. 이는 분배적 정의의 관점에서는 결함이 있는 것이라 할 수 있다.

이에 대한 반론의 하나는 노동자가 직장을 선택할 자유가 있으므로 처음부터 생산설비가 좋고 시장에서 지배적 위치에 있는 대기업에 취업하거나, 아니면 처음에는 영세기업에 취업했다 하더라도 나중에 더 좋은 조건을 가진 기업으로 이동하면 될 것 아니냐는 것이리라. 그러나 우리가 경험적으로 잘 알고 있듯이 노동자가 직장을 마음대로 선택하여 취업할 수 있는 것도 아니고 직장 이동이 그렇게 자유롭게 이루어질 수 있는 것도 아니다. 분배적 정의의 관점에서 더 설득력 있는 원칙이라 할 수 있는 '동일 노동, 동일 임금' 원칙은 정부나 노동조합이 이를 관철시키기 위해 시장원리에 거슬러가며 정책적 노력을 쏟을 때에만 실현될 가능성이 열리는 것이다.

4 복지국가를 통한 분배적 정의 실현

앞에서 살펴본 바와 같이 자본주의적 분배제도의 기본 틀인 사유재산제도와 시장에 의한 소득분배는 분배적 정의의 관점에서 많은 문제점이 있다. 복지국가는 이러한 결함을 완전히 해소하지는 못하지만 상당 정도 시정할 수 있다. 복지국가가 분배적 정의 실현에 기여할 수 있는 것은 사회구성원들이 납세나 사회보험료 납부를 통해 복지국가에 재정적으로 기여하는 금액과 복지국가를 통해 지급받는 급여액이 사회구성원의 처지에 따라 달라지기 때문이다. 대체로 부유한 사람들은 재정적 기여액이 급여액보다 많고 빈곤한 사람은 그 반대 상황에 있다. 이렇게 소득수준이 높은 사람으로부터 소득수준이 낮은 사람에게 소득이 재분배되는 것을 '수직적 재분배vertical redistribution'라 한다. 만일 부유층의 시장소득의 상당 부분이 정의롭지 못한 방식으로 얻어진 것이라면, 복지국가를 통한 재분배는 결과적으로 불의한 소득 취득을 교정해 주는 기능, 즉 '교정적 재분배' 기능도 수행하게 된다.

한편 소득수준이 유사한 사람들 사이에서도 복지국가를 통해 재분배가 이루어진다. 소득수준이 같아서 의료보험료 납부액이 같은 사람인 A와 B가 있는데, A는 건강하여 병원을 찾을 일이 거의 없고 B는 병약하여 병원을 자주 찾는다고 해 보자. A와 B는 의료보험 재정에 같은 수준으로 기여하지만 의료급여 혜택은 주로 B가 누리게 된다. 즉 A로부터 B로 소득이전이 발생한다. 이렇게 소득수준은 같으나 질병과 같은 나쁜 사건이 발생할 확률이 상이한 사람들 간에 소득이전이 발생하는 것을 '수평적 재분배horizontal redistribution'라 한다.

이렇게 수직적 재분배와 수평적 재분배는 개념적으로 분명히 구분되지만, 양자를 관통하는 기본 취지는 유사하다고 볼 수 있을 것이다. 인간의 다양한 욕구 중 그것을 충족시키는 것이 꼭 필요하다고 사회적으로 공인된 욕구를 '필요needs'라 한다.[30] 그런데 수직적 재분배나 수평적 재분배 모두 필요를 충족시키기에 소득이 여유 있는 사람으로부터 필요를 충족시키기에는 소득이 부족한 사람으로 소득을 이전시키는 방식이라 할 수 있다. 수평적 재분배 문제와 관련하여, 질병 등 나쁜 사건이 발생할 확률이 높은 사람일수록 다른 조건이 동일

30 필요(needs)는 그것을 충족시키는 것이 합당하다고 사회적으로 공인된 욕구로서, 예컨대 의식주나 의료서비스, 기초교육에 대한 욕구는 많은 사회에서 그것을 충족시키는 것이 필요하다고 공인된 욕구이므로 '필요'라 할 수 있다. 'needs'를 '니즈'나 '소요(所要)'라고 번역하기도 한다. 그런데 여기에서 '필요는 사회적으로 공인된 욕구'라는 어구에 나오는 '욕구'는 사람들이 실제로 갖고 있는 욕구만이 아니라 정보가 충분히 제공된 상태에서 합리적인 사람이라면 가질 만한 욕구까지 포함하는 의미로 사용된다. 예컨대 정기적 건강검진은 질병의 발견이나 예방을 위해 필요한 것이지만 적지 않은 사람들이 건강검진에 따르는 다소의 번거로움이나 자신의 건강에 대한 과신 등으로 인해 건강검진 받기를 원하지 않을 수 있다. 이런 상황에서 어떤 사람들이 건강검진을 받고자 하는 주관적 욕구는 갖고 있지 않다 하더라도 이 사람들이 충분히 정보를 가진 상태에서 합리적으로 판단한다면 건강검진을 받으려는 욕구를 가질 것으로 기대할 수 있다. 그리고 'needs'는 정상적 생활을 위해 필수적인 것을 객관적으로 필요로 하는, 사람들의 상태를 의미하기도 하지만 사람들의 정상적 생활을 위해 소비되어야 하는 대상물들, 즉 필수적 재화들(goods)을 의미하는 말로도 사용된다. 즉 예컨대 물과 식량을 객관적으로 필요로 하는 상태를 'needs'라 하기도 하지만 물과 식량과 같은 필수품을 'needs'라 하기도 한다. 그리고 학자에 따라서는 'needs'를 '욕구'나 '필요 욕구'라 번역하기도 한다.

하다면 발생확률이 낮은 사람에 비해 필요 충족을 위한 소득지출액이 많아지므로 그만큼 소득이 보충되어야 발생확률이 낮은 사람과 유사한 정도의 생활수준을 확보할 수 있다.

복지국가를 통한 소득재분배는 사유재산제도의 작동에 부분적 변화를 야기한다. 소득은 저축되어 재산으로 전환되고 재산은 다시 재산소득을 낳는데, 부유층에게 무겁게 과세하면 부유층의 가처분소득이 줄어 저축 여력이 감소하고 결국 재산축적의 속도가 둔화된다. 반면에 빈곤층은 복지국가를 통한 소득이전으로 인해 재분배 이후 가처분소득이 증가하고 그 일부를 저축할 수 있다면 그만큼 재산이 증가하게 된다. 즉 복지국가는 개인 간 사유재산의 규모 격차를 줄이는 효과를 낳는다.

또 복지국가를 통한 소득재분배는 시장에 의한 소득분배의 다양한 결함을 어느 정도 해소해 준다. 많은 경우 개인에게 책임을 묻기 어려운, 수요-공급 상황에 의한 개인 간 소득격차를 줄여 줌으로써 시장에 의한 소득분배에 수반되는 '도덕적 임의성moral arbitrariness' 문제를 줄여 준다. 예컨대 A와 B는 동일한 숙련수준을 갖추고 동일한 노동을 수행하는 노동자들인데, A는 단지 대기업에 다니는 관계로 임금수준이 높고 B는 중소기업에 다니기 때문에 임금수준이 낮다고 해 보자. A와 B의 임금격차는 '도덕적으로 임의적인' 요인에 의해 발생한 것이다. 그런데 B보다 A에게 세금을 더 많이 부과하여 조달된 재원으로 B를 지원해 주면 재분배 이후의 소득격차가 줄어든다. 따라서 A와 B의 생활수준이 도덕적으로 임의적인 요인에 의해 결정되는 정도가 줄어든다.

또 실업자의 생계를 지원하는 실업보험제도나 실업자의 취업을 지원하는 적극적 노동시장정책은 실업으로 인한 고통을 줄여 주는데, 이를 통해 여러모로 불리한 성격을 갖는 생산요소인 노동의 소유주, 즉 노동자의 처지가 개선된다. 넉넉한 실업급여나 잘 작동하는 적극적 노동시장정책은 실업위험으로 인한 노동력의 궁박판매 가능성을 줄여 주고, 위험 분산이 어려운 생산요소의 소유주인 노동자가 직면하는 경제적 위험을 줄여 준다.

복지국가를 통해 모든 사회구성원에게 일정 수준 이상의 생활수준이 보장되면, 즉 사회안전망이 제공되면 경제주체 간 거래에서 실질적인 자발적 선택의 여지가 커진다. 예컨대 경제적으로 매우 궁핍한 노동자가 내심 원치 않지만 할 수 없이 극도로 열악한 조건의 일자리를 수용하는 등 실질적인 비자발적 선택을 해야 할 필요성이 줄어든다. 1962년에 스웨덴 사회민주당 당수이자 정부 수상인 에얼란데르 Tage Erlander는 『선택의 자유 사회』 Valfrihetens samhälle라는 책자를 발간한 바 있는데, 이 책의 핵심 내용은 복지국가가 발전할수록 개인의 선택의 자유가 위축되는 것이 아니라 오히려 확대된다는 것이다. 예컨대 적극적 노동시장정책은 노동자들의 직업 선택의 자유를 실질적으로 확대해 주고, 무상으로 제공되는 공교육은 개인들의 삶의 선택의 기회를 확대해 준다는 것이다.

경험적으로 볼 때에도 경제발전수준이 유사한 사회들 간에도 복지국가가 더 발전한 사회일수록 소득분배의 불평등 정도가 낮고 사회적으로 더 안정되어 있다. 예컨대 복지국가가 발전한 대표 사례인 북유럽 사회들은 시장원리가 지배적인 미국 사회에 비해 소득분배가 한결 고르고 범죄율은 낮고 평균수명은 길다.

3부

복지국가 설계의 철학

복지국가는 여러 제도들로 이루어져 있다. 한국의 경우 국민기초생활보장제도는 자산조사means test[1]에 입각하여 일정 소득수준 이하의 빈곤층만을 대상으로 하여 정부의 조세수입에 기초하여 대가없이 일방적으로 현금이나 현물을 지원하는 공공부조제도다. 또 국민연금, 국민건강보험, 고용보험, 산업재해보상보험, 노인장기요양보험은 가입자가 납부한 보험료 수입에 기초하여 특정한 사회적 위험에 실제로 직면한 가입자들에게 급여benefits를 제공하는 사회보험제도다. 초등학교와 중학교의 무상교육은 조세수입에 기초하여 제공하는 보편적 사회서비스 프로그램이다.

복지국가를 구성하는 여러 제도들을 구체적으로 어떻게 설계하는 것이 좋은가를 판단하려면 여러 문제들을 종합적으로 고려해야 한다. 우선 각 제도를 통해 달성하려는 정책목표를 가장 효과적으로 달성할 수 있는 방법은 무엇인가 하는 사회공학적 합리성 문제를 고려해야 하고, 제도들이 재정적으로 장기 지속 가능한가도 중요하게 고려해야 한다. 또 이러한 제도들을 국민의 큰 저항 없이 도입하고 운영할 수 있는가 하는 정치적 고려도 필요하다.

이런 문제들은 주로 사회복지학자나 경제학자 등 사회과학자들이 연구해 왔지만 철학적 판단이 필요한 문제도 많다. 우선 제도들을

1 '자산(資産)조사'는 지원 대상자 선정을 위해 지원 대상 후보자의 소득, 재산 등 경제적 능력 수준을 조사하는 것을 의미한다. 경제적 능력이 일정 수준 이하의 사람들을 선별하여 이들만을 지원하기 위한 것이다. '재력(財力)조사'나 '경제력조사'라 번역하는 경우도 있다.

통해 달성하고자 하는 목표를 설정하는 가장 기본적인 작업은 바람직한 가치들 간의 우선순위를 설정하는 문제와 관련이 있어 철학적 판단을 필요로 한다. 예컨대 복지국가의 각종 제도나 정책을 통해 달성하고자 하는 우선적 목표가 복지 수혜자들이 누리는 복지welfare 또는 well-being의 개선인가, 아니면 인간으로서 기본적으로 수행해야 하는 기능들을 제대로 수행할 수 있는 능력capability의 증진인가, 혹은 생활에 필요한 각종 자원resources을 적절한 수준에서 확보할 수 있게 하는 것인가 하는 문제는 철학적 숙고와 판단을 필요로 하는 문제다.

또 예컨대 복지제도나 정책의 수혜자 범위를 어디까지로 설정하는 것이 좋은가, 매우 가난한 사람들만을 집중적으로 지원하는 것이 좋은가 아니면 대다수 사회구성원을 포괄하는 것이 좋은가 하는 문제도 철학적 판단을 필요로 하는 문제다. 2011년 서울시의 무상급식 논쟁에서 무상급식의 대상자를 빈곤층 자녀로 한정하는 것이 좋으냐 아니면 모든 학생에게 적용해야 하느냐가 최대의 쟁점으로 대두된 바 있는데, 이것도 철학적 판단을 필요로 하는 문제라 할 수 있다. 여기에서 철학적 판단이란 제도나 정책을 통해 실현하고자 하는 가치와 관련된 판단, 또 기술적 문제보다는 원칙적 문제와 관련된 판단을 의미한다.

3부에서는 복지국가의 제도적 설계와 관련하여 철학적 판단이 필요한 쟁점들을 다룰 것이다. 6장에서는 누구에게 급여를 줄 것인가 하는 문제, 즉 급여의 대상과 관련된 쟁점을, 7장에서는 급여의 지급방식과 관련된 쟁점을 다룰 것이다. 8장에서는 사회복지 제공의 주체와 관련된 쟁점을 다룰 것이고 9장에서는 어떤 복지국가 모델이 더 바람직한가 하는 문제를 다룰 것이다. 이러한 쟁점들을 다룸에 있어 철학적 문제들을 집중적으로 다룰 것이고, 이와 관련하여 1부에서 살펴본 철학적 조류들이 제공해 주는 통찰과 개념들을 많이 활용할 것이다. 그러나 복지국가의 제도 설계와 관련된 철학적 쟁점들을 제대로 다루기 위해서도 사회과학의 개념들을 활용하는 것이 어느 정도 불가피하다. 이와 관련하여 사회복지학의 개념들과 2부에서 살펴본 경제학의 개념들을 많이 활용할 것이다.

6장

급여의 대상

1 보편적 복지냐 선별적 복지냐

2010년경부터 우리 사회에 '보편적 복지국가the universal welfare state' 또는 '보편주의적 복지국가the universalistic welfare state' 담론이 대두된 바 있다. 이는 주로 '복지국가 소사이어티'라는 민간 싱크탱크think-tank가 주도적으로 제기하고 확산시킨 담론이다. 한국사회가 지향해야 할 복지국가는 빈곤층이나 장애인 등 한계계층만을 대상으로 하는 복지프로그램이 중심이 된 복지국가, 즉 '잔여적 복지국가the residual welfare state'가 아니라, 모든 국민을 대상으로 하는 프로그램들이 중심이 된 보편적 복지국가여야 한다는 것이다. 그리고 보편적 복지국가에서는 모든 국민이 복지 수혜자가 됨으로써 복지 수혜가 한계계층에 대한 여타 사회구성원의 온정적 시혜의 산물로 간주되는 것이 아니라 국민이라면 누구나 당연히 누려야 할 사회적 권리로 간주된다는 것이다. 그리고 보편적 복지국가의 대표 사례로 스웨덴 같은 북유럽 사회들을 손꼽고 잔여적 복지국가의 대표 사례로는 미국을 손꼽아 왔다.

그런데 사회복지학에서 본래 '보편주의universalism'에 대립되는 개념은 '선별주의selectivism'로서 이 두 개념은 주로 개별 복지프로그램의 급여 대상자 범위 또는 수혜자 범위와 관련된 개념이다. 보편주의적 제도는 필요needs를 가진 모든 사람에게 추가적 자격 제한 없이 급여를 제공하는 제도를 의미하고, 선별주의적 제도는 필요에 더하여 소득수준 등 추가적 자격 제한을 설정함으로써 급여 수급을 가장 절실히 필요로 하는 집단에게만 급여를 제공하는 제도를 의미한다. 한국의 예를 들자면 초등학교와 중학교의 무상교육은 모든 학령 아동과 청소년에게 제공된다는 점에서 전형적인 보편주의적 제도라 할 수 있고, 국민기초생활보장제도는 일정 소득수준 이하의 빈곤층 가구들만을 대상으로 한다는 점에서 전형적인 선별주의적 제도라 할 수 있다.[1]

그런데 현실에서는 보편주의와 선별주의가 두부 자르듯 명확하게 구별되는 것은 아니다. 많은 사회복지제도들은 철저한 보편주의와 철저한 선별주의 사이에 위치한다. 예컨대 한국의 국민연금은 연금보험료를 납부하는 보험 가입자만을 대상으로 한다는 점에서 초등학교와

1 보편주의와 선별주의를 둘러싼 쟁점에 관한 설명으로는 구인회·손병돈·안상훈 (2010: 166-173) 참조.

중학교의 무상교육에 비해서는 선별주의적 제도라 할 수 있지만, 연금보험료 납부 외에 소득수준이나 노동능력 유무 등 다른 조건을 고려하지 않고 급여를 지급한다는 점에서 국민기초생활보장제도에 비해서는 보편주의적 제도라 할 수 있다. 철저한 보편주의를 한 극단으로 하고 철저한 선별주의를 다른 쪽 극단으로 하는 폭넓은 스펙트럼spectrum 속에 다양한 사회복지제도들이 위치하는 것이다.

한편 우리 사회에서 최근에 '보편적 복지국가'에 대비되는 개념으로 많이 사용되어 온 '잔여적 복지국가'라는 용어는 본래 윌렌스키Harold L. Wilensky와 르보Charles N. Lebeaux가 1950년대 말에 사회복지에 관한 상반된 개념으로서 '제도적 개념the institutional concept'과 '잔여적 개념the residual concept'을 제시한 데 연유한다. 제도적 개념이란 사회복지제도를 그 사회의 정상적이고 핵심적인 제도로 간주하는 입장이고, 잔여적 개념은 사회복지제도를 시장과 가족이라는 기본적이고 중추적인 사회제도를 통해서는 문제를 해결할 수 없는 한계계층을 주된 대상으로 삼아, 사회 전체 시스템에서 응급처방적이고 부수적인 위상을 갖는 제도로 보는 입장을 지칭한다. 시간이 지나면서 '제도적 개념' 대 '잔여적 개념'이라는 개념 쌍 대신에 '제도적 모델' 대 '잔여적 모델' 또는 '제도적 복지국가' 대 '잔여적 복지국가'라는 개념 쌍을 사용하는 경우가 많아졌다.

또 '보편적 복지국가'라는 용어가 '제도적 복지국가'와 유사한 의미로 사용되어 '보편적 복지국가'와 '잔여적 복지국가'를 대비시키는 논의들도 전개되어 왔다. 그리고 논자에 따라서는 '잔여적 복지국가'에 대비되는 복지국가 유형을 '제도적 복지국가'나 '보편적 복지국가'라 부르기도 하고, '포괄적comprehensive 또는 encompassing 복지국가', '사회민주주의적social democratic 복지국가' 등으로 부르기도 한다. 그러나 이 용어들에 담긴 의미는 대동소이하다. '보편적 복지국가'나 이와 유사한 의미로 사용되는 용어들은 대체로 국민소득에서 사회복지지출이 차지하는 비중이 크고 급여 대상자의 범위가 매우 넓으며 급여수준이 높고 사회복지 제공에서 민간부문의 역할이 작은 복지국가 유형을 지칭한다.

이렇듯 '보편적 복지국가'라는 용어에 담긴 의미는 다양하지만 여기에서는 논의의 초점을 급여 대상자 범위 문제로 한정하기로 하자. 왜 빈곤층뿐 아니라 중산층 이상의 소득계층까지 급여 대상자로 삼아야 하는가? 급여 대상자의 범위가 넓을수록 복지지출액이 늘어나기 때문에 중산층 이상의 계층은 세금을 더 많이 내야 한다. 이들의 경우엔 스스로 문제를 해결할 수 있는 능력이 있으므로 급여 대상자에서 제외하고 그 대신 이들이 납부해야 하는 세금을 줄여 주는 것이 이들의 복지수준을 높여 주는 길이 되지 않을까? 2011년 서울시 무상급식 논쟁에서 빈곤층 자제에게만 무상으로 급식을 제공하는 것이 좋다고 주장한 사람들은 대체로 이런 생각을 갖고 있었다.

급여 대상자 범위와 관련하여 선별주의를 지지하는 논자들은 빈곤층 등 지원을 절실히 필요로 하는 사람들의 복지를 개선하는 데 있어 선별주의적 제도나 정책이 더 효과적이라고 주장한다. 한정된 복지재원을 빈곤층 지원에만 사용한다면 빈곤층의 복지수준이 많이 향상될 수 있지만, 동일한 규모의 재원을 모든 사회구성원을 지원하는 데 사용한다면 복지 수혜자 1인당 급여수준이 너무 낮아져 빈곤층의 복지 개선에 별로 도움이 되지 않는다. 이 문제를 해결하기 위해 선별주의적 제도 하에서 빈곤층 1인당 지급되는 급여액만큼을 모든 사회구성원에게 지급한다면 재원이 한결 많이 소요될 것이다. 그리고 이 재원은 주로 중산층 이상의 계층이 부담하게 될 것이다.

예컨대 평균적 중산층 시민 1인이 선별주의적 제도에서는 급여는 전혀 지급받지 못하지만 빈곤층 지원을 위해 월 20만의 세금을 내야 한다고 가정해 보자. 순전히 금전적으로만 보면 중산층 시민은 1인당 20만 원의 손실을 보는 셈이다. 반면에 모든 사회구성원을 포괄하는 보편적 제도에서 평균적 중산층 시민 1인은 다른 모든 시민과 마찬가지로 15만 원의 급여를 지급받는데 이러한 제도를 운영하기 위해 그가 납부해야 하는 세금은 40만 원이라고 해 보자. 본인이 받을 급여뿐 아니라 세금을 내지 않거나 매우 적게 내는 빈곤층의 급여까지도 부담해야 하기 때문이다. 또 복지제도 운영에 들어가는 행정적 비용도 만만치 않은데 그 비용도 부담해야 한다. 결국 그는 금전적으로 25만 원의 손실을 보는 셈이다. 따라서 본인 스스로 문제를 해결할 능력이 있는 집단은 급여의 대상에서 제외하는 것이 합리적이라는 것이다.

충분히 설득력 있어 보이는 논리다. 복지재원 1원당 소득재분배 효과는 보편주의적 제도에서보다 선별주의적 제도에서 한결 클 수밖에 없다. 그런데 왜 여러 나라에서 상당 정도로 보편주의적 제도를 운영할까? 특히 스웨덴 같은 북유럽 사회들은 대표적인 복지 선진국으로 손꼽히는데 이 나라들의 복지제도는 보편주의적 제도 중심으로 편성되어 있다. 보편주의적 제도가 갖는 장점이 많기 때문이다.

첫째, 선별주의적 제도는 복지재원 1원당 소득재분배효과와 빈곤층 지원효과가 크지만, 복지재원 부담자와 복지 수혜자가 확연히 구분되기 때문에 복지재원을 늘리기가 어렵다. 정부가 증세를 통해 복지재원을 늘려 빈곤층을 더 지원하려 하면 선별주의적 복지제도의 혜택은 전혀 누리지 못하면서 비용만 부담하는 계층의 조세저항이 강해질 수밖에 없기 때문이다. 반면에 보편주의적 제도에서는 납세자의 대부분이 다소간 복지제도로부터 혜택도 받기 때문에 조세저항이 작아 증세를 통해 복지재원을 늘릴 가능성이 커진다. 실제로 스웨덴 같이 보편주의적 제도가 발달한 나라들이 미국 같이 선별주의적 제도 중심으로 사회복지제도가 편성되어 있는 나라들에 비해 소득불평등 정도가 한결 낮다. 무엇보다도 투입되는 복지재원의 규모가 훨씬 크기 때문이다.

한국에서 보편적 복지국가 발전을 주창하는 단체나 논자들이 보편적 복지국가를 옹호하는 핵심 이유의 하나가 여기에 있다. 보편적 복지국가에서는 중산층도 복지 혜택을 누리기 때문에 복지국가 발전을 지지하게 되므로, 중산층과 빈곤층이 복지국가 발전을 지지하는 '복지동맹'의 구성원으로서 서로 연대할 수 있다는 것이다. 따라서 한국에서 복지국가를 발전시키기 위해서라도 선별주의적 제도보다는 보편주의적 제도를 도입하고 강화하는 데 주력할 필요가 있다는 것이다.[2]

그런데 만일 보편적 복지국가에서 중산층 이상의 계층이 복지국가 발전에 우호적일 수 있는 이유를 오직 중산층 이상도 복지 혜택을 누리기 때문에 이해타산의 관점에서라도 복지국가 발전을 지지하게

2 한국에서 '복지동맹'의 형성 전략에 관한 연구로는 윤도현·박경순(2009) 참조.

된다는 점에서 찾는다면 이는 매우 일면적인 논리가 될 수 있다. 보편주의적 제도는 중산층 이상의 계층에게 혜택을 주기도 하지만 이들의 조세부담도 그만큼 늘리기 때문에, 중산층 이상의 계층이 자신에게 제공되는 복지 급여와 자신이 부담해야 하는 비용을 엄밀하게 따져 이익이 될 때에만 복지국가 발전을 지지한다면, 복지국가 발전에 반대하게 될 가능성이 더 높을 수도 있다. 계층 간에 이익-손실이 구체적으로 어떻게 배분되는가는 복지국가의 제도 틀이 구체적으로 어떻게 짜여 있는가에 달려 있지만, 대체로 소득수준이 높은 계층일수록 좁은 의미에서의 경제적 계산 차원에서는 이익에 비해 손실이 클 가능성이 높을 것이다.

보편주의적 제도의 비중이 큰 사회에서 중산층 이상의 계층이 복지국가에 대한 거부감이 작은 것은 오히려 보편적 복지국가가 이들의 관심과 심성mentality을 변화시키기 때문일 수도 있다. 중산층 이상의 계층도 자신이 지원을 필요로 할 때 복지국가로부터 혜택을 입은 바 있기 때문에 복지국가의 필요성과 존재이유를 실감하게 되는 측면도 있겠지만, 이러한 경험을 통해 자신보다 처지가 나쁜 빈곤층의 입장을 더 잘 헤아리게 되는 측면도 있을 것이다. 즉 스미스Adam Smith가 말한, 타인의 곤경에 대한 공감sympathy을 더 잘 하게 되는 측면이 있을 것이다. 그리고 다른 사회구성원들과 함께 세금을 내면서 함께 복지 혜택도 누리는 경험을 통해 빈곤층을 포함하여 다른 사회구성원들과 '한 배를 타고 있다'는 연대의식이 형성되는 측면도 있을 것이다.

그리고 본인이 그 어떤 사회적 위험을 만난다 하더라도 복지국가의 촘촘한 사회안전망을 통해 문제를 해결할 수 있다는 사실을 인식함으로써, 경제적 계산으로부터 어느 정도 자유로워지는 측면도 있을 것이다. 즉 잔여적 복지국가 모델보다 보편적 복지국가 모델이 중산층 이상의 계층에게 호소력을 더 가질 수 있다면, 이는 주로 보편적 복지국가 모델이 이들의 경제적 이익에 더 잘 부합되기 때문이라기보다는 오히려 협소한 경제적 계산을 해야 할 필요성을 줄이고 사회적 연대와 같은 다른 가치를 중시할 수 있는 경험과 마음의 여유를 주기 때문일 수 있다는 것이다.

둘째, 선별주의적 제도는 급여 대상자에게 '사회적 낙인social stigma'을 찍어 급여 대상자가 치욕감을 느끼게 하기 쉽지만 보편주의적 제도는 그렇지 않다. 공공부조와 같은 전형적인 선별주의적 제도에서는 급여 수급자가 되려면 자산조사를 통과해야 한다. 즉 자신이 경제적으로 무능력하다는 것을 입증해야 한다. 이는 자존감을 크게 훼손할 수밖에 없다. 또 자신의 급여에 충당될 재원을 조달하는 사람들이 따로 있고 급여를 지급받는 사람은 자신을 포함하여 소수라는 점도 자존감을 훼손하는 요인이 된다.

이는 선별주의적 제도에서는 롤스가 기본재primary goods의 목록에 포함시킨 '자기 존중self-respect의 사회적 기초'가 취약하다는 것을 의미한다. 1부에서 설명한 바와 같이 롤스가 말하는 '자기 존중의 사회적 기초'란 "시민들이 도덕적 인간으로서 그들 자신의 가치에 대한 생생한 감각을 갖고 살아가며, 자기 확신을 갖고 그들의 최고의 이해관심interests을 실현하고 그들의 목적을 진전시킬 수 있기 위해 통상적으로 필수적인, 기본적 제도들의 양상들aspects이다."(Rawls 1982: 166). 그런데 자신이 남보다 무능력하여 타인의 지원을 받아야 한다는 점을 매번 상기시켜 주는 선별주의적 제도는 복지 수혜자에게 열등감이나 수치심을 주기 쉬운 것이다. 실제로 여러 나라의 경험을 보면 선별주의적 제도의 수급자 자격이 있음에도 불구하고 자존감을 유지하기 위해 수급 신청을 하지 않는 사람들도 적지 않다고 한다. 그러나 물론 선별주의적 제도가 필요한 경우가 있다. 또 선별주의적 제도마저 없어서 빈곤층이 아무런 지원을 받지 못하고 비참하게 살아가는 것보다는 선별주의적 제도의 혜택을 받는 것이 자존감 차원에서도 아마 나을 것이다. 그러나 선별주의적 제도가 자기 존중의 사회적 기초라는 측면에서 취약한 점이 있다는 점은 분명하다.

반면에 보편주의적 제도는 자산조사를 필요로 하지 않고 급여 수급자가 대다수 사회구성원이라는 점에서 수급자의 자존감을 훼손하지 않는다. 급여 혜택에 비해 부담하는 재원이 더 큰 사람들이 있고 그 반대 상황에 있는 사람들도 있지만, 이것이 선별주의적 제도에서처럼 명료하게 드러나지 않는다. 대다수 사람들이 다소간 재원을 부담하고 또 거의 모든 사람들이 필요가 발생할 때 지원받는 제도에서는 급여 수급이라는 것이 사회구성원들이 자연스럽게 누릴 수 있는 권리이자 사회의 정상적 작동의 일환이라는 의식이 생겨나기 쉽다. 그리고 정도의 차이는 있겠지만 사회구성원 누구나 다양한 사회적 위험에 직면할 수 있는 약한 존재들이며, 따라서 서로 배려하고 협력해야 하는 동반자들이라는 연대감이 생겨나기 쉬울 것이다.

셋째, 선별주의적 제도에 수반되는 자산조사에는 상당한 행정비용이 들어가는데 보편주의적 제도에서는 자산조사가 필요 없기 때문에 행정비용이 경감된다. 넷째, 선별주의적 제도에 필요한 자산조사는 급여 수급자를 '빈곤의 덫poverty trap'에 빠뜨릴 수 있으나 보편주의적 제도의 경우에는 이 문제가 발생하지 않는다. 예컨대 한국의 국민기초생활보장제도는 일정 소득 이하의 빈곤층에게 기준소득인 최저생계비와 실제 소득의 차액만큼을 지원해 준다. 따라서 급여 수급자가 되려면 본인의 실제 소득이 기준소득을 넘어서지 않도록 본인의 경제활동을 조절할 유인이 생긴다. 장시간 힘들게 일하여 실제 소득이 기준소득을 약간 상회하게 되는 것보다는 일하지 않고 기준소득 전체를 지원받는 게 나은 선택이 될 수 있다. 즉 자산조사 자체가 수급자의 빈곤 상태를 유지시키는 요인으로 작용하기 쉽다.

2 누가 우선 지원 대상자인가

스웨덴처럼 보편적 복지국가 모델을 가진 사회라고 해서 모든 사회복지제도가 보편주의적 원리에 따라 편성되어 있는 것은 아니다. 보편주의적 제도의 비중이 크지만 선별주의적 제도도 존재한다. 또 보편주의적 제도의 경우에도 필요needs가 없는 사람에게까지 급여를 제공하지는 않는다. 예컨대 아동 1인당 일정액을 지원하는 아동수당제도는 소득수준과 무관하게 급여를 제공한다는 점에서 전형적인 보편주의적 제도이지만, 아동이 없는 가구에게는 물론 급여를 제공하지 않는다. 스웨덴처럼 사회복지수준이 높은 사회에서도 모든 사회구성원의 모든 복지수요를 충족시키기에는 복지재원이 크게 부족할 수밖에 없다. 따라서 한정된 복지재원을 적절히 분배하려면 누구를 우선 지원 대상자로 삼아야 하는가 하는 문제에 직면할 수밖에 없고, 이는 그 어떤 사회도 피할 수 없는 문제인 것이다.

사회 전체 차원에서 복지 총량의 극대화를 추구하는 공리주의의 입장에서는, 지원을 통해 복지 개선이 이루어지는 정도가 가장 크고 복지 개선의 지속기간이 길며, 그들의 복지 개선을 통해 간접적으로 다른 사람들의 복지도 개선시킬 가능성이 큰 집단이 가장 우선적인 지원 대상자가 될 것이다. 이런 관점에서 보면 예컨대 빈곤 노인보다는 빈곤 아동이 우선적인 지원 대상자가 될 것이다. 반면에 최소 수혜자의 처지 개선을 우선적으로 중시하는 롤스의 차등의 원칙에 따르면 최소 수혜자가 우선적인 대상자가 될 것이다. 그리고 롤스는 최소 수혜자의 식별은 무엇보다도 소득과 재산을 기준으로 이루어져야 한다고 보았다(Rawls, 2001: 59).[3] 즉 남성이든 여성이든, 또 어떤 인종에 속하든 소득과 재산이라는 범용 수단을 적게 가진 자가 최소 수혜자라는 것이다. 만일 소득과 재산을 적게 가진 집단일수록 사회복지제도에 의한 지원을 통해 복지가 개선되는 정도가 크다면 공리주의자들과 롤스는 결과적으로 유사한 입장에 서게 된다. 그리고 양자의 입장이 유사해질 수 있는 핵심적 근거는 '한계효용 체감의 법칙'일 것이다.

이 문제와 관련하여 공리주의자와 롤스 사이에 형성되는 쟁점은

3 롤스는 기본재의 목록에 '소득과 재산'을 포함시켰다. 그런데 재산은 소득으로 환산 가능하므로 '소득과 재산'은 적어도 원리적으로는 '소득'으로 단일화해도 무방하다.

두 가지다. 첫째, 사회복지제도에 의한 지원을 통해 개선되어야 할 대상이 급여 수혜자의 복지인가 아니면 소득과 재산과 같은 자원인가 하는 문제다. 둘째, 급여 수혜자의 처지 개선의 정도를 더 중시해야 하는가 아니면 현재의 처지 자체를 더 중시해야 하는가의 문제다. 두 번째 문제와 관련하여 공리주의의 입장을 더 정확하게 서술하자면, 공리주의는 사회 전체 차원에서 복지 총량 극대화를 추구하기 때문에 급여 수혜자의 처지가 얼마나 개선되느냐 뿐만 아니라 그에 대한 지원을 통해 간접적으로 타인들의 처지가 얼마나 개선되느냐 하는 문제도 동등하게 중요하게 고려한다. 그러나 사회복지제도를 설계하고 운영함에 있어 특정 제도나 정책이 급여 수혜자가 아닌 다른 사람들에게 미치는 영향까지 동등하게 고려하고 계산한다는 것은 현실적으로 불가능하다. 따라서 여기에서는 복지국가의 제도적 설계와 관련하여 현실적으로 더 의미 있는 쟁점에 집중하기 위해, 두 번째 쟁점과 관련하여 공리주의를 직접적 급여 수혜자의 처지 개선 정도를 무엇보다 중시하는 입장으로 해석하여 다룰 것이다.

개선의 대상은 무엇인가: 복지, 자원, 능력

먼저 첫 번째 쟁점, 즉 사회복지제도에 의한 지원을 통해 개선되어야 할 대상이 무엇인가와 관련하여 복지를 개선 대상으로 삼을 경우 여러 난점에 직면하게 된다는 점을 지적할 수 있다. 무엇보다도 '복지 welfare 또는 well-being'란 과연 무엇인가 하는 가장 기본적인 문제가 그리 쉬운 문제가 아니다. 벤담과 같은 초기 공리주의자들은 복지를 심리적 상태로 보았다. 쾌락을 얼마나 많이 느끼고 고통을 얼마나 덜 느끼느냐의 문제로 본 것이다.[4] 그리고 벤담은 심리학이 충분히 발전하면 이 문제에 대해 객관적으로 판단하는 것이 가능하리라 기대하였다. 그러나 복지를 심리상태로 보면 심각한 문제에 봉착하게 된다.

첫째, 심리학이 아무리 발전한다 하더라도 개인의 심리상태로서의 복지를 객관적이고 정확하게 측정하는 것은 가능하지 않을 것 같다. 그리고 측정이 매우 어려운 개념에 기초하여 정책을 개발하고 운영하는 것은 거의 불가능하다. 둘째, 설령 객관적이고 정확한 측정이 가능하다 하더라도 사회복지제도 등 사회제도의 목적이 시민들의 심리상태의 개선이어야 하는가 하는 문제가 남는다. 예컨대 신체와 정신에 미치는 해악이 작은 약물을 투입함으로써 시민들의 심리적 만족감을 극대화할 수 있다면 가장 효과적인 복지정책은 약물의 질 개선과 약물 공급 증대일 것이다. 또는 마음 관리mind control를 통해 시민들로 하여금 현재의 상태에 충분히 만족하는 마음을 갖도록 할 수 있다면 심리 상담 외에 복잡한 사회복지제도가 별로 필요 없을 것이다.[5]

4 이런 입장을 '쾌락주의(hedonism)'라 한다.

5 이와 관련하여 주관적 자기 평가에 기초하여 여러 나라 국민의 행복수준을 측정하고 비교하는 방식의 문제점을 지적할 수 있다. 본인이 얼마나 행복하다고 생각하느냐는 질문에 대한 응답을 통해 행복수준을 측정해 보면 많은 경우 가난한 나라의 국민들의 행복수준이 높은 것으로 결과가 나온다. 일부 논자들은 이러한 결과를 보고 경제발전수준과 행복수준 간에는 별로 상관관계가 없으며, 마음의 평화나 이웃관계 등 비물질적 요인들이 행복/불행을 결정하는 핵심 요인이라고 해석한다. 그러나 다른 삶의 기회가 차단된 상태에서 개인들이 주관적으로 느끼는 행

이러한 문제들로 인해 오늘날 복지를 심리상태로 보는 논자들은 별로 없다. 주류경제학자들은 대체로 복지 또는 효용을 '선호 만족preference satisfaction'[6]으로 본다. A라는 사람이 Y보다 X를 선호할 경우에 그가 Y를 갖고 X를 갖지 못하는 상황보다는 X를 갖고 Y를 갖지 못하는 상황이 그의 복지수준이 높아지는 상황이라는 것이다. 그런데 '선호' 자체가 주관적이기 때문에 복지를 '선호 만족'으로 보는 입장과 복지를 심리상태로 보는 입장은 결국 같은 입장인 것으로 보일 수도 있으나 차이가 존재한다. 선호 만족 입장에서는 A가 X를 실제로 가지게 되었느냐 여부만 따지면 되지만, 심리상태 입장에서는 X를 가진 후에 A의 심리상태까지 확인해 보아야 한다. 따라서 선호 만족 입장이 심리상태 입장에 비해서는 복지수준을 평가하기가 더 쉬운 입장이라 볼 수 있다.

그러나 선호 만족 입장도 다양한 문제들에 노출되어 있다. 첫째, A가 선호하는 X가 실제로 A의 삶의 질을 개선해 주느냐는 문제가 있

복감을 기준으로 행복이나 복지를 평가하는 것은 문제가 있다. '우물 안 개구리'라는 속담이 있듯 다른 삶의 기회를 경험해 보지 못했거나 경험할 가능성 자체가 차단된 사람들은 자신의 처지를 과대평가할 가능성이 크고, 현실의 고통을 주관적으로 줄이기 위해 체념과 같은 운명 순응적 태도를 취함으로써 주관적 행복감을 늘릴 수도 있다. 주관적 행복감 역시 복지를 구성하는 중요한 요소의 하나이겠으나 이것이 핵심 기준이 되는 것은 곤란하다. 무엇보다도 열악한 사회경제적 지위를 가진 사람들의 객관적 처지를 개선시키는 일을 덜 중요하게 생각하도록 만들 수 있다.

6 '선호 만족' 대신에 '욕망 충족(desire-fulfillment)'이란 용어를 쓰기도 한다.

다. A가 충분하고 정확한 정보를 가지지 않았거나 생리적, 심리적으로 무엇인가에 중독된 상태에서 X를 선호할 경우에 A에게 X를 주는 것이 A에게 도움이 되지 않을 수 있다. 예컨대 A가 알코올 중독 상태에서 무엇보다도 술을 선호할 때에 A에게 술을 주는 것이 A의 삶을 개선시키는 일이라고 보기 어렵다. 이 문제에 관해서는 2부에서 '소비자 무지' 문제를 다룰 때 이미 언급한 바 있다.[7]

둘째, 어떤 사람의 특정 선호가 비합리적이라고 할 수는 없어도 그 선호를 만족시키는 데 사회적 난점이 수반되는 경우가 있다. 미국의 법철학자인 드워킨Ronald Dworkin은 복지 중심의 접근법이 봉착하게 되는 중요한 문제의 하나로 '값비싼 취향expensive taste' 문제를 들었다. 예컨대 A라는 사람은 식생활과 관련된 취향이 몹시 고급스러워서 철갑상어 알 요리인 캐비아 같은 값비싼 음식을 먹어야 보통 사람들이 자장면 먹을 때 누리는 수준의 복지를 누릴 수 있다고 해보자. 그런데 이 사람의 소득수준은 그 사회의 평균 수준이다. 그렇다면 A는 자신이 좋아하는 캐비아를 사 먹기가 매우 어려울 테고, 혹시 사먹을 경우엔 다른 소비재의 구매를 크게 줄여야 하기 때문에, 소득수준은 유사하면서 자장면에 만족하는 다른 사람들에

7 정보의 부족이나 왜곡에 기초하여 형성된 선호를 만족시키는 것이 제대로 된 선호 만족이라 보기 어렵다는 문제로 인해, 만족시켜야 할 진정한 선호는 '정보가 충분히 제공된 상태에서 형성된 선호(fully informed preference)' 또는 '정보가 잘 제공된 상태에서 형성된 선호(well-informed preference)'로 보아야 한다는 입장이 있다. 이 문제와 관련해서는 O'Neill(1998: 47-49)과 Hausman, Daniel & Michael S. McPherson(2010: 247-249) 참조.

비해 복지수준이 크게 낮을 것이다. 그렇다면 사회복지제도의 지원을 통해 A가 캐비아를 충분히 사 먹을 수 있게 해 줌으로써 다른 사람들이 누리는 복지수준과 유사한 복지수준에 도달할 수 있도록 해 주어야 하는가? 드워킨에 따르면 값비싼 취향의 충족을 위해 사회가 그를 지원해 줄 필요는 없다.[8] 사회가 그 구성원에게 해 줄 수 있는 일의 한계는 적절한 수준의 자원을 제공해 주는 것까지이고, 자원을 활용하여 자신의 복지 증진을 이끌어내는 일은 개인의 몫이라는 것이다.

셋째, 사람들의 선호체계 자체가 환경의 산물인 측면이 있다. 예컨대 지나치게 곤궁하거나 억압적인 환경에서 성장하고 생활해 온 사람은 욕구 자체가 제대로 개발되어 있지 않거나 자신의 욕구를 억누르는 심리적 메커니즘이 작동하여 유복한 환경에서 성장하고 생활해 온 사람과는 판이한 선호체계를 가질 수도 있다. 예컨대 1960년대까지만 해도 한국에서 여성이 대학에 진학하는 것은 아주 예외적인 경우였다. 여자 아이들은 아무리 공부를 잘해도 대학에 가지 않는 것이 당연시되는 사회에서, 유복한 환경에서 자라지 못한 여자 아이들은 대학 진학에 대한 욕구 자체가 개발되어 있지 않을 수 있다. 또는 욕구가 있더라도 이를 억압하는 심리적 메커니즘이 강하게 작동할 수 있다. 이솝 우화 중에 '여우와 신 포도sour grapes'에 관한 이야기가 있다. 여우는 포도나무에 달린 포도를 먹고 싶으나 따 먹기에는 포도

8 '값비싼 취향' 문제에 대한 드워킨의 분석과 평가는 Dworkin(2005: 114-128)에 나온다.

가 너무 높이 달려 있다. 이때 여우는 "저 포도는 분명히 맛이 아주 실 거야. 그러니 안 먹는 게 나아" 이렇게 생각하면서 포도를 먹을 수 없는 자신의 처지를 위안하게 된다. 즉 자신의 환경에 맞추어 선호를 적응시킨다.[9] 따라서 사람들이 드러내는 선호를 액면 그대로 받아들이고 그 선호가 만족되면 충분하다고 생각하는 것은 올바른 판단이 아닐 수 있다.

롤스나 드워킨은 사회가 추구해야 할 것은 사회구성원 간의 복지의 평등이 아니라 소득과 같은 자원의 평등이라고 본다. 이런 입장을 '자원 평등주의resource egalitarianism'라 한다.[10] 제공되는 자원의 크기에 초점을 맞추는 이 입장은 복지에 초점을 맞추는 입장이 직면하는 난점들을 쉽게 피할 수 있다는 장점이 있다. 우선 복지와는 달리 자원은 그 크기를 객관적이고 정확하게 측정할 수 있다. 또 자원 중심적 접근은 사회가 그 구성원들에게 적절한 원칙에 따라 자원을 제공하고

9 엘스터(Jon Elster)는 이를 '적응적 선호 형성(adaptive preference formation)'이라 부른다. Elster(1982: 219).

10 드워킨은 자타가 공인하는 대표적인 자원 평등주의자이지만 롤스를 자원 평등주의자로 볼 수 있는지는 논란의 소지가 있다. 1부에서 살펴본 바와 같이 롤스의 차등의 원칙은 자원의 평등 분배를 지향하는 원칙이라기보다는 최소 수혜자의 처지를 최대한 개선해 줄 수 있는 한도 내에서 사회적, 경제적 불평등을 용인하는 원칙이다. 그러나 차등의 원칙이 제대로 실현된 사회는 아마도 현존하는 그 어떤 사회보다도 자원이 평등하게 분배된 사회일 가능성이 크다는 점에서 롤스의 입장을 자원 평등주의의 하나로 볼 수는 있을 것이다. 실제로 많은 학자들이 롤스를 자원 평등주의자로 분류해 왔다.

난 후에는 사회가 해야 할 일이 별로 없다고 보기 때문에 소비자의 비합리적 선호나 '값비싼 취향'의 문제에도 직면하지 않게 된다. 그러나 자원 중심 접근이 갖는 한계도 있다. 사회복지제도의 운영 등을 통해 우리가 궁극적으로 기대하고 소망하는 것은 사회구성원들이 실제로 행복하게 '잘 사는 것welfare 또는 well-being'이다. 어떤 사회구성원이 심리적 장애나 독특한 취향, 또는 정보의 부족이나 왜곡으로 인해 자신에게 제공된 자원을 복지 개선으로 연결시키기 어려운 상황에 처해 있을 때에, 그에게 적절한 수준의 자원을 제공했으니 사회가 할 일은 다했다고 만족하는 상황은 그리 바람직해 보이지 않는다. 실제로 복지 개선이 얼마나 이루어지는가 하는 문제를 완전히 외면할 수는 없기 때문이다. 그리고 개인이 활용할 수 있는 자원의 규모가 클수록 그가 누리는 복지수준이 대체로 향상되리라 기대할 수 있지만 반드시 그렇다고 볼 수는 없는 것이다.

복지 중심 접근과 자원 중심 접근의 한계를 모두 극복하기 위한 방안으로 경제학자 센Amartya Sen이 제안하는 것은 개인의 '능력capability' 개선에 초점을 맞추는 방안이다. 인간의 삶은 수많은 '기능수행functioning'으로 이루어져 있다. 영양 섭취나 수면, 공간 이동과 같은 생물학적 기능수행으로부터 의사소통이나 직업상의 업무 수행, 좋은 인간관계의 형성과 같은 사회적 기능수행에 이르기까지 기능수행의 내용은 매우 다양하며, 어떤 기능수행은 인간의 생존과 복지에 필수적이다. 이런 여러 기능수행을 달성할 수 있는 잠재력이 '능력'이다. 즉 개인의 능력은 그가 달성할 수 있는 기능수행들의 집합이다. 여기에서 중요한 것은 능력이라는 것이 실제로 달성한 기능수행들의 집합이 아니라 달성할 수 있는 기능수행들의 집합이라는 점이다. 달성 가능한 여러 기능수행들 중에서 실제로 어떤 것을 달성하고 어떤 것을 포기하는가는 개인의 자유 영역에 속한다. 사회가 추구해야 할 것은 사람들이 자신의 인생계획에 따라 선택할 수 있는 기능수행의 범위, 즉 능력을 최대한 증진시키는 것이다.[11]

센에 따르면 롤스의 정의론과 같은 자원 중심 접근의 중요한 한계의 하나는 자원을 능력으로 전환시키는 데 있어 개인 간 편차를 고려하지 않는다는 점이다. 예컨대 중증 장애인과 건강한 사람에게 동일한 수준의 기본재primary goods를 제공해 준다 해도 장애인은 건강한 사람만큼 능력을 확보할 수 없다. 중증 장애인은 초보적인 생물학적 기능수행에도 어려움을 겪을 것이다. 기본재와 같은 자원은 인간이 자유를 실현하는 데 필요한 수단일 뿐이지만 능력은 자유 자체이고, 자원이라는 수단이 능력으로 연결되는 정도는 사람들의 건강, 지력 등 다양한 인적 속성에 따라 다르다.

한편 복지와의 관계에서 보면 자원보다는 능력이 복지와 더 가까운 관계를 맺는다. 대체로 자원 → 능력 → 복지의 인과관계가 존재한다. 대체로 자원의 증대는 능력의 증대로 이어지고, 능력의 증대는 복지의 개선으로 이어진다. 또 능력이 동일한 사람들 사이에서는 자원을 더 많이 사용하는 사람일수록 대체로 복지수준이 높을 것이다. 또한 자원은 복지 성취를 위한 수단일 뿐이지만, 능력은 복지 성

11 센의 능력 중심 접근법이 체계적으로 정리되어 있는 문헌으로는 Sen(1992) 참조.

취를 위한 수단이기도 하고 동시에 복지 자체를 구성하는 필수적 요소이기도 하다. 능력이 클수록 능력을 활용하여 높은 수준의 복지를 달성할 가능성이 커지기도 하지만, 능력이 크다는 사실 자체, 즉 자신의 의사에 따라 자유롭게 선택할 수 있는 기능수행들의 범위가 넓다는 사실 자체가 사람들의 만족감과 행복감, 자존감 등을 높여 준다. 즉 자원 → 능력(= 복지)의 인과관계도 존재한다. 요약하자면 자원 중심 접근법에 비해 능력 수행 접근법이 갖는 장점은 첫째, 자유 실현을 위한 수단(= 자원)이 아니라 자유 실현 자체(= 능력)에 더 주목하게 해 주며, 둘째, 복지와의 관계에 있어 자원보다는 능력이 복지와 더 가까운 관계에 있다는 것이다.

센이 보기에 사회가 추구해야 하는 것은 개인들의 능력을 가능한 한 최대한 증진시키고 또 가능한 한 평등하게 증진시키는 것이다. 능력의 증진은 대체로 복지의 개선으로 이어지기도 하지만 능력 증진 자체가 자유의 증진이기에, 그 자체로도 가치 있는 일이기도 하다는 것이다. 그리고 자원의 평등이 바로 능력의 평등으로 이어지는 것은 아니기 때문에, 센의 주장에 따라 능력의 평등을 추구한다면 능력이 떨어지는 개인들, 예컨대 장애인들은 건강한 사람들보다 더 많은 자원을 배분하는 등의 방식으로 우대해야 할 것이다.

지금까지 살펴본 쟁점, 즉 사회복지제도 등을 통하여 사회가 개선해야 할 대상이 무엇인가를 둘러싼 세 가지 대표적 입장, 즉 복지 중심 접근, 자원 중심 접근, 능력 중심 접근은 각기 나름의 설득력을 갖고 있다. 그렇다면 이 입장들 중에서 가장 설득력이 큰 입장은 무엇일까? 필자는 자원 중심 접근을 골간으로 하되 능력 중심 접근과 복지 중심 접근을 보조적으로 고려하는 입장을 취하고 싶다. 복지 중심 접근이나 능력 중심 접근을 주된 접근법으로 수용하기 어려운 이유는 다음과 같다.

먼저 복지 중심 접근은 앞에서 살펴본 바와 같이 난점이 너무 많고 심각하다. 우선 객관적 측정이 어려운 복지에 초점을 맞출 경우 누구를 우선적으로 지원해 주어야 하는가에 대한 판단이 사실상 불가능해지는 경우가 많을 것이다. 그리고 자원이나 능력을 복지 개선으로 연결시키는 일과 관련해서는 어떤 사회에서도 개인이 책임져야 할 몫이 클 것이다. 복지 개선에 초점을 맞추어 정책을 입안하고 집행하려면 개인의 선택에 대한 사회의 개입이 과도해질 가능성이 크다. 그리고 과연 이런 정책을 통해 개인의 복지를 얼마나 증진시켰는지를 확인하기도 쉽지 않다.

능력 중심 접근의 경우엔 복지 중심 접근의 난점을 상당히 피할 수 있다. 능력은 복지보다는 객관적 측정이 한결 용이하다.[12] 또 자원보다는 능력이 복지와 더 가까운 관계에 있다는 점도 인정할 수 있다. 장애인 등 능력이 떨어지는 사람들에 특별한 관심을 기울여야 한다는 실천적 함의도 충분히 존중받을 만하다. 또 인간의 삶의 의미와 가치를 대체로 정적인 상태를 연상시키는 복지 실현보다는 능동적인 기능수행에 초점을 맞추고 있는 점도 호소력이 있다.

12 유엔(UN)이 측정하고 발표하는 '인간개발지수(Human Development Index)'는 각국 국민의 능력 달성 수준을 지수화한 것인데, 인간개발지수를 초기에 개발하는 과정에서 센이 지도적 역할을 담당했다.

그러나 능력 중심 접근도 난점을 안고 있다. 첫째, 예컨대 중증 장애인과 같이 능력 개선의 가능성이 매우 낮은 사람의 경우에는 약간의 능력 증진을 위해서도 너무 많은 자원을 투입해야 한다는 문제가 있다. 능력 개선의 가능성이 낮은 사람의 능력 증진도 중시해야 한다는 점은 받아들일 수 있지만, 가능한 한 최대한 이들의 능력을 증진시키거나 개인 간 능력수준 격차를 최대한 줄이려 할 경우엔 한정된 자원의 배분과 관련하여 큰 문제를 낳을 수 있다.

둘째, 복지보다는 능력이 객관적 측정이 용이하지만 자원에 비해서는 측정이 어렵다. 이는 능력 중심 접근이 자원 중심 접근과 복지 중심 접근이라는 양 극단 사이에 있는 중간적 접근이라는 점과 관련되어 있다. 중간적 접근을 취하면 양 극단에 있는 접근들에 수반되는 두드러진 난점을 피하게 되는 면도 있지만 양 극단에 있는 접근들의 난점들 모두를 일정 정도 끌어안게 되는 면도 있다.

셋째, 어떤 범위까지의 능력 달성을 정책 목표로 삼아야 하는가도 불분명하다. 기본적인 생물학적, 사회적 기능수행을 감당할 수 있는 능력의 달성을 정책 목표로 삼는다면, 이런 정도의 정책 목표에 대해서는 논란의 여지가 별로 없을 것이다. 그러나 경제발전수준이 높고 복지국가에 대한 국민의 지지가 높은 사회에서는 사회복지제도 등 사회제도의 핵심 목표로 삼기에는 정책적 포부가 다소 왜소하다고 평가될 수도 있을 것이다. 반면에 예컨대 섬세한 심미적審美的 감수성이나 세련된 표현능력 등도 정책을 통해 증진시켜야 할 능력의 범위에 포함시키려 할 경우엔 목표 설정이 너무 과도한 것이 아닌가, 그리고 이런 능력을 과연 어느 수준까지 증진시키려 하는 것이 합당한가 하는 문제에 봉착하게 된다.[13] 이런 문제와 관련해선 사회적 합의를 이루기가 쉽지 않을 것이다.

넷째, 자원의 증대가 복지의 개선으로 바로 이어진다는 보장이 없듯 자원의 증대가 반드시 능력의 증진으로 이어지지는 않는데, 자원과 능력 사이의 연결고리에서 센이 강조하듯 신체장애와 같이 개인이 어찌할 수 없는 개인의 인적 속성도 중요한 변수로 작용하지만 개인의 선택과 태도도 중요한 변수다. 예컨대 능력 개발을 위해 많은 자원을 투입해도 본인의 태만이나 방종으로 인해 능력 증진이 잘 안 되는 사람으로 하여금 다른 사람과 유사한 수준의 능력에 도달할 수 있게 하려면 이런 사람에게 투입되는 자원을 한결 늘려야 한다. 즉 성실성 등 도덕적 자격의 측면에서 남보다 부족한 사람을 더 우대해야 한다는 문제가 생긴다.

다섯째, 인간의 삶의 의미와 가치를 주로 기능수행 능력의 증진과 실현에서 찾는 시각이 갖는 일면성도 있다. 기능수행 능력의 증진과 실현은 참으로 의미 있는 일이라 할 수 있지만, 인간의 행복과 삶의 의미는 가치 있는 것의 수동적 향유에 의해서도 크게 결정된다. 예컨대 장애인의 능력을 증진시키는 것은 참으로 가치 있는 일이지만, 능력 증진이 거의 불가능한 심각한 중증 장애인이라 하더라도 그의 삶의 고난과 그가 지향하는 가치가 다른 사람들에 의해 이해되고 존중된다는 사실, 그리고 그를 깊이 사랑하는 사람이 있다는 사실도 장애인의 행복과 자존감, 삶의 의미와 보람에 결정적으로 중요할

13 센이 실제로 관심을 크게 둔 것은 그의 모국인 인도와 같이 매우 가난한 사회에서 기본적 능력 개발의 기회마저 박탈당한 사람들의 능력을 증진시키는 일이었다.

것이다. 내가 사랑하는 사람을 내가 도울 수 있다는 것은 참으로 소중한 가치이지만, 내가 그를 도울 수 없고 심지어 나의 존재가 그에게 짐이 되는 측면이 크다 하더라도, 내가 그의 사랑을 받으며 내가 조금이라도 더 행복해지는 것이 그에게도 행복을 가져다 주는 일이라는 것을 안다는 것도 매우 중요하다. 큰 고난에 처한 사람이 자신의 삶에 의미를 부여하고 희망을 잃지 않고 살아가게 해 주는 힘이 되는 것이다. 즉 능력 증진의 매개 없이도 복지 개선이 이루어질 수 있는 영역이 상당히 넓은 것이다.

앞에서 필자는 자원 중심 접근을 골간으로 삼으면서 능력 중심 접근과 복지 중심 접근을 보조적으로 고려하는 것이 가장 적합하다고 이야기한 바 있는데, 이 말의 의미는 무엇인가? 우선 자원 중심 접근을 골간으로 삼는 것이 좋은 이유는 다음과 같다. 첫째, 자원은 능력이나 복지에 비해 한결 객관적이고 정확한 측정이 용이하다. 수많은 사회구성원에게 적용되는 정책을 입안하고 집행함에 있어 객관적이고 정확한 측정이 가능한 개념에 의지할 수 있다는 점은 큰 장점이라 할 수 있다.[14] 둘째, 자원 투입의 증대는 대체로 능력 증진과 복지

14 실제로 여러 사회의 복지국가의 성격과 성과를 비교 평가함에 있어 가장 많이 사용되는 변수들은 국민소득에서 복지지출이 차지하는 비중, 사회복지제도 영역 간 예산 투입 비율, 급여의 수준 등 자원 투입량과 관련된 변수들이다. 성과 측정이나 평가와 관련해서는 빈곤율, 실업률, 그리고 지니계수(Gini coefficient)와 같은 소득불평등 지수 등의 변수를 많이 사용하는데, 빈곤율이나 지니계수도 소득이라는 핵심적 자원의 보유와 분배에 관련된 변수들이다. 성과와 관련하여 상급학

개선으로 이어진다. 앞에서 살펴본 바와 같이 그렇지 않은 경우도 적지 않지만 자원 투입을 늘림으로써 능력과 복지를 모두 증진시킬 수 있는 경우가 훨씬 더 많을 것이다. 셋째, 자원을 능력과 복지로 전환하는 일은 상당 정도 개인의 몫이라는 점을 인정하고 존중할 필요가 있다. 사회가 개인들의 능력 증진과 복지 개선을 직접적으로 달성하려 하다 보면 개인의 자유를 심각하게 훼손할 수도 있다.

사회복지의 급여 대상자 선정이나 급여액 결정과 관련하여 자원 중심 접근법을 취한다는 것은 보유한 자원이 부족한 사람일수록 우대한다는 것을 의미한다. 그리고 자원이 얼마나 부족한가에 대한 평가는 사회적으로 공인된 욕구인 '필요'를 충족시키는 데 있어 얼마나 부족한가를 기준으로 삼아야 할 것이다.

그렇다면 능력 중심 접근은 어떤 측면에서 보조적으로 수용되어야 하는가? 첫째, 장애인과 같이 기본적인 기능수행에 애로를 겪는 사람들에 대해서는 급여 지급에서 우대해야 한다. 빈곤한 장애인은 그와 소득수준이 유사하면서 건강한 사람보다 더 많은 급여를 지급받아야 기본적인 기능수행에서 애로를 덜 겪게 된다.[15] 둘째, 교육이

교 진학률, 발병률, 평균 수명 등 능력과 관련된 변수들도 사용된다. 반면에 사람들의 주관적 행복감이나 선호 만족 등 복지 관련 변수를 사용하는 경우는 거의 없다. 이는 주로 객관적 측정 가능성 문제와 관련이 있다.

15 그런데 이렇게 장애인과 같이 자원을 능력으로 전환하는 데서 불리한 사람들을 급여 지급에서 우대한다는 것은 결국 능력 중심 접근을 취하는 셈이 아니냐고 반문할 수도 있을 것이다. 그러나 필자가 지지하는 입장, 즉 '자원 중심 접근을 골간으로 하되 능력 중심 접근과 복지 중심 접근을 보조적으로 수용하는 입장'은 급

나 의료와 같이 인간의 능력 증진과 유지에 필수적인 서비스는 양적으로 풍부하고 질적으로 우수한 수준을 유지하며 공급되어야 한다. 또한 소득수준이 낮은 사람들도 이런 필수적 서비스 이용에 어려움이 없도록 평등주의적 가치가 최대한 고려되어 공급되어야 한다.

복지 중심 접근은 어떤 측면에서 보조적으로 수용되어야 하는가? 첫째, 정보의 부족이나 왜곡으로 인해 자신에게 할당된 자원을 자신의 진정한 복지 증진을 위해 제대로 사용하지 못하는 사람들에게는 충분하고 정확한 정보의 제공을 통해 자원 사용을 복지 증진으로 잘 연결시킬 수 있도록 도와야 할 것이다. 둘째, 중독이나 판단력 부족, 바람직하지 않은 생활습관 등으로 인해 자원을 복지로 전환하는 데 현저히 어려움을 겪는 사람들에 대해서는 현금보다는 현물 지원의 비중을 높임으로써 이들에게 제공되는 자원이 이들의 실질적 복지를 최대한 개선시킬 수 있도록 해야 한다. 소비 선택의 자유도 매우 중요한 가치임에 분명하지만, 이 자유를 잘못 사용할 가능성이 너무 큰 사람들에 대해서는 '온정적 간섭주의paternalism'를 적용할 필요가 있다.[16] 이 문제는 이후 현금급여와 현물급여의 장단점을 비교할 때에 다시 자세히 다룰 것이다.

여 대상자들의 능력 증진과 능력 평등화를 사회복지제도의 직접적이고 핵심적인 목표로 삼지 않는다는 점에서 능력 중심 접근과는 차이가 있다고 생각한다.

16 온정적 간섭주의는 A라는 주체가 B라는 주체의 행복이나 성공을 위하여 B의 선호나 의지에 거슬러가며 B의 행동에 간섭하는 것을 뜻한다. 미성년 자녀의 흡연이나 음주에 대한 부모의 간섭이나 승차시 안전벨트 착용을 의무화하는 등 국민에 대한 국가의 간섭이 알기 쉬운 사례다.

처지 개선의 정도와 지속기간이냐 현재의 처지냐

이제 공리주의자들과 롤스 사이에 형성되는 두 번째 쟁점에 관해 논의해 보기로 하자. 급여 지급의 우선적 대상자를 선정함에 있어 지원을 통해 처지 개선이 이루어지는 정도와 가능성, 그리고 처지 개선의 지속기간을 더 중시해야 하는가 아니면 현재의 처지를 더 중시해야 하는가의 문제다.[17] 그리고 '처지'의 평가에 있어 공리주의자들은 복지수준을 기준으로 삼을 것이고 롤스는 소득과 같은 자원의 크기를 기준으로 삼을 것이고 센은 능력수준을 기준으로 삼을 것이다. 앞에서 자원 중심 접근이 가장 바람직하다고 이야기했으므로 소득을 기준 삼아 이야기를 풀어 보자.

A는 빈곤가정 청소년으로서 공부를 잘하고 학업 의욕도 높지만 가정 형편으로 인해 대학에 진학할 수 없다. A에게 1년에 500만 원을 지원해 주면 A는 대학에 진학하고 무사히 졸업할 가능성이 매우 크다. 또한 머리가 좋고 성취욕도 높아 대학 졸업 후에 좋은 직장에 취업하여 상당히 높은 소득을 얻으며 살아갈 가능성이 크다. B는 무의탁 빈곤 노인이다. 빈곤의 정도는 A보다 한결 심하다. B에게 1년에

17 예컨대 과거 영국의 블레어(Tony Blair) 노동당 정부의 '제3의 길(the third way)' 노선의 중요한 요소였던 '사회투자국가(social investment state)' 담론에서는 '소비적' 성격이 강한 노인복지지출보다는 '생산적', '투자적' 성격이 강한 아동과 청소년 대상 복지지출의 비중을 높일 것을 주장하는데, 이는 지원 대상자의 처지 개선 정도와 복지정책이 직접 수혜자가 아닌 다른 사회구성원들에 미치는 간접적 효과를 매우 중요하게 고려한다는 점에서 공리주의적 사고와 친화성이 있다.

500만 원을 지원해 주면 그런대로 살아갈 것이다. 그러나 B가 이 돈을 종잣돈으로 삼아 사업을 해서 돈을 벌거나 할 가능성은 전혀 없다. 그저 지급받은 돈을 소비하며 살아갈 뿐이다. 이럴 경우에 한 사람만 지원해야 한다면 누구를 지원해 주어야 할 것인가?

공리주의자라면 주저 없이 A를 지원해 주어야 한다고 말할 것이다. 롤스는 이런 문제와 관련하여 깊이 있게 논의한 바 없으나 최소 수혜자를 소득과 재산을 기준으로, 즉 현재의 처지를 기준으로 확인해야 한다고 했으므로 B가 최소 수혜자라고 판단할 것이다. 그리고 자원배분에 있어 최소 수혜자의 이익 증대를 최우선시하는 차등의 원칙에 따르면 B가 우선 지원 대상자가 되어야 할 것이다.

필자도 B가 우선 지원 대상자가 되어야 한다고 생각한다. 즉 처지 개선의 정도와 가능성보다는 현재의 처지를 더 중시해야 한다. 이렇게 생각하는 이유는 다음과 같다. 첫째, 미래의 상태는 매우 불확실하지만 현재의 상태는 비교적 확실하다. 비록 여러 정황에 비추어 볼 때 A에게 지원을 해 주면 미래에 A의 처지가 크게 개선될 가능성이 크다 하더라도 이는 어디까지나 가능성일 뿐이다. 반면에 B의 극도로 곤궁한 상태는 분명한 현실이다. 불확실한 것보다는 확실한 것을 더 중요한 근거로 삼아 판단하는 것이 옳다.

둘째, 처지 개선의 정도와 가능성을 너무 중시하다 보면 가장 고통받는 사회적 최약자들이 소외되기 쉽다. 젊은 사람보다는 늙은 사람, 건강한 사람보다는 병약한 사람, 유능한 사람보다는 능력이 떨어지는 사람이 우선 지원 대상에서 빠지기 쉽다. 예컨대 매우 유능한 사람인 C와 능력이 크게 떨어지는 사람인 D에게 동일한 수준의 자원을 급여로 제공할 경우에 C에 비해 D가 제공된 자원을 사용하여 자신의 처지를 크게 개선시킬 가능성이 작을 것이다.

한편 빈곤가정 청소년 A와 빈곤 노인 B 간에는 처지 개선의 정도와 가능성에서도 차이가 있지만 처지 개선의 지속기간에서도 차이가 있다. 처지 개선의 지속기간 문제는 개인이 생애주기에서 어떤 위치에 있느냐와 관련된다. 사회복지제도를 통해 지원 대상자의 처지가 개선되는 것이 분명하다고 가정할 때 지원 대상자가 어릴수록 대체로 처지 개선의 지속기간이 길고 노인일수록 지속기간이 짧을 것이다. 빈곤 아동과 빈곤 노인에게 동일한 수준의 급여를 동일한 기간, 예컨대 10년간 지원한다고 할 때, 빈곤 아동은 10년간 지원받음을 통해 지원받지 않을 경우에 비해 더 양호한 환경에서 성장함으로써 건강과 학업능력을 향상시켜 장기적으로 더 유복하고 성공적으로 살아갈 기반을 마련할 가능성이 크기 때문이다. 즉 급여지원기간 이후에도 처지 개선 상태가 오래 유지될 가능성이 크다. 반면에 빈곤 노인은 남은 생애기간이 짧기 때문에 처지 개선이 지속되는 기간도 짧다. 공리주의자라면 처지 개선의 지속기간 측면에서도 빈곤 아동을 우선적으로 지원해야 한다고 생각할 것이다. 이러한 논리는 상당한 설득력을 갖는다.

또한 인간의 생애에서 초년 시절이 갖는 결정적 중요성도 인정해야 할 것이다. 어린 시절에 유복한 환경에서 주변 사람들의 사랑을 듬뿍 받으며 성장한 사람은 자신감과 정서적 안정, 세상에 대한 긍정적 태도가 형성되어 남은 생애를 행복하게 이끌어 갈 가능성이 크다. 초년 시절을 행복하게 지낸 사람은 마치 평생 이자가 나오는 자산을 물려받은 것과 유사한 처지에 있다고 할 수 있다. 반면에 어린 시절에 매우 불우한 환경에서 성장한 사람은 자존감 결여, 소외감과 불안감, 세상에 대한 부정적 태도 등이 형성되어 남은 생애를 정신적 상처를 끌어안은 채 괴로워하며 살아갈 가능성이 크다. 이런 사람은 마치 평생 이자를 지불해야 하는 채무를 물려받은 것과 유사한 처지에 있다고 할 수 있다. 그리고 사람들은 본능적으로 어린 사람의 처지 개선을 중시하는 경향이 있다. 알기 쉬운 예를 들자면 중병에 걸린 아동과 중병에 걸린 노인 중에서 한 명만 치료해야 한다면 거의 모든 사람이 아동을 치료해야 한다고 말할 것이다.

그러나 빈곤 노인의 처지 개선을 우선시해야 한다는 논리도 성립할 수 있다. 첫째, 빈곤 노인은 앞으로 살아갈 날이 많이 남아 있지 않기 때문에 지금 처지를 개선해 주지 않으면 처지 개선의 가능성이 완전히 사라지기 쉽다. 반면에 빈곤 아동은 남은 삶의 기간이 충분히 길기 때문에 나중에 행운을 통해서든, 본인의 노력을 통해서든, 정부의 지원을 통해서든 처지를 개선시킬 수 있는 기회가 많이 남아 있다. 따라서 이번이 마지막 기회일 수도 있다는 '긴급성'의 관점에서는 빈곤 노인이 우선 지원 대상자가 되어야 한다.

둘째, 노년기의 삶은 인생 전체의 의미와 가치를 평가함에 있어 각별한 의미를 갖는다. 인간의 삶은 단지 수많은 잡다한 사건들의 연속인 것만은 아니다. 1부에서 살펴본 바와 같이 공동체주의 철학자 매킨타이어Alasdair MacIntyre는 인간의 삶은 잡다한 에피소드들의 집합이 아니라 일정한 방향성과 의미구조를 갖는 서사narrative라고 주장한다. 적어도 사람들은 자신의 삶을 이렇게 해석한다는 것이다. 따라서 자신의 삶이 설령 즐거운 에피소드들로 가득 차 있었다 하더라도 삶 전체를 이끄는 궁극적 목적이나 의미가 결여되어 있을 경우엔, 사람들은 자신의 삶이 무언가 근본적인 것을 결여하고 있다고 느끼기 쉽다. 반면에 자신의 삶이 쾌락/고통의 관점에서 보면 쾌락을 누린 적은 적고 고통은 늘 가까이 있었다 하더라도, 이런 고통스런 삶을 통해 무언가 근본적으로 중요한 목적을 달성하였거나 고통스런 사건들에서 무언가 소중한 의미를 발견할 수 있었다면, 자신의 삶을 의미 있는 삶이었다고 긍정하며 자신에 대해 자부심을 가질 수 있을 것이다.

그런데 일정한 방향성 또는 궁극목적telos이나 의미구조를 갖는 서사로서의 인생에서 결정적으로 중요한 시기는 삶의 마지막 국면이다. '행복한 결말happy ending'이냐 여부가 매우 중요하다. 생애 대부분의 기간을 불행하게 보냈다 하더라도 나이 들어 무언가 뜻 있는 일을 성취하였거나 나이가 들수록 삶의 질이 개선되는 경험을 한 사람은 서사로서의 자기 인생을 의미 있는 삶, 결국 승리해 낸 삶으로 해석할 가능성이 크다. 반면에 인생의 초년기에는 매우 행복하였으나 나이가 들어 갈수록 처지가 악화되어 간 사람은 자신이 실패한 삶을 살았다고 생각하며 괴로워할 수 있다. 생애 말년의 삶의 내용과 질은 장편소설과 같은 긴 서사로서의 인생의 최종적 의미와 가치를 결정해 주는 요인이 될 가능성이 크다.[18] 그렇다면 사람들로 하여금 무엇보다

18 롤스도 합리적인 인생계획을 가진 사람이라면 다른 조건이 동일하다면 시간이 지날수록 처지가 개선되는 방향의 인생 전개를 선호하리라 전망하고 그 이유로 두 가지를 제시한다. 첫째, 과거의 좋았던 삶에 대한 기억이 주는 쾌락보다는 앞으로 펼쳐질 좋은 삶에 대한 기대가 주는 쾌락의 강도가 클 것이다. 둘째, 생애 후반기의 행동이 생애 전체의 결과들과 만족들을 결합하고 관련지어 하나의 일관된 구조를 만들어 내는 일이 자주 있다(Rawls, 2003: 544). 두 번째 이유는 매킨타이어의 '서사적 자아'와 일맥상통하는 이야기라 할 수 있다.

도 노년기에 행복하게 살 수 있도록 지원하는 것이 사회복지제도 등을 통해 추구해야 할 핵심 목표가 될 수 있을 것이다.

그렇다면 장년층은 어떠한가? 장년기는 대체로 경제활동을 하는 시기다. 또 자녀를 양육하고 부모를 봉양하는 시기이기도 하다. 또 노년기만큼 병치레가 잦은 시기는 아니다. 따라서 장년층은 대체로 사회복지제도를 통해 지급받는 급여액보다 조세 납부액과 사회보험료 납부액이 더 많다. 종합적으로 볼 때 인간의 사회적 능력은 장년기에 절정에 달하는 경우가 많기 때문에 장년층은 사회로부터 지원받기보다는 사회에 기여할 것이 더 많은 사람들이다. 따라서 장년인구의 복지문제에는 상대적으로 소홀해지기 쉽다.

그러나 장년인구의 복지도 매우 중요하다. 우선 장년기는 대부분의 사람들에서 삶의 큰 승부가 나는 시기다. 직업적 성공, 재산 형성, 부부관계, 자녀의 교육 성취 등 삶의 중요한 문제들에서 성패가 갈리는 시기다. 삶의 큰 승부처에서 가능한 한 실패하지 않도록 사회가 지원할 필요가 있다. 또 장년기는 삶의 폭이 넓고 삶의 짐이 매우 무거운 시기이기에 장년기에 직면하는 사회적 위험도 다양하며 다양한 복지수요가 존재한다. 실직되었을 때에는 실업급여를 받아야 하고 산업재해를 당하면 산업재해보상보험 급여를 받아야 한다. 또한 장년층은 대체로 가족을 주도적으로 이끌어가는 연령층이기 때문에 장년층의 복지수준은 그 자녀나 노부모의 복지수준에 큰 영향을 미치기도 한다.

결국 인간의 생애주기상의 모든 시기가 각기 중요해서 생애주기의 어떤 위치에 있는 연령층을 더 우대해야 하는가를 이야기하기 어렵다. 따라서 처지 개선의 지속기간은 급여 대상자 선정에서 핵심적 판단 기준이 되어서는 안 된다고 본다. 각 연령집단마다 발생하는 복지 수요를 가능한 한 객관적으로 확인하여 필요needs에 따라 사람들을 연령에 관계없이 지원해 주어야 하고, 급여수준은 필요 충족을 위해 요구되는 자원의 규모와 개인이 이미 보유한 자원의 규모 간의 격차를 가장 중요하게 고려하여 결정하는 것이 합당하다. 모든 연령층의 필요를 제대로 충족시키기에는 재원이 부족할 경우엔 특정 연령층을 우대할 것이 아니라 부족한 재원을 모든 연령층에게 고르게 배분하는 것이 합당할 것이다.

급여 대상자 선정이나 급여액 결정에서 처지 개선의 정도와 가능성, 그리고 처지 개선의 지속기간을 중요한 판단기준으로 삼지 않는다는 것은 모든 사회구성원을 그 인적 속성에 관계없이 그 생활상의 필요를 충족시켜야 하는 평등한 개인으로 간주한다는 것을 의미한다. 그리고 우리가 사회복지제도 등을 통해 지원하고, 또 이를 통해 더 나은 삶을 꾸려가기를 기대하는 대상은 각기 자기만의 고유한 삶을 꾸려가는 구체적이고 개별적인 인격체들이다. 처지 개선의 정도와 가능성, 그리고 처지 개선의 지속기간 등의 기준에 따라 그 중요성이나 가치가 서열화될 수 있는 추상적인 '삶들'이 아니라는 것이다.[19] 개

19 실제로 구체적인 사회복지정책을 입안함에 있어 종합적인 국가발전전략의 틀 내에서 사회복지정책과 다른 영역의 정책, 대표적으로는 경제정책과의 상호보완성 문제를 고려해야 하는 경우가 매우 많을 것이다. 그리고 경제성장의 필요성이 큰 사회의 경우엔 사회복지정책의 우선 지원 대상자 선정에서 장기적으로 경제성장에 더 기여할 가능성이 큰 아동과 청소년이 노인보다 우대될 수 있을 것이다. 필자는 이런 고려까지 완전히 배제해야 한다고 주장하는 것은 아니다. 그러나 사회복지정책만을 고려하고 또 원칙적 차원에서 고찰할 경우에는 처지 개선의 정도나

별적인 인격체들의 삶의 가치를 비교 평가하는 것은 매우 어려운 일
일 뿐 아니라 가능하면 하지 말아야 할 일이기도 할 것이다.

가능성, 지속기간이 중요한 고려사항이 되어서는 안 된다고 생각한다.

7장

급여 지급의 원칙과 형태

1 급여 지급 원칙: 필요에 따른 급여냐 기여에 따른 급여냐

누구에게 얼마만큼의 급여를 지급해야 할 것인가를 결정하는 데 핵심적으로 작용하는 지급 원칙은 '필요needs'와 '기여contribution'다. 필요는 정상적 삶의 영위를 위해 필수적이어서 사회가 책임지고 충족시킬 필요가 있다고 인정된 욕구다. 그리고 여기에서 기여는 복지재원의 조달과 관련된 재정적 기여를 의미한다. 복지프로그램에 따라 필요와 기여를 함께 고려하여 급여 대상자와 급여액을 결정하기도 하고 필요에 의해서만 결정하기도 한다. 기여만을 고려하는 경우는 없다. 왜냐하면 복지국가의 핵심 존재 이유의 하나가 급여와 기여를 분리하는 것이기 때문이다. 기여 원칙에 의해서만 자원이 배분되는 제도적 공간은 시장이다. 시장에서 재화를 얻으려면 가격을 지불해야 한다. 즉 상대방에게 금전적으로 기여해야만 보상을 얻는 교환의 원리가 지배한다. 시장에서의 교환의 원리만으로는 생활상의 필요를 충족시킬 수 없는 개인들이 존재하고, 교환의 원리에 기초하여 자원배분이 이루어질 경우에 사회적으로 만족스러운 결과가 나타나지 않는 경우들이 있기 때문에 복지국가가 존재하는 것이다. 즉 복지국가는 기본적으로 급여와 기여를 분리시키는 제도들이고 급여 지급과 관련하여 필요를 우선적으로 고려하는 제도들이다.

한국의 국민기초생활보장제도와 같은 공공부조 프로그램의 경우엔 자산조사를 통과한 빈곤층을 대상으로 하며 그들의 필요만이 급여 지급 원칙으로 작용한다. 공공부조의 경우엔 빈곤하여 금전적 기여 능력이 없는 사람들만을 대상으로 하기 때문에 기여 원칙을 적용하는 것이 부적합하다.

공적 연금, 의료보험과 같은 사회보험제도의 경우엔 필요 원칙과 기여 원칙이 함께 작용한다. 일단 사회보험료를 납부한 사람만 보험제도가 제공하는 급여를 수령할 수 있다는 점에서 기여 원칙이 기본적으로 적용된다.

또 공적 연금과 실업보험의 경우엔 급여액도 납부한 보험료에 비례하여 결정된다. 소득이 높아 보험료가 높은 사람일수록, 또 납부기간이 길어 보험료를 오래 낸 사람일수록 급여도 많이 받는다. 2부에서 살펴본 바와 같이, 민간보험과는 달리 사회보험은 소득계층 간 재분배효과를 갖도록 설계할 수 있고, 또 대부분의 사회에서 이렇게 운영되기 때문에 보험료 납부액과 급여액이 정비례하는 것은 아니지만 상당 정도 비례성이 관철된다.[1] 한편 급여를 받는 사람은 사회보험 가입자 전체가 아니라 특정 사회보험이 다루는 사회적 위험에 실제로 봉착한 사람들로 한정된다는 점에서 필요 원칙도 작용한다. 의료보험의 급여는 실제로 병원을 방문하여 치료받은 사람만 받으며, 실업보험은 실제로 실업에 처한 사람만 받고 공적 연금은 일정 연령에 도달한 사람만 받는다.

스웨덴 같은 북유럽 사회들에서는 '보편적 보장' 프로그램들의 비중이 크다.[2] 보편적 보장 프로그램은 소득수준과 무관하게 특정 필요에 직면한 사람들 모두에게 급여를 제공하는 사회복지 프로그램이다. 재원은 조세수입으로 조달한다. 보편적 보장 프로그램 중에서 급여가 현물로 제공되는 프로그램을 '보편적 사회서비스universal social services'라 한다. 교육, 의료, 육아, 양로서비스 등이 대표적인 보편적 사회서비스 프로그램들이다. 급여가 현금으로 제공되는 프로그램은 '보편적 소득보장'이라 하는데, 스웨덴을 예로 들면 임신급여, 육아급여, 병가급여, 장애수당, 아동수당 등을 들 수 있다. 여기에서 '급여'라는 말로 끝나는 소득보장 프로그램과 '수당'이라는 말로 끝나는 소득보장 프로그램의 차이는 다음과 같다. '급여'라는 말로 끝나는 프로그램들은 기존의 소득을 대체하는 효과를 갖는다. 특정한 사

1 그러나 사회보험 중에서도 예컨대 의료보험의 경우엔 보험료 납부액과 급여액 간에 비례성이 성립되지 않는다.

2 '보편적 보장 프로그램'이란 말이 사회복지학계에서 많이 사용되는 용어는 아니다.

유로 인해 일시적으로 일할 수 없게 되어 해당 기간에 시장소득을 얻을 수 없게 된 사람들을 대상으로 하기 때문이다. 예컨대 병가급여는 질병으로 인하여 일시적으로 일할 수 없게 된 사람들에게 제공하는 급여로서 급여 수급자의 과거의 소득의 일정 비율로 지급한다. 기존 소득 대비 급여액을 소득대체율이라 하는데, 대체로 급여만으로도 생활이 가능할 정도로 소득대체율이 높다. 반면에 '수당'이라는 말로 끝나는 프로그램들은 기존의 소득을 대체하는 것이 아니라 다소 보완하는 효과를 갖는다.[3] 예컨대 아동수당의 경우 아동 1인당 일정액을 지원한다. 부양해야 하는 아동이 늘면 생활비가 더 들기 때문에 이 부분만 지원하는 것이다.

보편적 보장 프로그램들은 조세로 재원을 조달하고 특정 필요가 생긴 모든 사람들에게 급여를 제공하기 때문에 기본적으로 필요 원칙에 입각한 제도라 할 수 있다. 그러나 기여 원칙도 부분적으로 작용한다. 첫째, 병가급여와 같이, 보편적 소득보장 프로그램들 중 '급여'라는 말로 끝나는 프로그램들은 수급자의 평소 소득의 일정 비율만큼 급여를 지급하기 때문에 평소 소득이 높은 사람일수록 급여도 더 많이 수령한다. 그런데 평소 소득이 높은 사람일수록 세금을 많이 납부했을 것이므로, 사회복지제도 전반에 대한 재정적 기여 정도와 급여액 간에 어느 정도 비례성이 성립된다. 즉 간접적으로 기여와 급여가 연동된다.

3 소득보장 프로그램 중 '급여(benefit)' 프로그램과 '수당(allowance)' 프로그램의 차이를 이와 같이 설명한 것은 박승희(2012)를 따른 것이다.

둘째, 보편적 사회서비스의 경우 서비스 이용자에게 소정의 이용료를 받는 경우가 많다. 이용료 수준은 시장원리에 따라 결정될 경우에 비해 한결 낮은 경우가 대부분이지만, 그래도 수익자 부담의 원리를 부분적으로 적용하여 이용료 납부, 즉 재정적 기여를 서비스 이용의 조건으로 삼는다는 점에서 기여 원칙이 부분적으로 작용한다고 할 수 있다.

이렇듯 사회복지 프로그램들의 대부분이 필요 원칙과 기여 원칙을 모두 활용하기 때문에 '필요냐 기여냐'라는 양자택일적 선택을 해야 하는 경우는 별로 없다. 그러나 기여 원칙을 어느 정도로 적용해야 하느냐는 중요한 정책적 선택으로 남는다.

복지국가의 핵심 존재이유의 하나가 급여와 기여를 분리시키는 것이고, 또 급여와 기여가 분리되는 정도가 클수록 평등주의적 분배로 귀결되기 쉽다는 점에서는 가능한 한 기여 원칙을 배제하고 필요 원칙에 의해서만 급여 대상자와 급여액을 결정하는 것이 바람직하다. 즉 '필요에 따른 분배'[4] 중심으로 제도를 설계하는 것이 좋다. 즉

4 마르크스는 미래 공산주의 사회에서는 '필요에 따른 분배'가 분배원리가 될 것으로 전망했다. 공산주의의 초기 단계, 즉 후배 마르크스주의자들이 '사회주의'라 부르게 된 발전단계에서는 '기여에 따른 분배'가 분배원리가 되고, 생산력이 고도로 발전한 공산주의 성숙단계, 즉 후배 마르크스주의자들이 '공산주의'라 부르게 된 발전단계에서는 '필요에 따른 분배'가 분배원리가 되리라는 것이다. 그런데 자본주의 사회에서도 사회복지제도는 주로 '필요에 따른 분배' 원리에 입각하여 급여를 지급한다. 다만 '필요에 따른 분배'가 경제 시스템 전체 차원에서는 보조적 분배원리로 작용하고 시장에서의 '기여에 따른 분배'가 지배적 분배원리로 작용한다. 마르크스가 생각한, 공산주의 사회에서의 '필요에 따른 분배'는 유일한

'능력에 따라 복지재원 형성에 기여하고 필요에 따라 급여를 지급받는 것'이 좋을 것이다.

이런 입장을 대표하는 복지국가 개혁안이 '기본소득basic income' 구상이다. 근년에 국제적으로 기존의 복지국가 모델에 대한 급진적 대안으로 대두된 기본소득 구상의 핵심은 취업 여부나 소득수준에 관계없이 모든 사회구성원에게 기본적 생활 영위에 크게 부족함이 없을 정도로 현금으로 급여를 제공하자는 것이다.[5]

기본소득 구상의 주요 문제의식은 다음과 같다. 첫째, 취업 여부나 소득수준에 관계없이 모든 개인에게 기본적 필요 충족에 문제가

분배원리이거나 최소한 지배적 분배원리라는 점에서 자본주의적 복지국가에서의 '필요에 따른 분배'와는 차이가 있다. 그런데 생산력이 고도로 발전한다고 해서 '필요에 따른 분배'가 지배적 분배원리가 될 수 있는가에 대해서는 회의적 입장을 취하는 논자들이 많았다. 생산력이 고도로 발전한다 하더라도 인간의 욕구 또한 더 개발될 것이고 욕구는 잠재적으로 거의 무한할 수 있기 때문이다. 그리고 분배에서 생산 기여도를 전혀 고려하지 않는다면 누가 열심히 일하려 하겠느냐는 반문도 있었다. 만일 마르크스가 생각한 '필요'가 '사람들이 원하는 것의 대부분'이라면 '필요에 따른 분배'가 지배적 분배원리가 되는 사회가 실현된다는 것은 상상하기 어렵다. 그러나 마르크스가 생각한 '필요'가 '인간으로서 품위 있는 생활을 영위하는 데 요구되는 수준'이라면 '필요에 따른 분배'가 최소한 물리적으로 불가능하지는 않다. 필자는 마르크스가 생각한 것은 후자일 것이라 짐작한다. 또 마르크스가 공산주의 사회에서는 '기여에 따른 분배'가 전혀 고려되지 않아도 좋다고 생각했는지도 확실치 않다. '기여에 따른 분배'와 '필요에 따른 분배'는 공산주의 초기 단계와 성숙 단계의 차이를 일종의 표어 수준에서 압축적으로 대비시키는 차원에서 나온 어구(語句)들이기 때문이다.

5 현금으로 급여를 제공하는 것을 기본으로 하되, 사회서비스와 같이 현물로 지급하는 프로그램의 필요성을 배제하는 것은 아니다.

없는 수준의 소득을 무조건적으로 보장해 줌으로써 절대빈곤 문제를 완전히 해결하고 '필요에 따른 분배'라는 평등주의적 이상을 실현할 수 있다는 것이다.

둘째, 급여 수급권을 취업 여부와 완전히 분리시킴으로써 근년에 대두된 심각한 문제인 '고용 없는 성장jobless growth'이나 노동시장 양극화로 인한 사회적 문제들을 해결할 수 있다는 것이다. 많은 나라의 현행 사회복지제도는 급여 수급권을 취업에 연동시키는 경우가 많다. 예컨대 실업보험의 경우 최근 취업기간이 일정 기간 이상인 실업자만 실업급여를 받을 수 있고 취업기간 중 임금수준이 높을수록 실업급여액도 높아진다. 따라서 장기 실업자나 비정규 노동자처럼 노동시장에서의 지위가 열악한 사람들은 혜택을 적게 볼 수밖에 없다. 반면에 기본소득제도에서는 이런 차별이 완전히 사라지게 된다.

셋째, 일정 소득 이하의 빈곤층에게만 급여를 제공하는 공공부조제도는 자산조사를 필요로 한다. 따라서 자산조사를 위한 행정비용도 많이 들고 수급자에게 사회적 치욕감을 주기 쉽다. 반면에 기본소득은 모든 사회구성원에게 제공되기 때문에 자산조사도 필요 없고 수급자들이 사회적 치욕감을 느낄 이유도 없어진다.

넷째, 기본소득 수취 이후에 개인들의 경제활동을 통해 발생하는 소득은 세금을 제하고 나면 전액 본인의 소득이 되므로 근로의욕 감소 유인이 거의 없다.

다섯째, 기본소득이 상당히 높은 수준으로 지급된다면 사회구성원 중 일부는 취업하지 않고 기본소득에 의존하여 살아가는 선택을 할 가능성도 있는데, 이것도 그리 나쁜 일이 아니다. 자본주의 사회에서는 성인이라면 취업을 해서 노동을 통해 사회에 기여하고 그 대가로 소득을 얻는 것이 사람 구실을 하는 길이라는 통념이 지배하지만, 개인이 자아를 실현하고 사회에 기여하는 경로는 유급有給노동 외에도 다양하다. 예컨대 기본소득에 의지하여 생계를 꾸리면서 취업하지 않고 사회봉사를 하고 취미생활을 즐기는 것도 얼마든지 의미 있는 일일 수 있다는 것이다.

기본소득 구상은 사회주의적 지향을 강하게 띤 급진적 구상인데,[6] 기본소득 구상의 핵심 아이디어의 하나는 급여 대상자 선정과 급여액 결정에서 기여 원칙을 완전히 배제하자는 것이라 해석할 수 있다. 고용과 복지가 연계될 경우에는 기존 소득이 높고 고용기간이 긴 사람일수록 급여도 많이 받을 수밖에 없고, 따라서 복지국가를 통한 소득재분배효과나 빈곤해소효과가 약화될 수밖에 없기 때문에 소득수준이나 취업 여부와 무관하게 모든 사회구성원에게 일정 소득을 무조건적으로 보장해 주자는 것이다. 그런데 고용기간이 짧거나 고용

6 기본소득 구상을 최초로 체계적으로 정리한 것으로 간주되는 반 데르 핀(Robert van der Veen)과 판 파레이스(Philippe Van Parijs)의 학술논문 제목이 "공산주의로 가는 자본주의적 길(A Capitalist Road to Communism)"이다. 그들은 전통적 마르크스주의의 구상과는 달리 생산수단 소유의 사회화 없이도 일단 자본주의 사회 내에서 기본소득을 도입하면 '필요에 따른 분배'라는 공산주의적 분배원리에 다가갈 수 있다고 보았다. 또 기본소득이 도입되면 사람들이 생계 걱정으로부터 크게 벗어나게 되기 때문에 급진적 사회개혁에 더 관심을 갖게 될 것이라 기대하였다. van der Veen, Robert & Phillipe Van Parijs(1986) 참조. 국내 연구 중 기본소득 구상이 나오게 된 배경과 기본소득 구상의 핵심 내용을 우호적 관점에서 소개한 것으로는 이상헌(2007) 참조. 한국에 기본소득을 도입하는 방안을 구체적으로 제안한 연구로는 강남훈·곽노완·이수봉(2009) 참조.

경험이 없다는 것은 납세나 사회보험료 납부를 통해 복지국가에 재정적으로 기여한 정도가 작거나 없다는 것을 의미하므로 고용과 복지의 연계를 끊는다는 것은 기여 원칙을 배제한다는 것을 뜻한다.

기본소득 구상을 위시하여 기여 원칙을 배제해야 한다는 논리도 나름의 설득력을 가지지만 실제로 기여 원칙을 완전히 배제하기 어려운 이유도 다양하다. 첫째, 사회복지제도들 중 매우 큰 비중을 차지하는 사회보험의 경우에는 제도의 주된 목적이 소득계층 간 재분배, 즉 '수직적 재분배'가 아니라는 문제가 있다. 사회보험제도는 기본적으로 보험원리에 입각해 있다. 즉 동일한 사회적 위험에 직면할 가능성이 있는 사람들이 공동으로 재원을 조달하여 재원 조달에 기여한 사람들 중 실제로 위험에 봉착한 사람들에게 급여를 제공함으로써 미래의 위험에 사전적으로 대비하는 제도다. 따라서 사회보험제도에서는 재원 조달자, 즉 보험료 납부자와 급여 수혜자의 외연外延이 동일하다. 다만 2부에서 살펴본 바와 같이 민간 보험시장이 제대로 작동하기 어려운 상황이 여럿 있기 때문에 모든 사회구성원을 강제로 보험에 가입시킨다는 점에서 민간보험과 다르고, 또 위험발생확률이 상이한 사람들 간의 재분배, 즉 수평적 재분배뿐 아니라 수직적 재분배도 어느 정도 달성할 수 있도록 제도를 설계할 수 있다는 점에서 민간보험과 다를 뿐이다. 의료보험, 실업보험 등 사회보험제도는 각기 그것이 다루는 사회적 위험이 특정화되어 있고, 이런 특정한 사회적 위험에 사전적으로 대비한다는 명목으로 보험료를 징수하기 때문에 기여와 급여를 분리하기가 매우 어렵다. 일반적 조세수입으로 재원을 조달하는 사회복지 프로그램들과는 달리 사회보험에서는 보험료 납부자들이 본인이 납부한 보험료는 기본적으로 자기 것이라고 생각하는 경향이 강하기 때문에 기여와 급여를 분리하기가 어려운 것이다.[7]

둘째, 기여와 급여를 완전히 분리시킬 경우 조세저항이 매우 강해질 수 있다. 부유층은 세금이나 사회보험료를 많이 내는데, 급여 수급에서 조금도 우대받지 못한다면 세금이나 사회보험료를 내는 데 거부감을 강하게 갖게 될 가능성이 크다.

셋째, 기여와 급여가 완전히 분리될 경우 장기적으로 복지국가 운영에 필요한 재원조달에 어려움을 겪게 될 가능성이 크다. 조세저항 문제도 있지만, 그 외에도 기여와 급여가 어느 정도 연동되어야 급여를 더 받으려면 재원조달에 더 기여하는 길밖에 없다는 인식이 쉽게 자리잡게 되는 측면도 있다. 거꾸로 이야기하면 사회구성원들이 납세나 보험료 납부 등을 통해 복지재원 조달에 기여하는 바가 적어지면 그만큼 급여도 낮아진다는 점이 잘 공유된다. 반면에 기여와 급여가 완전히 분리되면 급여가 공짜인 것처럼 느껴져 급여수준을 높이라는 사회적 요구는 강화되는 반면에 납세 등을 통해 기꺼이 재정적으로 기여하려는 마음은 약화되기 쉬울 것이다.

넷째, 기존 소득이 높았던 사람들에게 급여 혜택에서도 더 유리한 지위를 부여하는 것은 재원조달에서의 기여도 문제와 별도로 타당성을 갖는 측면도 있다. 기존 소득이 높았던 사람일수록 질병, 육아

7 덴마크는 사회보험 재원의 대부분을 보험료가 아니라 조세수입으로 조달하는 예외적 사례다. 따라서 덴마크의 사회보험제도는 명칭과 무관하게 사실상 사회보험제도라기보다는 보편적 소득보장제도로 보는 것이 정확하다.

휴가, 실직 등으로 인해 소득이 없어지거나 크게 줄 경우에 더 큰 충격과 난관에 봉착할 가능성이 크다. 단지 소비수준과 관련하여 과거에 높았던 눈높이를 낮추기만 하면 되는 문제가 아니다. 소비수준은 상당 정도 사회적 지위에 의해 결정된다. 예컨대 한국사회에서 사회적 지위가 높은 사람들은 경조사에서 많은 부조금을 낼 것으로 기대된다. 친구들 모임에서 소득이 높거나 직장에서의 지위가 높은 사람은 술값을 책임질 것으로 기대된다. 회사의 중역이 너무 값싼 차를 타고 다니면 검소하다고 칭찬받을 수도 있지만 회사의 품격을 떨어뜨린다는 지적을 받을 수도 있다. 따라서 사람들의 '필요'의 수준은 그가 어떤 사회적 역할을 담당하느냐에 의해 결정되는 부분도 있다. 기존 소득이 높은 사람들은 대체로 중요한 사회적 지위를 가지고 사회적 활동 범위가 넓은 사람들일 가능성이 크므로 이러한 사회적 역할 수행과 관련하여 더 많은 비용을 지출해야 할 가능성이 크다. 따라서 급여 혜택에서 우대해야 사회적 역할 수행에서 애로를 덜 겪게 되는 측면이 있다.

다섯째, 급여 수급자의 '도덕적 해이moral hazard' 문제가 심화될 가능성도 있다. 예컨대 한국의 국민건강보험제도에서는 의료서비스 소비자도 비용의 일부를 부담하게 되어 있고, 건강보험재정에서 아예 지원이 되지 않는 비급여 서비스도 여럿 있다. 이로 인해 의료 '보장'의 취지가 다소 퇴색하는 측면도 있지만, 본인이 일정 부분 비용을 부담하게 함으로써 의료서비스 과잉 이용과 같은 도덕적 해이 문제를 완화해 주는 측면도 있다.

기여와 급여를 어느 정도로 연동시키는 것이 바람직한가와 관련된 주된 철학적 쟁점은 개인의 삶의 조건의 결정과 관련하여 '자기책임self-responsibility'의 범위를 결정하는 문제다. 다른 말로 하면 소득분배를 포함하여 각종 사회적 결과와 관련하여 '개인 책임personal responsibility'과 '사회적 책임social responsibility'의 경계를 어떻게 나눌 것이냐의 문제다. 사회복지제도가 기여와 급여를 강하게 연동시키는 방향으로 설계되는 것이 도덕적 견지에서 바람직하다고 생각하는 사람들은, 개인의 생계에 대해서는 가능한 한 본인 스스로 책임지도록 하는 것이 옳다고 생각하는 셈이다. 이런 입장을 가진 사람들은 사회복지제도 자체에 대해서 부정적 입장을 취할 가능성이 크지만, 설령 다양한 이유들로 인해 사회복지제도는 필요하다 하더라도 기여와 급여를 강하게 연동시킴으로써 개인이 책임져야 마땅한 부분을 사회가 책임지는 정도를 가능한 한 줄여야 한다고 보는 것이다.

기여와 급여가 강하게 연동될수록 자기책임의 규범이 강하게 작동한다. 그런데 복지국가의 제도적 설계와 관련하여 과연 자기책임의 규범은 적합한 윤리 규범일 것인가? 그리고 일정하게 수용할 부분이 있다면 어떤 측면에서 그리고 어느 정도로 수용해야 하는가? 먼저 이 문제와 관련하여, 1부에서 살펴본 주요 철학사조들은 어떤 입장을 취할 것인지 검토해 보기로 하자.

공리주의자들은 개인의 '개별성individuality'을 중시하지 않기 때문에, 개인의 불가침의 권리를 인정하기도 어렵고 또 당연한 '자기책임'의 영역도 인정하기 어려울 것이다. 그저 사회 전체 차원의 복지 총량을 극대화해 주는 방향으로 권리-의무 관계가 설정되면 된다. 그리고 이때 권리와 의무는 복지 총량 극대화라는 목적 달성에 얼마나 도움이 되느냐에 따라 가변적으로 조정할 수 있는 상대적이고 잠정적인 성격을 띤다. 복지국가 문제와 관련해선, 한계효용 체감의 법칙을 수용한다면 빈곤층에 대한 지원이야말로 복지 총량 극대화에 가장 효과적으로 기여하는 길일 가능성이 크므로 빈곤층 지원 프로그램에서는 특별한 사유가 없는 한 기여 원칙을 도입하지 않는 것이 좋을 것이다. 일반적으로 필요 원칙과 기여 원칙을 각기 어느 정도로, 그리고 주로 어떤 영역에서 적용할 것인가는 구체적 상황에 따라 실용적으로 결정하고 조정하면 되는 사안이 될 것이다.

노직과 같은 자유지상주의자들에게 있어 자기책임은 매우 중요한 윤리 원칙이다. 개인은 자기 자신에 대한 소유권, 즉 '자기 소유권 self-ownership'을 갖고 있으며 자기 소유권이야말로 모든 사회적 규칙을 제정함에 있어 근간이 되는 원칙이다. 개인은 자기 소유권에 기초하여 타인에게 피해를 주지 않으면서 자신의 신체와 지능을 활용하여 얻은 사물에 대해 배타적 소유권을 주장할 수 있다. 역으로 자신의 의사에 따라 선택하고 행동함으로써 발생한 나쁜 결과에 대해서도 대부분 스스로 책임져야 한다. 또한 타고난 재능과 성향도 온전히 자신의 것이므로 남다른 선천적 재능을 활용하여 성공한 사람이 타고난 재능이 부족하여 실패한 사람의 처지에 대해 책임져야 할 필요도 없다. 기여와 급여의 연동 문제와 관련해서는, 자유지상주의자들은 복지국가의 최소화를 지향하고 대체로 아주 빈곤한 사람들에게 복지 지원이 집중되는 것이 바람직하다고 보므로, 빈곤층만을 대상으로 하는 프로그램에서는 기여 원칙이 도입될 필요가 없다고 볼 것이다. 반면에 자립능력이 있는 중산층 이상의 계층의 경우에는 복지 지원의 필요성 자체가 낮으며, 필요성이 있는 경우에는 가능한 한 시장 원리에 가깝게 기여와 급여가 강하게 연동되도록 하는 것이 자기책임의 원칙에 부합되므로 바람직하다고 생각할 것이다.

반면에 롤스는 개인의 선천적 재능뿐 아니라 선호나 노력 성향조차도 대부분 유전적 조건이나 사회적 환경의 산물이기 때문에 사회경제적 처지가 열악한 개인이 자신의 처지에 대해 도덕적으로 책임져야 할 부분은 극히 작다고 본다. 또한 설령 개인들이 통제할 수 있는 선택과 노력수준의 격차에 의해 개인들의 처지가 달라졌다 하더라도 이것이 분배상태를 최종적으로 결정해서는 안 된다고 본다. 분배는 '도덕적 응분moral desert'[8]이 아니라 '정당한 기대치legitimate expectations'에 상응하게 이루어져야 한다. 즉 정의의 원칙에 의해 규율되는 정의로운 사회에서는 각 사회구성원이 정의의 원칙에 따라 정당하게 기대할 수 있는 분배수준이 있는 것이고, 각 사람에게 그에 상응하는 수준으로 자원이 제공되어야 한다. 본인이 통제할 수 있는 요인에 의해서든 통제할 수 없는 요인에 의해서든 최소 수혜자 집단에 속하게 된 사람들은 정의의 원칙 중 제1원칙인 자유의 원칙과 제2원칙 중 우선적 원칙인 공정한 기회균등의 원칙을 침해하지 않는 범위 내에서, 차등의 원칙에 따라 최소 수혜자의 처지가 가장 높아질 수 있는 수준만큼 기본재를 분배받아야 한다.

롤스의 정의의 원칙에 따르면 개인들은 자신의 처지에 대해 전적

8 '도덕적 응분(應分)'이란 사람들의 '도덕적 자격(moral deservingness)'에 따라 보상이 주어지는 것을 뜻한다. '도덕적 자격'을 구성하는 내용이 무엇인가와 관련해선 사안에 따라, 또 논자에 따라 여러 의견이 있을 수 있다. 대표적으로 많이 거론되는 것이 기여(contribution)와 노력(efforts)이다.

으로 책임져야 할 필요는 없고, 역으로 타인들의 처지에 대해서도 상당 정도 공동으로 책임져야 한다. 롤스의 입장을 노직의 언어로 해석해 보자면, 개인들은 노직이 말하는 의미에서의 '자기 소유권'을 가진다고 할 수 없다. 신체의 자유, 사상과 양심의 자유와 같이 인격체로서의 인간의 기본권과 관련된 삶의 영역에서는 온전한 자기 소유권을 주장할 수 있지만 소득이나 재산, 사회적 지위 등 외적 사물의 소유 문제와 관련해선 온전한 자기 소유권을 주장할 수 없다. 자신의 신체와 지능을 활용하여 얻은 사물이라 하더라도 정의의 원칙에 부합되는 한도 내에서만 온전한 소유권을 주장할 수 있는 것이다. 예컨대 시장경쟁의 결과 차등의 원칙에 부합되지 않는 분배결과를 낳을 정도로 소득을 많이 얻은 사람은 최소 수혜자에게 소득이 더 제공될 수 있도록 납세 등을 통해 자신의 소득이 타인에게 이전되는 것을 승인해야 한다. 그런 점에서 시민적 기본권이 모든 개인들에게 온전히, 그리고 평등하게 부여된다는 전제 하에서, 적어도 물적 자원이나 사회적 지위의 분배와 관련해서는 '공동책임'의 원칙이 구현되어야 하는 것이다.

이러한 롤스의 사고는 기여와 급여를 연동시켜야 한다는 사고와는 원리적으로 매우 거리가 멀다. 양자를 가급적 강하게 연동시켜야 할 원리적 이유가 존재하지 않는다. 양자를 강하게 연동시키려 하다 보면 차등의 원칙이 훼손될 가능성이 클 것이다. 그런데 차등의 원칙은 남보다 더 재능 있는 사람이나 부유한 사람의 경제활동 유인까지 고려하여 결과적으로 최소 수혜자에게 가장 크게 이익이 되는 분배상태를 지향하는 원칙이다. 따라서 만일 기여와 급여를 연동시킴으로써 남보다 더 재능 있거나 부유한 사람들이 복지재원에 더 기여를 많이 하게 되는 등의 경로를 통해 결과적으로 최소 수혜자의 처지를 더 개선시킬 수 있다면 롤스도 기여와 급여의 연동에 반대하지 않을 것이다. 그러나 이는 어디까지나 상황적 판단에 달린 문제이지 원칙적으로 자기책임의 원칙 등을 이유로 기여와 급여가 연동될 필요는 전혀 없다. 원칙적으로 자신의 삶의 조건에 대해서는 거의 전적으로 자신이 책임져야 한다는 의미에서의 자기책임의 원칙은 롤스의 정의의 원칙과 충돌한다. 롤스의 정의의 원칙은 자기책임이 아니라 공동책임을 강조하는 원칙인 것이다.[9]

필자는 사회복지제도에서 급여 지급 원칙은 사회복지제도의 기본 취지에 맞게 필요 원칙을 골간으로 하되, 기여와 급여의 연계가 필요한 경우에는 원칙적 수준[10]에서 다음과 같은 방식으로 기여와 급여가 연계되는 것이 바람직하다고 생각한다.

첫째, 노동능력이 있고 취업기회도 있는 사람들에게도 납세를 포함하여 기여와 완전히 무관하게 오직 필요에 따라 급여를 지급하는 것은 옳지 않다. 이는 강한 형태의 기본소득 구상을 수용하지 않는다는 것을 의미한다. 모든 개인들에게 소득수준이나 취업 여부와 무

9 물론 정의의 원칙이 충족된다는 조건 하에서 개인이 자신의 통제권 내에 있는 선택을 통해 더 많은 소득을 얻거나 적은 소득을 얻는 것이 승인된다는 점에서는 자기책임의 원칙도 존중된다.

10 여기에서 '원칙적 수준'이란 특정 사회의 맥락에서 사회공학적 합리성을 깊고 폭넓게 고려하는 차원이 아니라 기본 원칙 차원에서의 일반론적 논의라는 것을 의미한다.

관하게 기본적 생활 영위에 큰 어려움이 없을 정도의 소득을 무조건적으로 보장한다는 기본소득 구상은 현실적 실현가능성과 사회공학적 합리성 차원에서도 많은 난점이 있지만,[11] 정의의 관점에서도 바람직하지 않은 면이 있다.

평등한 개인들은 기본적 권리의 측면에서도 서로 평등해야 하지만 기본적 의무의 측면에서도 평등해야 한다. 노동능력과 취업기회가 있는 사람들은 가능한 한 취업하여 노동을 수행하고 그 대가로 얻은 소득을 납세나 사회보험료 납부 등을 통해 복지재원 형성에 기여해야 복지국가가 장기적으로 유지될 수 있다. 또 자신에게 혜택을 준 다른 사회구성원들을 공정하게 대우하는 길이기도 하다. 어떠한 경우에도 모든 사회구성원에게 일정 수준 이상의 삶의 조건을 확보해주어야 한다는 취지는 충분히 수용할 수 있지만, 이런 취지를 수용하

11 대표적인 난점으로 다음과 같은 것을 들 수 있다. 첫째, 모든 사회구성원에게 기본소득을 지급해야 하므로 생활 영위에 어려움이 없을 정도로 지급할 경우엔 엄청난 재원이 소요된다. 반면에 재원조달의 어려움으로 인해 개인들에게 너무 적은 금액을 지원할 경우엔 사회복지제도로서의 의미가 없어진다. 둘째, 현금급여 중심이므로 제도의 가역성(可逆性)이 크다. 경제상황이 나빠지거나 기본소득에 대한 사회적 여론이 나빠지면 제도가 급격히 약화되거나 없어지기 쉽다. 셋째, 복지국가가 잘 정비된 사회의 경우에는 기존 제도와의 충돌 문제가 심각할 것이다. 예컨대 기본소득제도가 도입되면 공적 연금제도가 불필요해지므로 이 부문에 종사하는 사람들의 일자리가 소멸된다. 또 스웨덴처럼 보편적 사회서비스의 비중이 큰 사회에서는 이 부문 종사자의 규모가 매우 큰데 기본소득 중심으로 복지국가의 틀이 재편된다면 이 부문의 일자리도 많이 감소할 것이다. 현금급여제도와 현물급여제도의 가역성 정도 문제는 다음 절에서 다룰 것이다.

는 길은 기본소득을 도입하는 것 외에도 여러 형태로 존재할 수 있다. 예컨대 스웨덴 같은 북유럽 사회들에는 기본소득제도가 없지만 촘촘하게 짜인 통상적인 사회복지제도 틀을 통해 모든 사회구성원에게 기본적인 생활조건을 비교적 양호한 수준에서 보장해 왔다.

둘째, 충족시켜야 할 욕구의 필수성 정도가 높을수록 기여와 급여를 많이 분리하는 것이 좋다. 예컨대 대학원 교육을 무상으로 공급하는 것보다는 초등학교 교육을 무상으로 공급하는 것이 더 긴요하고 바람직함의 정도도 더 크다.

셋째, 급여 지원이 필요해진 원인의 발생과 관련하여 본인의 선택 여지가 작아 본인의 책임이 작은 것일수록 기여와 급여의 연계수준이 낮아지는 것이 좋다. 복잡다단한 현대 사회에서 어디까지가 개인이 통제할 수 있는 요인에 의해 발생한 것인지를 판단하기가 쉽지 않은 경우가 너무 많겠지만 원칙적으로는 그렇다는 것이다. 예컨대 선천적 장애로 고통받는 사람들에게는 기여와 무관하게 급여를 제공하는 것이 바람직하지만, 얼마든지 취업이 가능하지만 고시 준비를 위해 자발적으로 경제활동을 하지 않아 빈곤해진 젊은이에게 넉넉한 수준의 생계비를 제공할 필요는 없다.

이러한 입장은 사회복지제도를 포함하여 사회제도의 설계에서 자기책임보다는 공동책임을 강조하는 롤스의 입장을 대체로 수용하되, 롤스보다는 자기책임의 원리를 적극적으로 수용하는 입장이라 할 수 있을 것이다. 최소 수혜자의 처지를 최대한 개선시키도록 한다는 차등의 원칙의 기본 정신은 받아들이되, 최소 수혜자라 하더라도 본인의 책임 정도에 따라 어느 정도 차등적으로 대우할 수 있다는 것이다. 그리고 이런 수준의 자기책임 원리는 '무지의 베일' 상황에서도 채택될 수 있는 원리라 판단된다. 무지의 베일 상황에 처한 합리적 개인들은 정의의 원칙이 지배하는 '질서정연한 사회well-ordered society'가 장기적으로 안정적으로 유지되기를 원할 텐데, 비교적 자유로운 여건에서 개인이 선택할 수 있는 영역에서는 개인이 자신의 선택의 결과에 대해 어느 정도 책임지도록 하는 것이 이 사회의 유지와 발전에 도움이 된다고 판단할 것 같다.

2 급여의 형태: 현금급여냐 현물급여냐

급여 지급 방식과 관련된 핵심 쟁점의 하나는 현금으로 급여를 제공하는 것이 좋으냐 아니면 현물로 지급하는 것이 좋으냐 하는 것이다. 즉 현금급여cash benefits 또는 income transfers 또는 cash transfers냐 현물급여in-kind transfers 또는 in-kind benefits냐의 문제다. 현금급여는 말 그대로 현금을 지급함으로써 지급된 현금을 급여 대상자가 자유롭게 사용하도록 하는 방식이고, 현물급여는 급여 대상자에게 필요한 재화나 서비스를 직접 지급하는 방식이다. 교육, 의료, 보육, 양로서비스 등이 현물급여로 제공되는 대표적 재화들이다.[12] 현금급여와 현물급여 사이의

12 2부에서 설명한 바와 같이 '재화(goods)'라는 용어를 좁은 의미로 사용할 경우에는 물적 형태를 취하는 소비대상만을 지칭하며 물적 형태를 취하지 않는 '용역' 또는 '서비스(services)'와 대비된다. 넓은 의미로 사용할 경우엔 좁은 의미에서

중간적 성격을 띠는 것이 바우처voucher다. 바우처는 일정 범위 내의 재화를 구매할 수 있는 구매권리 증서다. 현물을 직접 제공하는 것이 아니라 일정 범위 내의 현물 중에서 급여 대상자가 선택하여 구매할 수 있게 한다는 점에서는 현금급여에 가깝고, 구매 대상 재화의 범위를 한정한다는 점에서는 현물급여에 가깝다. 그러나 현금급여와 현물급여로만 급여 형태를 구분한다면 현물급여의 한 형태로 보아야 할 것이다. 소비대상 범위를 어떤 방식으로든 한정하느냐 여부가 현금급여와 현물급여를 구분하는 기준이기 때문이다. 그런데 실제로 모든 사회에서 현금급여와 현물급여가 병존하기 때문에, 실질적 쟁점은 어떤 경우에는 현금급여를 주는 것이 좋고 어떤 경우에는 현물급여를 주는 것이 좋은가, 그리고 양자의 비중을 어느 정도로 유지하는 것이 적절한가 하는 문제 등일 것이다.

현금급여의 가장 큰 장점은 급여 대상자의 소비 선택의 자유를 온전히 보존해 준다는 점이다.[13] 급여 대상자는 제공된 현금으로 자신의 욕구에 따라 음식을 살 수도 있고 옷을 살 수도 있다. 소비 선택의 자유는 두 가지 측면에서 소중하다. 첫째, 소비자가 합리적이라면

의 재화에 더하여 서비스까지 포괄하는 소비대상 일체를 의미한다. 여기에서는 '재화'라는 용어를 넓은 의미에서 사용할 것이고, 문맥에 따라 필요할 경우에만 '서비스'란 용어를 사용할 것이다.

13 정확히 표현하자면 '소비 선택의 자유'보다 '현금 처분의 자유'라고 하는 것이 옳을 것이다. 급여 대상자는 지급받은 현금으로 소비재를 구매할 수도 있지만 이 돈을 저축하거나 다른 사람에게 줄 수도 있기 때문이다. 그러나 여기에서는 주된 쟁점에 집중하기 위해 '소비 선택의 자유'라는 용어를 썼다.

자유로운 소비 선택은 대체로 그의 복지를 극대화하는 길이 된다. 어떤 사람이 특정 상황에서 무엇을 가장 절실히 필요로 하는지는 본인 외에는 잘 알 수 없다. 대부분의 사람들은 어떤 재화가 본인에게 가장 필요한지 몰라서 고민하는 것이 아니라, 사고 싶은 재화는 많은데 수중에 돈이 부족하여 고민하는 것이다. 사회복지 담당기관이 급여 대상자의 욕구를 본인 대신 판단하여 현물급여를 제공할 경우엔 급여 대상자의 욕구를 잘 충족시키는 데 실패할 가능성이 크다.

예컨대 어떤 빈곤 노인에게 월 30만 원을 현금으로 지급한다고 해 보자. 그리고 이 노인은 월 평균 10만 원을 의료비로 지출한다고 해 보자. 그러면 이 노인은 30만 원 중 10만 원은 의료비로 쓰고 나머지 20만 원은 외식이나 옷 구매 등 본인이 원하는 일에 쓸 것이다. 반면에 사회복지 담당기관이 빈곤 노인에게 가장 필요한 것은 의료서비스라고 생각하여 월 30만 원 한도 내에서 의료비 지출에 대해서는 전액 보조하고 현금급여는 전혀 제공하지 않는다고 해 보자. 그리고 이 노인은 가능한 한 지원받는 한도액을 다 활용하기 위해 병원에 자주 들러 30만 원 가까이를 의료비 지출에 쓴다고 해 보자. 병원에 자주 들르는 것이 건강 개선에 도움이 되는 측면도 있겠으나 불필요하게 병원에 자주 들르는 것보다는 필요한 만큼 의료서비스를 소비하고 남은 돈으로 본인의 다른 욕구를 충족시키는 것이 한결 나을 것이다.

둘째, 소비 선택의 자유를 행사한다는 사실 자체가 가치 있는 것이기도 하다. 예컨대 백화점에서 옷을 쇼핑하는 것을 즐겨 그것에 많은 시간을 들이는 사람을 생각해 보자. 이 사람이 옷 쇼핑에 많은 시간을 소비하는 것은 그래야 가장 마음에 드는 옷을 살 가능성이 커지기 때문이기도 하지만, 옷 쇼핑 자체가 즐거운 일이기 때문이기도 하다. 여러 옷을 구경하고 비교하면서 판단하는 것 자체가 재미있는 게임인 것이다. 옷 쇼핑에 많은 시간을 들인 결과 마음에 쏙 드는 옷을 사게 될 경우에 이 사람은 큰 만족감을 누릴 것이다. 그런데 이렇게 만족스러운 것은 좋은 옷을 구매함으로써 향후 옷을 입고 다니면서 큰 효용을 누리게 되리라는 사실에만 기인하는 것은 아니다. '내가 해냈다' 또는 '내가 잘 선택했다'는 데서 비롯되는 만족감도 클 것이다.[14] 즉 좋은 옷을 고를 수도 있고 그렇지 않을 수도 있는 상황에서 내가 잘 판단해서, 또 운도 따라서 결국 좋은 옷을 고를 수 있었다는 사실도 만족감을 주는 무시할 수 없는 요인이다. 소비 선택의 자유는 이렇게 일상생활에서 소소한 모험과 게임을 즐길 수 있게 해 주는 측면이 있다. 그리고 자존심과 자기 확신이 강한 사람은 소비 선택의 자유에 수반되는 이러한 부수적 이득과 무관하게 자신의 선택의 자유가 제한된다는 사실 자체를 받아들이기 어려울 수도 있다.

또한 현금급여는 행정비용을 최소화한다. 급여 대상자와 급여액이 결정되고 나면 급여 대상자에게 결정된 액수만큼 현금을 지급하는 것 외에 다른 일이 필요하지 않다. 반면에 현물급여의 경우엔 많은 행정비용이 소요된다. 예컨대 정부가 직접 어린이 보육시설을 운

14 센은 자유를 '복지 자유(well-being freedom)'와 '행위능력 자유(agency freedom)'로 나눈다. 복지 자유는 복지를 누릴 자유이고 행위능력 자유는 자신의 의사에 따라 자신이 주도적으로 어떤 일을 수행할 자유다. 급여 수급자가 합리적인 사람이라면 현금급여는 같은 금액의 현물급여에 비해 복지 자유와 행위능력 자유 모두에서 우월할 것이다. 복지 자유와 행위능력 자유에 관한 센의 설명은 Sen(1992) 4장에 나온다.

영하여 보육서비스를 공급할 경우엔, 시설의 설립과 유지, 보육서비스 인력의 고용과 관리, 또 서비스가 제대로 공급되었는지에 대한 모니터링 등의 일에 많은 행정비용이 들게 된다. 따라서 현금급여 프로그램과 현물급여 프로그램에 배정된 예산액이 동일하다면, 현금급여 프로그램에서는 예산의 대부분이 급여 대상자에게 가지만, 현물급여 프로그램의 경우엔 행정비용으로 나가는 부분이 크므로 급여 대상자에게 가는 부분이 그만큼 줄어드는 것이다.

그리고 현금급여는 복잡한 사회복지 전달체계[15]를 필요로 하지 않고 급여 대상자의 소비 선택에 관여할 필요도 없기 때문에, 복지행정 관료나 전문가들의 개입을 최소화하여 이들에게 과도하게 권력이 집중되는 것을 막을 수 있다. 또한 현물급여가 빈곤층 등 특정 집단에게만 제공된다면 현물급여 수혜자는 급여의 소비과정에서 급여 수혜자라는 점이 노출되어 사회적 치욕감을 느낄 수 있다. 반면에 현금급여의 경우엔 적어도 소비과정에서는 이런 문제를 낳지 않는다. 돈에는 꼬리표가 없기 때문이다.

현금급여가 갖는 이러한 장점으로 인해 주류경제학자들을 위시하여 자유주의자[16]들은 대체로 현금급여를 선호한다. 1부에서 살펴

15 사회복지 전달체계란 사회복지제도의 급여를 제공받을 필요가 있는 급여 대상자들에게 실제로 급여가 전달되도록 하는 조직체계를 뜻한다. 사회복지 전달체계를 구성하는 핵심 요소는 사회복지 제공의 주체들과 주체들 간의 역할분담방식이다.

16 자유주의(liberalism)는 매우 폭이 넓은 이념이다. 자유지상주의자인 노직이나 '민주적 평등(democratic equality)'을 지향하는 롤스 모두 자유주의적 전통 위에 있는 학자들이다. 또 자유주의란 용어가 유럽과 미국에서 각기 상당히 다른

본 바 있는 프리드만Milton Friedman은 사회복지제도 전반을 현금급여 중심으로 개편해야 한다고 주장한 대표적 논자다. 그는 현물급여는 제도 틀과 행정절차가 복잡한 데다 복지서비스 공급자의 이해관계를 우선시하여 설계되었기 때문에, 정신장애인 등 합리적 소비 선택을 하기 어려운 사람들에게만 예외적으로 현물급여를 제공하도록 하고, 대부분의 사회복지제도는 현금급여제도인 음소득세negative income tax 제도로 통일하는 것이 좋다고 주장한다.

음소득세 제도는 빈곤층만을 대상으로 하는 현금급여제도의 한 형태다. 음소득세 제도는 기준소득과 빈곤층의 실제 소득 간의 격차의 일정 비율만 지원하는 제도다. '음소득세'라는 명칭은 이 제도가 소득세를 부과하는 원리를 그대로 활용하였기 때문에 붙여진 것이다. 간단한 수식을 통해 이 제도의 원리를 이해해 보자.

$$T = t(Y - B)$$

의미로 사용된다는 점에도 유의할 필요가 있다. 유럽의 맥락에서 '자유주의'는 주로 '사회주의'나 '사회민주주의'와 같은 좌파 이념에 대비되는 우파 이념을 지칭하는 데 반해, 좌파 이념이 약한 미국에서는 '자유주의'가 주로 '보수주의'에 대립되는 이념으로 이해된다. 그래서 미국의 맥락에서 '자유주의자(liberal)'는 대체로 '진보주의자'를 의미한다. 개인의 사생활 등 사회문화적 이슈와 관련해선 개인의 자유를 무엇보다 중시하지만 빈곤이나 불평등 문제 등 사회경제적 이슈와 관련해선 상당 정도 국가의 개입을 지지하는 입장을 가진 사람들을 지칭한다. 3부에서는 '자유주의자'라는 말을 개인의 선택의 자유를 매우 중시하고 시장원리를 존중하는 입장을 가진 사람들을 지칭하는 용어로 사용할 것이다. 자유지상주의자만을 지칭하지는 않지만, 온정적 간섭주의를 적극적으로 수용하는 사람들은 포함하지 않는 용어로 사용할 것이다.

여기에서 T는 개인이 납부하는 조세액을 지칭하고, t는 한계세율을 지칭한다. 한계세율이란 소득이 1원 증가할 때마다 세금으로 추가로 내야하는 금액을 뜻한다. Y는 개인의 최초 소득이다. 즉 세금도 내지 않고 정부로부터 지원도 받지 않았을 때의 소득수준이다. B는 기준소득으로서 소득공제액이라고 생각하면 된다. 즉 본인의 최초 소득이 B인 개인은 소득세를 한 푼도 내지 않는다.

예컨대 어떤 개인의 최초 소득이 200만 원이고 기준소득이 100만 원이며 한계세율이 0.4라면 이 사람은 위 수식에 따라 40만 원의 세금을 내게 된다. 반면에 어떤 개인의 최초 소득이 0원이라면 이 사람은 위 수식에 따라 −40만 원의 세금을 내게 된다. 즉 음(−)의 소득세를 납부하게 된다. 다른 말로 하면 정부로부터 40만 원을 지원받게 된다. 이 사람이 일을 하여 50만 원의 소득을 벌게 될 경우엔 위 수식에 따라 20만 원을 지원받게 된다. 따라서 이 사람의 최종 소득은 70만 원이 된다.

프리드만은 음소득세 제도의 장점이 매우 많다고 주장한다. 첫째, 이 제도는 현금급여제도이기 때문에 현물급여제도의 많은 약점으로부터 벗어나게 된다. 즉 소비 선택의 자유의 제한, 높은 행정비용, 관료와 전문가의 과도한 권력 행사 등에서 자유로워진다. 특히 별다른 행정비용이 들지 않기 때문에 사회복지예산의 대부분이 빈곤층에게 직접 간다. 둘째, 기준소득과 실제 소득 간의 차액 전체가 아니라 그 일부만 지원하기 때문에 근로의욕 감소의 효과가 작다. 만일 한국의 국민기초생활보장제도에서처럼 기준소득과 실제 소득 간의 차액을 전액 지원한다면, 빈곤층의 입장에서는 일하지 않는 것이 합리적인 선택일 수 있다. 국민기초생활보장제도의 원리는 위 수식에서 한계세율 t가 1인 경우에 해당한다. 이 경우엔 전혀 일하지 않아 최초 소득이 0원인 사람은 기준소득 100만 원을 전액 지원받게 되고, 일하여 근로소득으로 60만 원을 번 사람은 기준소득과 최초 소득 간의 차액 40만 원을 지원받게 되어 결국 최종 소득 100만 원을 얻게 된다. 결국 최종 소득의 측면에서는 일을 하나 안 하나 똑같은 결과가 나타난다.[17] 반면에 음소득세 제도에서는 조금이라도 더 일하여 최초 소득이 높은 사람일수록 최종 소득도 높아지므로 근로의욕 감소의 정도가 덜하다는 것이다.

프리드만은 기존의 복잡하고 다양한 사회복지제도를 음소득세 중심으로 통일하고, 합리적 소비 선택 능력이 없는 극소수 사람들만을 위해 소규모로 현물급여제도를 운영한다면 기존의 복지예산만으로도 빈곤문제를 거의 다 해결할 수 있을 정도로 음소득세 제도가 효율적이라고 주장한다. 프리드만의 음소득세 구상은 그의 시장주의적 사고의 발로다. 개인의 소비 선택의 자유를 최대한 보장하고 사회복지제도로 인한 근로의욕 감퇴를 최소화하며 행정관료 등의 권력을 최소화하자는 발상이다.

17 이 문제를 다소 보완하기 위해 현행 국민기초생활보장제도에서는 특정 성격의 근로소득, 예컨대 행정기관이나 공공기관에 행정인턴으로 근무하여 얻은 근로소득의 일정비율을 소득 공제한다. 즉 특정 근로소득의 전액이 아니라 일부만 번 것처럼 계산함으로써 실제 소득을 인위적으로 다소 낮추어 주어 국민기초생활보장제도에 의한 소득지원액을 증액해 준다. 또 수급자를 노동능력이 없는 수급자와 노동능력이 있는 수급자로 구분하고 후자에 대해서는 자활급여라는 조건부 급여를 지급한다. 즉 자활에 필요한 사업에 참여할 것을 조건으로 급여를 지급한다.

한편 앞에서 살펴본 기본소득 구상은 음소득세 구상과는 판이하게 평등주의적 지향을 매우 강하게 띤 구상이지만, 현금급여 중심으로 복지국가를 개혁하자는 점에서는 음소득세 구상과 같은 편에 서 있다. 그리고 현금급여의 장점에 대한 인식도 똑같이 공유한다.

이렇듯 현금급여의 장점은 분명하고 이해하기 쉽다. 또 대부분의 복지 선진국들에서 현금급여가 현물급여보다 지출액에서 더 큰 비중을 차지한다.[18] 그러나 대부분의 사회에서 현물급여도 무시할 수 없는 비중을 차지하고, 특히 스웨덴 같은 북유럽 사회들에서는 현물급여제도인 보편적 사회서비스가 전체 사회복지제도에서 매우 큰 비중을 차지한다. 현물급여의 장점도 크기 때문이다.

첫째, 소비자 무지 문제에 대처할 수 있다. 급여 대상자들이 정보의 부족이나 왜곡, 판단력 부족, 중독 등의 이유로 합리적 소비 선택을 하기 어려운 상황에서는 급여 대상자들의 생활에 필수적인 재화를 현물로 직접 제공하는 것이 이들의 복지 개선의 측면에서 우월한 방식이다.

이와 관련된 중요한 철학적 쟁점은 '온정적 간섭주의paternalism'를 어떻게 평가해야 하느냐는 문제다. 현물급여는 사회복지 영역에서 온

18 한국의 경우엔 현물급여가 현금급여보다 비중이 크다. 이는 주로 현금급여제도의 대표 사례인 공적 연금제도, 즉 국민연금이 선진국에 비해 덜 성숙하여 연금급여 지출규모가 아직 작은 반면에 현물급여제도의 대표 사례인 의료보장제도는 상당히 발달한 데 기인한다.

정적 간섭주의가 작용하는 대표 사례라 할 수 있다. 온정적 간섭주의는 개인의 선택의 자유보다는 결과로서의 복지 개선을 더 중시하는 결과주의적 사고consequentialism에 기초해 있다. 개인의 자율성autonomy을 매우 강조하는 자유주의적 입장에서는 온정적 간섭주의는 예외적 상황에서만 정당화될 수 있다. 온정적 간섭주의는 사람들이 자신의 삶을 스스로 원하는 방식으로 이끌어 갈 여지를 줄이기 때문에 바람직하지 않고, 또 사람들이 스스로 선택하는 과정에서 시행착오trial and error를 겪어가며 실천을 통해 학습해 가는 것leaning by doing을 사전에 봉쇄하기 때문에 사람들이 합리적이고 자율적인 존재로 성장해 가는 것을 막는다고 볼 것이다.[19]

그러나 온정적 간섭주의가 필요한 상황도 많이 있다. 정신장애인 등 특수 사례를 논외로 하더라도 사람들은 자신에게 가장 필요한 것이 무엇인지 잘 알지 못하거나 알더라도 의지가 약하여 전문가의 도움과 지도를 필요로 하는 경우가 많다. 예컨대 학생은 교사나 교수의 지도를 따르는 것이 학업 성취에 대체로 도움이 되고 환자는 의사의 처방과 조언을 따르는 것이 건강 개선에 대체로 도움이 된다. 소비자의 선택의 자유는 소중한 가치이지만 결코 절대시해야 하는 가치는

19 자유주의 철학은 대체로 자율적이고 합리적인 개인, 즉 내적으로 강한 개인을 전제로 하는 경향이 있는데 그 이유는 다음과 같다고 짐작된다. 첫째, 자율적이고 합리적인, 강한 개인이 자유주의 철학의 지향점이다. 둘째, 개인에 대한 정부의 개입을 최소화하려는 자유주의의 실천적 입장을 정당화해 준다. 셋째, 신고전파 경제학에서 전형적으로 드러나듯이 합리적인 개인을 전제로 해야 인간행동에 관한 일관성 있는 이론을 구성하기가 용이해진다.

아니다. 예컨대 흡연욕은 현재 나에게 절박한 욕구일 수 있지만 장기적으로는 나의 복지를 훼손하기 쉬운 욕구다. 나의 의지만으로 금연이 어렵다면 보건소를 찾아가서 전문가의 지도를 따르는 것이 좋다. 자율성은 무조건적 추종이나 순응과는 분명히 배치되지만, 근거 없는 자만이나 과도한 자기 확신도 진정한 자율성과 배치되기 쉽다 (O'Neill, 1998: 71, 90-91).

자율성을 확보한다는 것은 결국 내가 내 삶의 주인이 된다는 것인데, 이것이 모든 구체적 사안에서 자신의 판단과 욕구를 따라야 한다는 것을 의미하지는 않는다. 특정 사안에 관해 나보다 더 잘 알고 있는 사람, 또 내가 아니기에 오히려 나를 객관적으로 볼 수 있는 사람의 조언과 지도를 받아들이는 것은 자신의 삶을 소중히 여기는 사람들이 기꺼이 수용할 만한 것일 수 있다. 내 삶에서 가장 중요한 가치의 실현을 위해서라도, 또는 내 삶에서 가장 중요한 승부처에서 승리하기 위해서라도 내가 취약한 부분에서 타인의 조언과 지도에 나를 개방할 필요가 있다. 진정한 자율성은 타인의 비판과 조언에 개방적인 삶의 태도와 양립할 수 있다.

다만 온정적으로 개입하는 주체가 주의해야 할 대목이 있다. 앞에서 언급한 바와 같이 인간은 '서사적 자아'를 가진 존재다. 인간은 자신만의 삶의 역사를 갖고 있고 설령 남이 보기에는 잘못된 삶을 산 것으로 여겨진다 하더라도 자신의 삶의 역사를 소중히 생각하고 또 남으로부터 존중받기를 원하는 존재다. 그리고 자기 삶의 수많은 에피소드들을 일정한 방향성과 의미를 가진 이야기 속에 배치하는 존재다. 이런 서사적 자아로서의 인간을 잘 도우려면 도움의 방식이 서사적 자아를 존중하는 형태로 이루어질 필요가 있다.

과음 습관에서 벗어나길 원하지만 알코올 의존증이 높아 자력으로 알코올 의존에서 벗어나기 어려운 사람이 있다고 하자. 이 사람에게 전문가가 "음주는 백해무익하고 그동안 술이 당신 인생을 망쳐 왔다. 당신은 인생을 잘못 살았다"는 식으로 조언하는 것은 별로 도움이 되지 않을 수 있다. 오히려 반발심과 오기를 불러일으킬 가능성이 크다. 알코올 중독자는 과거에 인생의 중대한 좌절을 계기로 알코올에 의존하게 되었을 수 있고 알코올은 그의 인생을 피폐하게 하기도 했지만, 즐거운 일이 거의 없는 그의 삶을 어느 정도 견딜 만한 것으로 만들어준 측면도 있을 수 있다. 그는 자신의 음주 역사에 대한 타인의 이해와 위로를 우선적으로 기대할 수 있으며, 이제 시도해 보려는 술 없이 사는 삶을 과거의 자신의 삶에 대한 전면 부정으로 해석하기를 원치 않을 수 있다. 이런 상황에서 '온정적 개입자'는 개입 대상자의 삶의 역사, 특히 그가 겪어 온 고통에 대해 공감과 이해를 우선적으로 보이며, 그가 시작해야 할 새로운 삶이 과거의 그의 삶의 전면적 부정이라기보다는 발전과 성숙으로 가는 길이라는 식으로 안내하고 조언하는 것이 나을 것이다.[20]

둘째, 현물급여는 특히 미성년자를 대상으로 하는 복지프로그램에서 중요한 의미를 가질 수 있다. 미성년자의 복지 개선을 위해 제공되는 현금급여는 그 부모가 수령하게 되며 부모의 처분에 맡겨진다. 만일 어떤 부모가 자녀에 대한 애정과 책임감이 결여된 사람이라

20 사람들의 복지를 개선하는 문제와 관련하여 사람들의 삶의 과거 여정을 중시해야 한다는 점을 강조한 연구로는 O'Neill(1998: 51) 참조.

면 지급된 현금을 자녀를 위해 사용하지 않을 수도 있다. 극단적 예를 들자면 자녀에게 학용품 사주라고 지급된 현금을 아버지가 술 마시는 데 쓸 수도 있다.

셋째, 현물급여는 현금급여에 비해 더 안정적이고 비가역적非可逆的 성격을 띤다. 현금급여제도는 제도의 시행을 위해 추가적인 시설과 인력, 행정체계를 별로 필요로 하지 않는다. 이는 장점으로 볼 수도 있지만 단점이 될 수도 있다. 시설과 인력, 행정체계를 많이 필요로 하지 않기 때문에 경제사정이 나빠지거나 사회복지제도에 대한 여론이 나빠지거나 복지국가에 우호적이지 않은 정당이 집권할 경우엔 급여액을 크게 줄이거나 경우에 따라서는 기존의 특정 현금급여제도를 없애기도 쉽다.

반면에 현물급여제도는 많은 시설과 인력, 행정체계를 필요로 하기 때문에 상황에 따라 신속하게 확장하기도 어렵고 거꾸로 크게 축소하기도 어렵다. 특히 기존의 특정 현물급여제도를 없애려 할 경우엔 현물급여 공급에 종사하는 인력의 감축을 야기하기 때문에 이들의 커다란 저항에 직면하기 쉽다. 따라서 경제사정이 나빠지거나 사회복지제도에 대한 여론이 나빠진다 하더라도 급격한 축소나 해체가 매우 어렵다. 이는 신축성의 결여라는 점에서 단점으로 간주될 수도 있지만, 단기적인 경제사정 등에 의해 크게 좌우되지 않고 급여의 양과 질을 안정적으로 유지할 수 있다는 점에서 장점으로 평가될 수도 있다. 특히 사회복지제도는 사회경제적 취약계층의 입장에서는 삶의 마지막 보루라는 점에서 단기적 상황 변화에 따라 급격하게 요동치지 않는 것이 바람직한데, 현물급여제도는 이런 점에서 우월한 측면이 있다.

넷째, 특정 재화는 소비자의 구매력과 무관하게 누구에게나 동질적 품질로 제공되고 각 소비자에게 분배되는 양은 각 소비자의 필요에 의해서만 결정되도록 하는 것이 좋다는 입장이 있다. 이런 입장을 '특정적 평등주의specific egalitarianism' 또는 '상품 평등주의commodity egalitarianism'라 한다.[21] 그리고 특정적 평등주의가 적용되어야 할 소비 대상으로 거론되는 대표 사례가 의료서비스와 교육서비스다. 실제로 스웨덴 같은 북유럽 사회에서는 교육, 의료, 보육, 양로 등 필수적 사회서비스가 주로 '특정적 평등주의' 원칙에 따라 공급된다. 이런 서비스 공급의 재원은 대부분 조세수입으로 조달함으로써 소득수준이 낮은 사람도 서비스 소비에서 배제되지 않도록 하고, 서비스 공급에서 기업 등 민간부문의 참여를 최소화함으로써 부유층도 빈곤층보다 더 질 좋은 서비스를 소비할 수 있는 기회를 강하게 차단한다. 즉 특정 재화의 경우에는 가난한 사람도 부유한 사람 못지않게 소비할 수 있게 해 줄 뿐 아니라, 부유한 사람이 가난한 사람보다 양적으로나 질적으로나 더 유리하게 소비할 수 있는 기회도 상당 정도 봉쇄하는 것이다.

21 '특정적 평등주의'란 용어를 처음 쓴 사람은 미국의 대표적 케인스주의 경제학자이자 노벨 경제학상 수상자인 토빈(James Tobin)이다. 토빈은 국제적 단기 금융거래에 조세를 부과함으로써 국제 금융투기를 억제하여 국제 금융시장을 안정화하자는 구상인 '토빈세(Tobin tax)' 아이디어를 낸 학자이기도 하다. 토빈의 '특정적 평등주의'의 문제의식과, 미국 사회의 불평등 시정을 위해 토빈이 생애에 걸쳐 시도한 지적, 실천적 작업에 대한 개략적 설명으로는 Dimand(2003) 참조.

자유주의적 관점에서는 특정적 평등주의는 각종 평등주의 중에서도 과도한 간섭을 통해 소비자들의 복지수준을 낮추는 대표적인 악성 평등주의로 간주되기 쉬울 것이다. 재분배정책을 통해 소득격차를 줄이는 것까지는 어느 정도 이해해 줄 수 있다 하더라도, 왜 소비 선택의 자유마저 이렇게 심각하게 침해해야 하느냐고 물을 것이다. 특히 부유층의 소비 선택의 자유를 이렇게까지 제한하는 것은 부유층에 대한 여타 계층의 시기심으로밖에는 달리 설명할 길이 없다고 보기 쉬울 것이다.[22]

그러나 특정적 평등주의를 정당화할 수 있는 근거도 많다. 첫째, 앞에서 언급한 바 있는 소비자 무지 문제를 해결하는 데 특정적 평등주의가 효과적일 수 있다는 논리가 성립할 수 있다.

둘째, 어떤 소비재는 그것의 소비를 통해 소비자의 신체적, 정신적 능력을 향상시킴으로써 소비자가 향후 노동시장에서 더 좋은 성과를 거두는 데 크게 기여할 수 있다. 대표적인 것이 교육서비스다. 남보다 양질의 교육서비스를 소비하며 성장한 사람은 학교 졸업 이후에 더 좋은 직장에 취업하여 더 높은 소득을 누리며 살아갈 가

22 남보다 못한 자신의 처지를 남과 같은 수준으로 끌어올리려 애쓰려는 마음인 '분발심'은 대부분 긍정적으로 평가되지만, '시기심'은 흔히 나보다 나은 남의 처지를 나의 수준으로 끌어내리고 싶어 하는 마음으로 나타나기 쉽다는 점에서 누구에게도 도움이 되지 않는 저열한 감정으로 치부되기 쉽다. 그러나 사람들 간의 처지의 격차가 정당한 근거를 갖고 있지 않고, 내가 노력을 통해 남과 같은 수준으로 처지를 개선시킬 가능성이 거의 차단된 상태에서는 시기심은 정당한 정의감의 발로일 수 있다.

능성이 크다. 즉 어떤 재화의 소비는 인적 자본human capital 형성을 위한 투자로 보아야 한다. 즉 이런 재화는 사실상 '투자재investment goods'의 일종이다. 맛있는 음식이나 재미있는 영화는 소비를 통해 즉각적으로 소비자의 복지를 개선하고 또 대부분 그것으로 끝나지만, 양질의 교육은 소비자의 생애 전체에 걸쳐 지속적으로 이득을 가져다 줄 가능성이 크다. 이런 재화의 소비량과 질이 소득수준에 따라 천양지차라면 장기적으로 빈부격차가 더욱 확대될 것이다. 따라서 불평등의 재생산을 억제하는 것을 중시하는 평등주의적 관점에서는 특정적 평등주의가 정당화될 수 있다.

셋째, 부유층이나 빈곤층이나 동일한 수준에서 소비하게 되면, 눈높이가 높은 부유층은 제공되는 재화의 질의 개선과 양의 증대를 요구하기 쉬울 것이다. 이런 요구에 부응하려면 해당 재화의 공급을 위한 재원이 증대되어야 하는데, 이를 위해 부유층은 다른 계층보다 납세 등을 통해 더 기여해야 한다. 결국 부유층의 재원 부담을 늘림으로써 모든 계층의 소비수준이 개선되는 효과를 낳는다. 이는 부유층이 양질의 재화를 시장에서 구매하는 길을 차단하기 때문에 발생하는 효과다. 즉 사회복지제도를 통해 공급되는 재화의 소비에서 이탈하여 시장에서 본인이 원하는 재화를 구매하는 선택, 즉 '이탈 선택지exit option'를 차단하고, 사회적 발언을 통해 사회복지제도를 통해 공급되는 재화의 질을 높이는 선택, 즉 '발언 선택지voice option'만 남겨두기 때문에 이런 효과를 얻을 수 있다. 이런 상황에서는 부유층의 높은 눈높이가 결과적으로 모든 사회구성원의 소비수준 향상으로 이어지기 쉽다.

넷째, 교육서비스나 의료서비스와 같은 필수적 재화의 소비에서 소득수준에 관계없이 모든 사회구성원이 유사한 소비수준을 누림으로써 사회구성원 간에 연대감이나 국민적 일체감 등이 생길 수 있다. 부유층 자제나 빈곤층 자제나 같은 학교에 다니고 대기업 CEO나 영세기업 노동자나 같은 병원을 이용함으로써 서로 만날 수 있는 기회가 많아지고, 부유층이 빈곤층의 사정을 이해할 수 있는 기회가 늘어난다. 이렇게 해서 형성되는 사회적 연대감은 복지국가의 강화를 위한 정서적 밑거름이 될 수 있다.

한편 특정적 평등주의와 관련하여, 1부에서 간단히 살펴본 왈쩌 Micahel Walzer의 '복합적 평등complex equality' 개념의 의의를 다시 살펴볼 필요가 있다. 특정적 평등주의는 '돈 없이도 구할 수 있는 것'과 '돈 있어도 돈으로 살 수 없는 것'의 영역을 설정하자는 입장이라 할 수 있다. 이러한 입장은 왈쩌가 말하는 복합적 평등을 달성하는 데 도움이 될 수 있다.

주류경제학자들을 위시하여 자유주의자들은 흔히 개인의 욕구를 주어져 있는 것으로 간주하고, 타인에게 피해를 주지 않는 한 욕구들 간의 중요성 정도나 도덕적 합당성 정도를 적어도 공적이고publicly 객관적으로 서열화할 수 있는 방법은 없다고 본다. 그리고 돈 또는 화폐money를 사람들의 다양한 욕구를 차별 없이 충족시킬 수 있는 '도덕적으로 중립적인morally neutral' 수단으로 본다. 롤스식으로 표현하자면 화폐는 모든 목적에 범용적으로 봉사할 수 있는 기본재의 대표 사례라 할 수 있을 것이다.

아마도 화폐 자체는 대체로 '도덕적으로 중립적인' 수단으로 간주할 수 있을 것이다. 그러나 사회적으로 가치 있는 것의 대부분, 사람들이 욕망하는 것의 대부분이 화폐에 의해 구매될 수 있고, 따라서 돈을 더 많이 벌고자 하는 동기가 개인들을 움직이는 지배적 동기가 되는 사회에서, 돈을 벌고자 하는 욕망을 매개로 자원이 배분되고 사회가 재생산되는 질서는 '도덕적으로 비중립적인 것' 또는 '도덕적으로 편향된morally biased 것'일 수 있다. 돈을 벌려면 현재 돈을 갖고 있는 사람들의 현재의 욕구에 잘 부응하는 방식으로 선택하고 행위하는 것을 자신의 삶의 주된 내용으로 삼아야 한다. 그리고 이것은 도덕적으로 중립적이지 않을 수 있다. 돈 없는 사람들보다는 돈 있는 사람들의 욕구를 더 중시해야 한다는 점에서, 또 미래 세대의 욕구가 아니라 현재 세대의 욕구를 더 중시해야 한다는 점에서, 그리고 바람직해 보이는 욕구가 아니라 현재 표출된 욕구를 더 중시해야 한다는 점에서 도덕적 편향성이 있다는 것이다.

자본주의 사회에서 화폐는 자원의 배분과 인간의 행동을 인도하는 보편적 '언어'다. 돈을 더 벌려는 욕망과 돈의 소유가 가져다 주는 권력은 좁은 의미에서의 경제 영역을 넘어 사회 전체에 침투한다. 재화 소비를 통한 복지 개선과 같은 목적이 먼저 주어지고, 돈이라는 중립적 수단이 목적 달성을 위해 각 개인에 의해 자유롭게 사용된다고만 보기는 어렵다. 목적과 수단의 전도顚倒가 광범위하고, 그리고 상당히 불가피하게 발생한다. 또 돈을 버는 것이 으뜸 가는 행위동기가 되고, 돈은 타인의 주머니로부터 나올 수밖에 없는 상황은, 타인을 상당 정도 돈벌이 수단으로 간주하는 사고방식이 퍼져가는 것을 불가피하게 야기한다.

왈쩌가 말하는 복합적 평등이 실현되는 사회란 사회의 각 영역에서 각기 별개의 가치가 각기 별개의 원리에 따라 분배되는 사회다. 현대 자본주의 사회를 전제로 하여 이해하기 쉽게 이야기하자면 경제 영역에서는 시장원리에 따라 돈이 분배되고, 정치 영역에서는 민주주의원리에 따라 권력이 분배되고, 법률 영역에서는 법의 논리에 따라 합법/불법이 규정되고, 학문 영역에서는 학문적 성취도에 따라 학자들의 지위와 명성이 결정되는 사회다. 복합적 평등이 중요한 것은 다양한 사회적 가치들이 각기 그 성격에 부합되는 방식으로 분배되는 것이 바람직하기 때문이다. 즉 가치의 성격과 그 분배방식이 괴리되지 않아야 가치가 제대로 구현되는 것이다. 그리고 다양한 가치들이 독자적 분배원리에 따라 분배되어야 다양한 가치들이 공존하는 균형 잡힌 사회가 형성될 수 있다.

그러나 사회 각 영역에서 다루어지고 분배되는 가치들이 서로 균등한 힘을 가진 것은 아니다. 돈으로 구할 수 없는 것이 별로 없고 역으로 돈 없이 구할 수 있는 것이 별로 없는 자본주의 사회에서 돈의 힘은 사회의 모든 영역으로 침투하기 쉽다. 언론인은 주요 광고주인 대기업의 입맛에 맞추어 보도 내용과 수위를 결정하고, 정치인은 정치자금 확보를 위해 대기업의 눈치를 보고, 행정관료들은 공직 은퇴 후 고급 일자리 확보를 위해 미래의 잠재적 고용주인 대기업의 눈치를 보고, 대학은 학교 발전기금 모금과 유리한 사회적 연결망social network 확보를 위해 부유층 자제의 입학을 선호하고, 법조계에서는 '유전무죄, 무전유죄' 현상이 횡행하기 쉬운 것이 현실이다. 이럴 경우 가치의 획일화와 가치들 간의 균형의 파괴가 발생한다.

적어도 몇몇 특정 재화에 대해서는 소득수준과 무관하게 모든 사회구성원이 필요에 따라 동질적 수준의 소비를 누리게 한다는 '특정적 평등주의'가 관철될 경우 '돈 없이도 구할 수 있는 것'과

'돈으로도 살 수 없는 것'의 공간이 열림으로써 '돈이 발언하는Money speaks' 영역이 어느 정도 차단된다. 그리고 이를 통해 복합적 평등이 어느 정도 실현될 수 있는 여지가 생긴다. 그리고 사회구성원들이 보편적 사회서비스의 소비 등을 통해 돈의 소유와 무관하게 결정되는 삶의 영역에 익숙해지면 사회의 다른 영역에서도 돈의 지배를 견제하고 차단하는 것이 바람직하다고 생각하게 되기 쉬울 것이다.

현금급여의 경우에도 조세와 결합되어 재분배효과를 갖기 때문에 돈이 시장원리에 의해서만 분배되는 것을 사후적으로 교정해 주지만, 급여의 형태가 화폐라는 점에서 현물급여처럼 돈의 발언권 자체를 약화시키는 효과를 갖지는 않는다. 일단 현금급여를 통해 화폐가 재분배되고 난 후에는 돈의 논리가 여과 없이 관철될 것이기 때문이다.

8장

사회복지 전달체계: 국가복지냐 복지다원주의냐

복지국가는 말 그대로 사회구성원의 복지를 국가가 책임지는 시스템을 의미한다. 구체적으로는 복지재원의 조달, 사회복지와 관련된 규칙의 제정, 급여의 전달delivery 등과 관련하여 국가가 중추적이고 주도적인 역할을 담당하는 시스템을 의미한다. 그러나 국가가 사회복지와 관련된 모든 역할을 혼자 담당하는 것은 아니다. 대개 재원의 조달이나 규칙의 제정과 관련해서는 국가 특히 중앙정부가 주도적 역할을 담당하지만 급여의 전달, 특히 사회서비스의 제공과 관련해서는 비영리단체나 민간기업 등도 상당한 역할을 담당한다. 국가기구 내에서도 급여의 전달, 특히 사회서비스의 제공과 관련해서는 지방정부가 큰 역할을 담당한다. 예컨대 국가 중심의 사회복지체계가 발달한 대표 사례인 스웨덴의 경우에도 사회서비스 제공에서는 지방정부가 중추적 역할을 담당해 왔고, 사회서비스 제공과 관련하여 기업이나 비영리단체에 운영을 위탁하는 비중이 커져 왔다. 또 노인이나 장애인에 대한 수발서비스care services와 관련해서는 가족이나 이웃이 국가를 대신하여 서비스를 제공하는 경우 이에 대해 국가가 금전적으로 보상해 주는 방식으로 가족이나 이웃의 서비스 제공 참여 여지도 보존해 왔다.

그런데 근년에 들어 서구와 미국을 중심으로 사회복지와 관련하여 국가 특히 중앙정부의 역할을 줄이고 비영리단체나 기업, 지역사회local community 등 국가 이외의 주체들의 역할을 늘리는 게 좋다는 입장이 강력히 대두되었고, 또 상당 정도 이러한 입장이 관철되어 왔다. 이러한 입장을 '복지다원주의welfare pluralism'라 한다. 복지다원주의가 대두된 주요 배경은 다음과 같다.

첫째, 복지국가의 재정위기를 들 수 있다. 2차대전 이후 1960년대 말까지는 통상 '자본주의의 황금기'라 불리는 기간으로 고도 경제성장, 완전고용, 조세수입의 꾸준한 증대 등 복지국가 발전에 매우 양호한 조건을 갖춘 시기였다. 그러나 1970년대에 들어 대부분의 선진 자본주의국들이 심각한 불황을 겪으며 경제성장률 저하, 실업률 상승 등 난관에 봉착했다. 실업률이 높아감에 따라 복지수요는 증가하지만 경제성장률이 저하함에 따라 증세를 통한 복지재원 조달이 매우 어려워졌다. 이런 상황을 배경으로 이념적으로 신자유주의적 조류가 대두하면서 비대한 복지국가가 경제침체와 재정위기의 주요인의 하나라고 강력히 비판했다. 따라서 기업이나 비영리단체 등이 사회복지와 관련된 역할을 더 많이 떠맡음으로써 사회복지와 관련된 국가의 재정적 부담을 줄여야 한다는 것이다.

둘째, 국가 중심 특히 중앙정부 중심의 사회복지체계는 획일성, 관료주의, 경쟁 부재, 복지서비스 공급자와 수요자 간의 먼 거리 등으로 인해 비효율성을 낳기 때문에, 복지 수요자에 더 밀착되어 있고, 또 상황변화에 기민하게 적응할 수 있는 주체들이 보다 큰 역할을 맡을 수 있게 해야 한다는 주장도 꾸준히 제기되어 왔었다.

셋째, 특히 미국에서는 '공동체주의communitarianism'가 부상하면서, 사회구성원들이 구체적인 소속감과 애정, 그리고 책임감을 가질 수 있는 소규모 공동체들이 사회복지와 관련하여 중요한 역할을 담당해야 한다고 주장하였다. 공동체주의자들은 사회와 개인 간의 관계에서 개인의 권리를 무엇보다 강조하는 자유주의 정치철학의 한계를 강조한다. 이들은 주로 국가의 재분배정책을 통해 사회구성원들의 복지 증진을 이루려는 전통적 좌파나 주로 시장을 통해 사회구성원들이 각기 자신이 원하는 것을 취득하게 하면 된다고 보는 전통적 우파 모두를 비판한다. 좌파나 우파 모두 사회구성원들을 구체적 소속감이 없는 추상적 개인들로 봄으로써 가족이나 지역사회 등 개인을 둘러싼 핵심적 공동체를 쇠퇴시키고 사회구성원들의 소외나 시민의식 약화 등 나쁜 결과를 낳았다는 것이다.

이들은 인간의 삶의 '장소성locality'과 역사성을 강조한다. 인간은 자신이 살아온 장소location[1]에 애착을 갖는 존재이며 자신의 삶의 역사를 기억하는 존재다. 그리고 이 역사는 자신과 가깝고도 오랜 관계

1 이 때 '장소'란 마을이나 도시와 같은 물리적 공간뿐 아니라 가족, 학교, 기업, 동호회 등 관계의 공간까지 포함한다.

를 맺어 온 사람들과 함께 만들어 가고 해석하는 대상이다. 지역사회 등 소규모 공동체들은 공동체 구성원의 삶에 장소성과 역사성, 친밀한 관계를 제공함으로써 구성원들이 삶의 정박지를 가질 수 있게 한다. 이곳저곳을 끝없이 배회하고 부유하는 삶이 아니라 정박지에 견고하게 자리잡은 삶이야말로 개인들에게 안정감과 소속감, 의미를 주는 삶이다. 그리고 매우 추상적이고 차갑게 다가오는 국가가 아니라 자기가 잘 아는 사람들이 사는 공동체야말로 개인들로 하여금 권리의식뿐 아니라 책임의식과 주인의식을 가질 수 있게 하는 단위다. 공동체가 활성화되어야, 개인들이 사회에 대해 책임의식과 애정은 없으면서 권리만 주장하는 현대사회의 병폐가 치유될 수 있다.

또 소규모 공동체는 참여민주주의와 직접민주주의가 활성화되는 공간이기도 하다. 이렇게 개인들이 자신이 속한 공동체에 구체적인 애정과 소속감, 책임감을 가지고 살아가는 사회가 안정되고 건강하며 활력 있는 사회라는 것이다. 그런 점에서 공동체주의는 사회 운영에 사회구성원들이 책임감을 갖고 적극적으로 참여하고 발언하여 정치적 차원에서 자아실현을 이루는 것을 이상으로 삼는 '공화주의republicanism' 이념과 강한 친화성을 가진다.

따라서 사회복지와 관련해서도 국가의 역할이 중요하긴 하지만 국가가 대부분의 역할을 담당하려 하면 안 된다는 것이다. 즉 국가가 제공하는 복지인 '국가복지'가 사회복지의 대부분을 차지해서는 안 된다. 개인들이 구체적 소속감을 느끼는 소규모 공동체들이 사회복지와 관련하여 중요한 역할을 담당해야, 개인들의 구체적 욕구와 처지에 부합되는 맞춤형 서비스를 제공할 수 있다. 또 개인들로 하여금 본인에게 제공된 사회복지 혜택에 감사하는 마음, 공동체에 대한 봉사를 통해 본인이 혜택받은 만큼 기여하려는 마음, 또 공동체 구성원들의 복지에 대해 지속적으로 관심과 책임의식을 갖는 태도 등을 기르게 할 수 있다는 것이다.

그런데 그 어떤 사회에서도 사회복지와 관련하여 국가뿐 아니라 기업, 지역사회, 비영리단체 등 다양한 주체들이 각기 일정한 역할을 수행하기 때문에 사회복지 제공의 주체가 다수여야 하느냐 여부는 진정한 쟁점이 아니다. 진정한 쟁점은 국가의 역할을 줄이고 국가 이외의 주체들의 역할을 늘리는 방향의 복지개혁이 바람직한가 여부다. 이는 일반론적으로 판단하기 어려운 문제다. 국가의 역할이 압도적인 사회에서는 국가 이외의 주체들의 역할을 다소 확대하는 것이 바람직한 방향이기 쉽고, 아직 국가의 역할이 미소한 사회에서는 일단 국가가 제 구실을 하도록 하는 것이 선결과제일 것이다.

사회복지 제공 주체로서 국가, 기업, 지역사회, 비영리단체는 각기 강점과 약점을 갖고 있으며 어떤 주체의 역할을 상대적으로 강화하는 것이 좋은지에 대해서는 각 사회마다 그 구체적 여건을 고려하여 실사구시적으로 판단할 수밖에 없다.[2] 여기에서는 철학적 문제에만 초점을 맞추고자 한다. 필자는 사회복지와 관련하여 대부분의 경우에 국가 특히 중앙정부가 중심적 역할을 담당하고 나머지 주체들은 국가의 관리 하에 보조적 역할을 담당하도록 하는 것이 바람직한 방

2 사회복지 제공의 주체로서 각 주체들의 강점과 약점에 관한 상세한 설명으로는 구인회·손병돈·안상훈(2010) 제8장 참조.

향이라 생각한다.

이렇게 생각하는 핵심 이유는 국가 이외의 주체들이 매우 중요한 역할을 담당할 경우엔 복지 수혜자가 누리는 사회복지 수준의 개인 간 격차와 관련하여 '도덕적 임의성moral arbitrariness' 문제에 봉착하게 되기 때문이다. 예컨대 한국은 서구사회들에 비해 국가복지 수준은 낮고 기업복지, 즉 기업이 자기 기업에 고용된 노동자들에게 제공하는 복지의 수준은 대기업을 중심으로 상당히 높은 편이다. 대기업 정규직 노동자들은 회사 구내식당에서의 무료 식사, 자녀 학자금 무상 지원 등 다양한 혜택을 누리며, 이로 인해 기업 규모 간, 정규직/비정규직 간에 임금 불평등 외에 기업복지 불평등이 발생한다. 그런데 어떤 노동자가 어떤 기업에 속하여 어떤 수준의 기업복지를 누리는가는 대체로 '도덕적으로 임의적인' 문제다. 즉 그가 어떤 기업에 다니게 되었는가와 관련하여 그가 도덕적 자격을 주장하거나 거꾸로 도덕적 책임을 져야 할 부분이 별로 없다. 대기업 노동자들이 중소기업 노동자들보다 입사 전에 평균적으로 자기개발을 위해 더 노력했다는 뚜렷한 증거가 있는 것도 아니고, 또 설령 어느 정도 그러하다 하더라도 자기개발을 위한 노력 수준의 차이에서 성장배경 등 본인이 선택할 수 없는 환경적 요인도 상당히 작용했을 가능성이 있다. 또 노력격차가 확인된다 하더라도 이것이 임금과 기업복지에서 기업 간 격차 수준을 정당화할 수 있는 수준의 격차인지는 매우 의심스럽다. 지역사회도 마찬가지다. 경제적으로 여유 있고 사회복지 기반이 잘 갖추어진 지역에서는 지역사회가 제공하는 사회복지의 수준이 대체로 상대적으로 높을 텐데, 이런 지역의 거주자들이 그 상대적 이익에 대해 정당한 도덕적 응분을 주장할 수 있는 경우는 많지 않을 것이다.

복지국가의 핵심 존재이유의 하나는 개인들이 생애과정에서 누리는 복지수준의 개인 간 격차와 관련하여 도덕적으로 임의적인 요인들의 작용을 가능한 한 줄인다는 것이다. 그리고 기업이나 지역사회와 같은 소규모 사회단위가 아니라 국민국가라는 대규모 사회단위가 사회복지를 책임질 경우 도덕적으로 임의적인 요인들의 작용을 최소화할 가능성이 커진다. 그 이유는 다음과 같다.

첫째, 국가는 모든 시민을 포괄하는 유일한 단위다. 사회구성원의 포괄범위가 넓다는 것은 다양한 사회적 배경, 천부적 능력, 행운과 불운을 가진 사람들의 이해관계를 수용하고 조성해 낼 수 있는 제도 틀을 만들어야 한다는 것을 의미한다. 특히 남달리 불리한 조건을 가진 사회구성원들도 빠짐없이 포괄되기 때문에 이들의 욕구를 충족시킬 수 있는 제도 틀을 마련하는 것이 피할 수 없는 과제가 된다. 이들의 처지를 중요하게 고려하고 이들의 욕구를 충족시킨다는 것은 개인의 운명을 결정하는 요인들 중 도덕적으로 임의적인 요인들의 작용을 가능한 한 줄인다는 것을 의미한다. 특정한 조건을 가진 노동자들과 특정한 여건에 있는 개별 기업 간에 형성되는 관계, 예컨대 기업복지에서는 이런 것을 기대할 수 없다.

둘째, 국가는 시민들 간의 권리–의무관계와 관련하여 가장 포괄적인 규칙을 제정해야 한다. 시민들 간의 개별적 계약은 계약당사자들의 일시적 필요에 의해, 또 서로 교환할 것이 있을 때에 성립되며 한정된 사안을 다루는 계약이다. 반면에 국가가 제정해야 하는 사회의 기본규칙은 개별적 계약들 전체의 준거가 되는 규칙이며 한정된 사안을 다루는 규칙이 아니라 국가 구성원으로서의 시민의 삶 전체를 규율하는 규칙이다. 이렇게 포괄적인 규칙은 개별적 계약에 비해 한결 높은 수준의 보편타당성을 가져야 한다. 그런데 롤스의 관점에서 볼 때 보편타당성의 핵심은 공정성이고, 도덕적으로 임의적인 요인들의 작용이 줄어들수록 공정성의 수준이 높아지는 것이다. 또 국가가 제정하는 포괄적 규칙은 시민들 간의 개별적 계약으로는 해결할 수 없는 문제들에 대해서도 해결책을 제시할 수 있는 규칙이어야 한다. 예컨대 민간 보험시장에서의 보험계약을 통해 사회적 위험에 대처할 수 없는 사람들이 직면하는 삶의 문제들까지도 수용해 낼 수 있는 규칙이어야 한다.

셋째, 국가 특히 중앙정부는 복지재원의 확보와 지출을 총괄할 수 있기 때문에 재원 확보에서 안정성을 가질 수 있고 지출방식에 있어 일관성과 통일성을 확보할 수 있다. 따라서 재원 확보와 지출에 있어 우연성의 요소를 최소화할 수 있다. 그러나 예컨대 지역사회가 제공하는 복지프로그램은 이러한 성격을 띨 수 없다.

한편 가족이나 이웃과 같은 자연적 공동체에서는 구성원 간에 계약 자체가 존재하지 않는다. 계약이 존재하지 않는다는 것은 계약관계가 대표하는 공정성과 상호이익의 윤리를 초월하여 사랑과 연대, 헌신의 윤리가 숨 쉴 수 있다는 것을 의미하기도 하지만, 공정한 계약상황에서는 결코 수용되지 않을 불공정성, 자의성, 우연성, 예측 불가능성, 불안정성, 인격적 지배-종속관계가 창궐할 수 있다는 것을 의미하기도 한다. 따라서 사회복지와 관련하여 가족이나 이웃 등 자연적 공동체의 역할이 큰 비중을 차지하는 것도 그리 바람직하지 않다.

9장

복지국가 유형: 어떤 복지국가가 더 바람직한가

지금까지 복지국가의 제도적 설계와 관련된 몇 가지 주요 쟁점을 주로 철학적 측면에서 검토해 보았다. 그렇다면 지금까지의 논의에 기초하여 종합적으로 판단할 때 어떤 성격의 복지국가가 더 바람직한가 하는 질문을 던질 수 있다. 여러 사회의 복지국가들을 그 주된 특성에 따라 몇 개의 그룹으로 유형화할 때 '복지국가 모델welfare state model'이나 '복지국가 체제welfare state regime'라는 용어가 흔히 사용된다.

복지국가 유형화 방식은 다양한데 근년에 가장 널리 활용되는 유형화 방식은 에스핑-안데르센Gøsta Esping-Andersen의 분류법이다. 그가 분류의 기준으로 삼은 것은 '탈상품화decommodification'와 '사회적 계층화social stratification', 그리고 복지 제공과 관련하여 국가, 시장, 가족

간의 관계다. 탈상품화란 노동자들이 자신의 노동력을 노동시장에서 상품으로 판매하지 않고도 복지국가를 통해 생활을 꾸려나갈 수 있는 정도가 커지는 것을 의미한다. 질병, 출산과 육아, 실직 등의 사유로 일시적 또는 장기적으로 노동을 수행할 수 없게 될 경우에도 복지국가가 제공하는 급여를 통해 생활을 꾸려나갈 수 있는 정도가 높을수록 탈상품화 수준이 높은 것이다. 사회적 계층화란 시장이나 국가조직에서 형성된 사회계층 간 소득이나 지위의 격차가 복지국가를 통해 얼마나 완화되느냐와 관련된다. 국가, 시장, 가족 간의 관계란 사회구성원들에게 복지를 제공함에 있어 국가, 시장, 가족이 각기 어느 정도의 역할을 담당하며 서로 어떤 방식으로 역할을 분담하느냐는 문제다.

에스핑-안데르센은 이 세 가지 기준에 입각하여 선진국들의 복지국가를 세 가지로 유형화한다. '자유주의적 복지국가 체제the liberal welfare state regime', '보수주의적, 조합주의적 복지국가 체제the conservative, corporatist welfare state regime', '사회민주주의적 복지국가 체제the social democratic welfare state regime'가 그것이다.[1]

1 에스핑-안데르센이 복지국가 '체제(regime)'라는 용어를 사용하는 것은, 각 유형의 복지국가의 특성을 살펴봄에 있어 좁은 의미에서의 사회복지제도들이 어떻게 구성되고 작동하는가에만 관심을 국한하는 것이 아니라, 사회복지제도들이 노동시장을 포함하여 경제의 다른 영역과 어떤 관계를 맺어 전체로서의 자본주의 시스템 속에 어떻게 통합되어 있는가 하는 문제까지 다루고자 하기 때문이다(Esping-Andersen, 1990: 2). 즉 그는 비교복지국가론(comparative welfare state)을 비교자본주의론(comparative capitalism)으로까지 확장하고자 한 것이다.

'자유주의적 복지국가 체제'(이하 '자유주의적 복지국가'로 약칭)는 미국, 캐나다, 호주 등 앵글로-색슨Anglo-Saxon 사회들에서 발전한 복지국가 유형으로서 미국이 전형적 사례라 할 수 있다. 자유주의적 복지국가에서는 우선 복지지출 규모가 작다. 자산조사에 기초하여 빈곤층 등 한계계층만을 대상으로 하는 공공부조 프로그램의 비중이 크고 사회보험이나 보편적 보장 프로그램은 덜 발달되어 있고 급여수준도 낮다. 노동윤리를 강조하는 자유주의 이념의 영향 하에 개인들은 기본적으로 시장을 통해 문제를 해결하도록 요구받고, 그것이 어려운 한계계층에 대해서는 선별적 프로그램을 통해 지원한다. 따라서 탈상품화 수준이 낮다. 또 시장에서 형성된 개인 간 소득 격차를 복지국가가 개선하는 효과도 미약하다. 복지국가의 지원을 통해 최하위 빈곤층 내부의 소득격차는 상당히 줄어드나, 그 외의 계층의 소득수준은 주로 시장에서의 경쟁결과에 따라 결정된다. 따라서 시장에서 형성된 사회적 계층구조가 복지국가를 통해 변화되는 효과가 미약하다. 국가, 시장, 가족이라는 3자 간의 관계에서는 시장의 역할이 압도적으로 중요하다.

'보수주의적, 조합주의적 복지국가 체제'(이하 '보수주의적 복지국가'로 약칭)는 독일, 오스트리아, 프랑스, 이탈리아 등 유럽 대륙국들에서 발전한 복지국가 유형으로 독일이 대표 사례다. 보수주의적 복지국가에서는 사회복지제도 중 사회보험의 역할이 압도적이다. 그리고 사회보험의 소득재분배효과는 약하다. 사회보험이라는 제도 자체가 기여와 급여를 연동시킬 수밖에 없다는 일반적 이유도 있지만, 이 사회들에서의 사회보험제도는 시장과 국가에서 결정되는 지위격차를 최대한 유지하도록 설계되어 있기 때문이기도 하다. 이 사회들에서 사회보험제도를 포함하여 각종 사회복지제도의 혜택을 가장 유리하게 얻었던 집단은 공무원, 군인 등 국가부문 종사자들이다. 이를 통해 국가에 대한 이들의 충성loyalty을 확보한다는 것이 중요하게 고려된 것이다. 또한 사회보험제도가 전국 차원의 통일된 제도로 존재하는 것이 아니라 직업집단별로 쪼개져 운영된다. 지위와 소득이 유사한 사람들끼리 모여 사회보험에 가입하므로 사회보험제도의 재분배효과가 약할 수밖에 없다.

이렇게 시장과 국가조직에서 결정되는 사회적 지위와 소득에서의 격차가 사회보험제도에서도 대체로 그대로 유지된다는 점에서 이러한 복지국가 유형은 '보수주의적'이다. 또한 직업집단별로 별개의 사회보험에 가입한다는 점에서 '조합주의적'이다. 따라서 '사회적 계층화'는 복지국가를 통해 별로 완화되지 않고 어떤 측면에서는 강화되는 면도 있다. 반면에 자유주의적 복지국가에 비해서는 복지지출의 규모가 큰 데다 시장을 무엇보다 강조하는 자유주의 이념의 영향도 약한 편이라 자유주의적 복지국가보다는 탈상품화 수준이 높다.

국가, 시장, 가족 간의 관계에서 가족의 역할을 매우 중시한다는 점도 보수주의적 복지국가의 핵심적 특징이다. 기혼남성은 노동시장에 나가 가족의 생계를 책임지고 기혼여성은 전업주부로서 가사노동에 종사하는 전통적 성별 분업구조를 자연스러운 것으로 받아들인다. 그리하여 가족의 생계를 책임지는 남성 가장의 임금과 사회복지 혜택은 높은 수준에서 유지하고 취업하지 않는 기혼여성은 사회보험 혜택에서 배제된다. 기혼여성이 가정에서 아이를 양육하는 것을 장려하기 위해 가족복지정책은 잘 발달된 편이고, 여성의 취업을 지원하는 사회서비스는 발달되어 있지 않다. 따라서 성별 분업구조와 관련해서도 이 복지국가 유형은 '보수주의적'이다. 이러한 성격의 복지국가가 발전하는 과정에서 가톨릭 교회가 중요한 역할을 담당했다.

'사회민주주의적 복지국가 체제'(이하 '사민주의적 복지국가'로 약칭)는 평등주의적 지향이 매우 강한 복지국가 유형이다. 스웨덴, 덴마크, 노르웨이 등 스칸디나비아 나라들[2]에서 발전했고 스웨덴이 대표 사례다. 사민주의적 복지국가에서 복지지출의 규모가 가장 크다. 또 사회보험은 전국 차원에서 통일적으로 운영됨으로써 소득재분배효과를 강하게 볼 수 있게 설계되어 있다. 보편적 소득보장이나 보편적 사회서비스와 같은 보편적 보장 프로그램의 비중이 커서 전 국민을 급여대상자로 포괄하며 급여수준도 높다. 또 복지재원을 주로 조세수입으로 충당함으로써 기여와 급여의 분리 정도가 높다. 한계계층만을 대상으로 하는 공공부조 프로그램의 비중은 작은 편인데, 이는 한계계층의 처지 개선을 경시해서가 아니라 보편적 보장 프로그램과 재분배효과가 큰 사회보험제도 덕에 선별적 지원을 필요로 하는 한계계층의 규모 자체가 작아지기 때문이다.

또한 사민주의적 복지국가는 완전고용 지향성이 매우 강하다. 기혼여성의 취업을 용이하게 할 수 있도록 보육, 양로 등이 보편적 사회

2 스칸디나비아 나라들(the Scandinavian countries)이란 스웨덴, 덴마크, 노르웨이 3국을 뜻하고, 북구 나라들(the Nordic countries 또는 the Nordics)은 스웨덴, 덴마크, 노르웨이, 핀란드, 아이슬란드 5국을 뜻한다.

서비스로 제공된다. 또 사회서비스 부문의 발전은 여성의 노동공급을 지원할 뿐 아니라 여성에 대한 노동수요를 대규모로 창출한다. 사회서비스 부문의 종사자의 대부분이 여성이다. 또한 실업정책에서 실업자의 취업을 지원하는 적극적 노동시장정책이 정교하게 발달되어 있다. 완전고용은 그 자체가 중요한 가치를 갖는 정책목표이기도 하지만, 완전고용은 조세기반을 강화함으로써 크고 강한 복지국가를 재정적으로 떠받쳐 주는 효과를 낳기도 한다. 중산층은 비교적 욕구수준이 높은데, 평소의 소득수준과 연계되어 급여액이 결정되는 복지프로그램들도 다수 있어 중산층의 욕구도 가능한 한 복지국가의 틀 내에서 충족될 수 있도록 한다.[3]

전체적으로 사회복지제도가 매우 촘촘하게 짜여 있고 급여수준이 높아 탈상품화 수준이 가장 높다. 또한 조세제도와 사회복지제도가 재분배효과를 극대화할 수 있도록 편성되어 있어 복지국가를 통해 사회적 계층화를 약화시키는 정도도 가장 크다. 국가, 시장, 가족 중에서 국가의 역할이 압도적이고 시장과 가족의 역할은 미미하다. 사민주의적 복지국가는 용어 그대로 사민주의 정치세력이 주도적으로 발전시켜 왔다(Esping-Andersen, 1990: 26-28).

3 그런데 평소의 소득수준과 급여액이 연동되는 복지프로그램의 경우 소득재분배 효과가 약하다. 전체 사회복지제도에서 이런 프로그램의 비중이 클수록 실업자나 비경제활동인구, 불완전취업자는 사회복지제도에 의한 급여 수급에서 그만큼 불리해진다.

그렇다면 각 복지국가 유형의 성과는 어떠한가? 이는 어떤 측면에 더 주목하느냐, 또 어떤 시기를 집중적으로 살펴보느냐에 따라 결과가 다르게 나타난다.[4] 그러나 대체로 다음과 같은 모습이 발견된다.

자유주의적 복지국가의 경우엔 사회복지제도를 통해 자신의 필요를 제대로 충족시킬 수 있는 집단이 거의 없기 때문에 시민들의 취업 욕구가 강하다. 또한 정리해고가 용이하고 사회보험 고용주 분담금이 크지 않아 기업들의 인건비 부담이 작은 편이어서 기업들이 신규 고용에 적극적이다. 그 결과 전체적으로 실업률은 낮고 고용률은 높다. 빈곤층만을 지원하는 공공부조 프로그램이 발전되어 있으나 투입되는 재원규모가 크지 않아 빈곤 해소에 역부족이다. 그리하여 복지국가 유형 중 빈곤율이 가장 높고 소득격차도 가장 크다. 특히 미국의 경우엔 공적 의료보험이 없는 등 의료보장제도가 매우 뒤처져

4 복지국가 체제를 세 가지로 유형화한 에스핑-안데르센의 책은 1990년에 발간되었다. 이후 20여 년의 세월이 흐르면서 각 복지국가 체제에 해당되는 나라들에서 작지 않은 변화가 진행되었다. 자유주의적 복지국가의 대표 사례이며 공적 의료보장체제가 취약한 미국의 경우 오바마(Barack Obama) 행정부가 출범하면서 의료시스템 개혁에 착수했고, 보수주의적 복지국가의 대표 사례인 독일에서는 2000년대에 들어 노동시장 유연화 조치가 시행되었고 최근 좋은 경제성과를 올리며 고질적인 고실업 문제를 해결했다. 사민주의적 복지국가의 대표 사례인 스웨덴은 1990년대 초에 심각한 금융위기를 겪은 후에 재정적자와 해외부채 해소를 위해 복지지출을 줄이고 사회복지제도에 시장원리를 부분적으로 도입하는 개혁을 추진하였다. 또 최근 세계경제위기로 인해 각 나라들의 경제성장률이나 실업률 등 주요 거시경제지표에도 큰 변화가 있었다. 그러나 에스핑-안데르센의 복지국가 유형론이 무효화될 정도로 근본적인 변화가 진행되었다고는 판단되지 않는다.

있어 수많은 사람들이 의료서비스로부터 배제되어 있다. 국가복지의 취약성을 민간 자선단체 등이 다소 보완하고, 무엇보다도 영리를 목적으로 하는 보험회사나 민간 보육기관 등이 활동하는 '복지시장 welfare market'을 통해 복지서비스의 큰 부분이 공급된다.

보수주의적 복지국가의 경우엔 남성 가장의 소득을 높은 수준에서 유지하고 고용을 안정시킴으로써 가족 구성원 전체의 생활을 안정시키기를 도모하기 때문에, 노동자의 고용보호 수준이 높고 임금수준도 높다. 또 사회보험 중심으로 사회복지제도가 편성되어 있기 때문에 사회보험 고용주 분담금 수준도 높다. 이로 인해 기업들은 신규 고용을 꺼리게 된다. 따라서 실업률이 높고 노동시장의 내부자/외부자 문제가 심각하다. 즉 이미 취업한 노동자들은 높은 수준의 고용보호와 좋은 고용조건을 누리지만 노동시장에 새로 진입하려는 청년층이나 일단 실직된 사람들은 취업하기가 매우 어렵다. 또 기혼여성이 취업하기가 어렵게 제도가 설계되어 있어 여성 취업이 가장 저조하다. 따라서 세 유형 중 실업률은 가장 높고 고용률은 가장 낮다.[5] 청

5 다만 독일은 최근에 실업률이 유럽 최저 수준으로 떨어졌고 고용률도 빠르게 상승했다. 독일은 오랜 기간 선진국 중에서 실업률이 높고 고용률이 낮은 대표 사례였는데, 최근에 상황이 크게 반전된 요인은 다양하다. 독일은 유로(Euro)화를 사용하는 나라들, 즉 유로존(Eurozone) 나라들 중에서 산업경쟁력이 가장 우수한 관계로 유로존 내의 역내 무역에서 수출을 크게 늘릴 수 있었다. 또 최근 세계경제위기의 여파로 유로화의 가치가 상대적으로 많이 하락하여 유로존 외부 나라들과의 무역에서 독일의 수출이 증가할 수 있었다. 또 독일은 기계, 화학, 내구소비재 부문에서 경쟁력이 높은데, 중국 같은 신흥공업국들이 빠르게 산업화해 가는 과정에서 독일의 기계 등 중간재를 많이 수입해 갔다. 또 2000년대에 들어 노

년 실업 문제에 대한 대책으로 중·고령자의 조기 은퇴를 촉진하고 연금을 넉넉히 주어 노후생활에 대비하게 하는데 이는 인구 고령화에 취약하다. 고령화가 진행될수록 연금 등 노인복지에 들어가는 비용이 증가하기 때문이다. 또 급여 형태와 관련해서는 현물급여의 대표 사례인 사회서비스가 미발달되어 있어 복지국가의 발전을 통한 일자리 창출에도 한계가 있다.

사민주의적 복지국가는 평등주의적 제도 틀로 인해 빈곤율이 가장 낮고 소득격차도 가장 작다. 완전고용 지향적 제도 틀로 인해 고용률이 가장 높고 여성 고용률이 남성 고용률과 별로 차이가 없다. 실업률은 자유주의적 복지국가와 보수주의적 복지국가의 중간 수준이다.[6] 시민들의 건강과 평균수명에서 가장 우수한 성과를 보이고 있고 사회 영역 전반에서 남녀평등gender equality 수준도 가장 높다.[7] 최근에는 경제성장, 재정건전성, 물가안정 등 거시경제 여건에서

동시장 유연화를 촉진하는 방향으로 대대적 노동시장 개혁을 추진하였는데, 그 과정에서 파트타임 일자리 등이 많이 창출되어 청년층의 실업률이 크게 낮아졌다. 2013년에 들어 한국 정치권에서 독일경제에 대한 관심이 고조된 것은 이러한 사정을 배경으로 한다.

6 2008년 발 세계경제위기 국면에서 미국, 영국 등 앵글로 색슨 나라들이 큰 곤경에 처한 반면에 스웨덴, 덴마크 등 스칸디나비아 나라들은 선방하여 이제는 실업률도 유사한 수준이다.

7 그러나 사민주의적 복지국가에 해당하는 사회들에서 여성은 공공부문 파트타임 일자리에 밀집되어 있고 남성은 민간부문 풀타임 일자리에 밀집되어 있으며, 민간부문에 비해 공공부문의 임금수준이 대체로 낮다. 그런 점에서는 이 사회들은 성별로 분절된 노동시장구조를 갖고 있다고 비판받기도 한다.

도 가장 우월한 성과를 보이고 있다. 특히 복지지출규모가 큰 데도 불구하고 사회적 합의에 기초하여 그만큼 조세수입을 안정적으로 확보함으로써 재정건전성이 가장 높다는 점에 주목할 만하다. 금융세계화 시대에 재정건전성 확보는 금융위기를 피하기 위한 핵심 조건인 것이다.

이렇듯 상이한 복지국가 유형에 속하는 복지국가들의 성과를 비교 평가하는 작업은 주로 사회복지와 관련된 주요 양적 지표들을 비교하는 방식으로 이루어지는데, 다양한 양적 지표 중 어떤 것을 더 중시해야 하느냐는 결국 가치판단의 문제다. 또 시기별로 양적 지표가 계속 변동하기 때문에 양적 지표 중심의 판단에도 애로가 있다. 여기에서는 각 유형의 복지국가 체제를 구성하는 기본제도들의 성격이 어떠한 사회적 가치를 반영하며, 주요 사회적 가치를 얼마나 잘 실현해 주느냐에 초점을 맞추어 복지국가 유형들의 성과를 비교 평가할 것이다. 즉 1부에서 살펴본 바 있는, 복지국가와 관련된 주요 가치인 자유, 평등, 연대 등을 얼마나 그리고 어떤 방식으로 구현하느냐의 관점에서 복지국가 유형들의 성과를 비교 평가할 것이다.

먼저 자유라는 핵심 가치와 관련해서는 위 복지국가 유형들에 속하는 사회들은 대부분 시민의 기본적 자유 또는 시민적 기본권을 잘 보장해 주는 사회들이다. 이는 복지국가 문제보다는 주로 이 사회들이 자유민주주의적 정치질서를 가진 사회들이라는 점에 기인한다. 롤스의 정의의 원칙 중 제1원칙인 자유의 원칙이 자유민주주의적 정치질서를 통해 실현된다. 그러나 복지국가의 발전 정도는 자유의 원칙의 실현 정도에 간접적으로 영향을 미칠 수 있다. 사회구성원 간에 소득과 재산, 그리고 이를 매개로 한 사회적 영향력에서 격차가 너무 심할 경우에는 정의의 원칙 중 가장 우선적인 제1원칙, 즉 자유의 원칙도 실질적으로 위협받을 수 있다.

경제적으로 너무 궁핍하여 삶의 기회가 극도로 제약된 사람들은 상황에 따라 표현의 자유나 집회와 결사의 자유 등을 실제로 행사하기가 어려울 수 있다. 또 선거권과 피선거권도 제대로 행사하기 어려울 수 있다. 예컨대 가난한 영세 자영업자는 혼자 가게를 지키느라 투표장에 나갈 시간을 내기 어려울 수 있고, 선거자금이 없는 가난한 사람들이 선출직 공직 선거에 나가는 것은 현실적으로 거의 불가능하다. 반면에 대부분의 사회에서 부유한 사람들이나 돈이 많은 조직들은 선거자금 동원이나 언론 광고 등을 통해 가난한 사람들이나 돈이 없는 조직들에 비해 선거에서 훨씬 더 큰 영향력을 행사한다.[8] 복지국가는 소득재분배를 통해 사회구성원 간에 소득과 재산의 격차를

8 이 문제와 관련하여 롤스는 '자유(liberties)'와 '자유의 가치(worth of liberties)'를 구분한다. 형식적으로는 기본적 자유가 모든 사회구성원에게 동등하게 보장된다 하더라도, 이 자유를 실제로 활용하여 자신의 이익을 증진시킬 수 있는 가능성의 크기는 각 사회구성원의 사회경제적 지위에 따라 달라질 수 있다는 것이다. 즉 '자유의 가치'가 달라질 수 있다는 것이다. 따라서 정의의 원칙 중 제1원칙인 자유의 원칙이 제대로 구현되려면 사회구성원들에게 '정치적 자유의 공정한 가치(fair value)'가 보장되어야 한다는 것이다. 이를 위해서는 예컨대 선거비용의 큰 부분을 사회가 부담하는 등의 방식으로 정당들이 경제적 권력집단에 종속되지 않게 해야 한다는 것이다. '자유'와 '자유의 가치'를 구분하는 논의는 『정의론』에도 나오지만 후기 저술인 『정치적 자유주의』*Political Liberalism*에서 더 명료하게 설명되며 강조된다. 이 문제와 관련해서는 Rawls(1993: 324-331) 참조.

줄여 줌으로써 가난한 사람들이 시민적 기본권을 실제로 더 잘 행사할 수 있도록 지원할 수 있다. 따라서 여러 복지국가 유형들 중에서 복지국가를 통한 소득재분배효과가 가장 큰 사민주의적 복지국가가 시민적 기본권의 실현이란 측면에서 가장 우월하다고 볼 수 있다.

한편 자유를 소극적 자유와 적극적 자유로 나누어 보면 복지국가 유형들 간에 자유의 실현 정도에서 상당한 격차를 발견할 수 있다. 소극적 자유, 즉 타인으로부터의 간섭과 강제로부터의 자유와 관련해선 위 사회들은 모두 소극적 자유를 잘 보장하는 사회들이다. 그런데 소극적 자유에 자신의 소득과 재산을 자신의 뜻대로 처분할 자유를 핵심적 요소로 포함시킨다면, 조세부담률이 가장 낮은 자유주의적 복지국가가 소극적 자유, 특히 중산층 이상의 소극적 자유를 가장 잘 보장한다고 할 수 있고, 조세부담률이 가장 높은 사민주의적 복지국가가 소극적 자유를 가장 많이 침해한다고 할 수 있을 것이다. 그러나 높은 조세부담률에 기초하여 잘 정비된 복지국가를 유지하는 데 대한 시민들의 합의수준이 높다면, 특히 조세부담을 많이 지는 중산층 이상 계층도 이를 지지한다면, 조세부담률이 높다는 이유만으로 소극적 자유가 많이 침해되었다고 하기는 어려울 것이다.

적극적 자유, 즉 자신이 원하는 것을 실제로 얻을 수 있는 능력과 기회의 확보라는 측면에서 보면 빈곤층 입장에서는 사민주의적 복지국가가 적극적 자유를 가장 잘 보장해 주는 복지국가 유형이라 할 수 있다. 사민주의적 복지국가에서는 빈곤율이 낮고 빈곤층도 부유층과 거의 같은 수준에서 교육, 의료, 보육, 양로 등 필수적 서비스에 접근할 수 있다. 자유주의적 복지국가는 그 반대의 처지에 있다.

평등이라는 가치와 관련해서는 기회의 평등과 결과의 평등으로 나누어 살펴볼 필요가 있다. 공정한 경쟁조건의 확보를 의미하는 기회의 평등 측면에서는 사민주의적 복지국가가 가장 우월하다. 특히 노동시장에서 개인의 경쟁력을 결정하는 핵심 요인인 교육에 있어 사민주의적 복지국가는 철저한 평등주의 원칙을 관철해 왔다. 유치원에서 대학원에 이르기까지 공립 교육기관에서는 대부분의 교육서비스가 무상으로 제공되며 사립 교육기관은 많지 않다. 1930년대에 스웨덴의 가족정책의 기본 틀을 설계하는 데 가장 크게 기여한 뮈르달 부부Gunnar & Alva Myrdal는 아동·청소년 복지정책의 기조로 보육, 교육 등의 서비스를 국가가 무상으로 공급하는 데 초점을 맞추었다. 이는 아동과 청소년들이 부모의 소득수준뿐 아니라 부모의 교육수준이나 성품과 무관하게 동질적인 환경에서 성장하고 교육받게 함으로써 인생의 출발점에서 기회의 평등을 최대한 누릴 수 있게 하기 위한 것이었다.[9] 이렇게 보육이나 교육과 같은 아동과 청소년 대상 필수 서비스를 국가가 무상으로 공급하고 사립 교육기관의 설립은 어렵게 하는 정책은 전형적인 '특정적 평등주의' 정책이라 할 수 있을 텐데, 특정적 평등주의 노선은 기회의 평등을 높은 수준에서 달성하는 데 매우 효과적이다.

자유주의적 복지국가의 경우엔 소득격차가 큰 데다, 교육과 관련

9 뮈르달 부부의 가족정책관과 이것이 제도와 정책으로 실현되기까지의 과정에 관한 설명으로는 Carlson(1990) 참조. 가족정책과 관련하여 뮈르달 부부가 직접 집필한 책으로는 Myrdal, Alva & Gunnar(1934) 참조.

하여 서민 자제들이 이용하는 공립학교와 부유층 자제들이 주로 이용하는 사립학교 간에 교육서비스 질의 격차가 커서 서민 자제들은 인생의 출발점에서부터 매우 불리한 조건에서 경쟁해야 한다. 미국 최상위 명문대학들의 입학생의 압도적 다수가 상류층 가정 출신이다.

보수주의적 복지국가의 경우엔 소득격차는 사민주의적 복지국가와 자유주의적 복지국가 사이의 중간 수준이고 공립 교육기관 중심으로 교육제도가 편성되어 있다. 학비는 없거나 매우 저렴하다. 교육기회와 관련해서는 사민주의적 복지국가와 큰 차이가 없다. 그러나 노동시장 참여와 관련해서는 기회의 평등 측면에서 큰 문제점을 안고 있다. 앞에서 설명한 바와 같이 노동시장의 내부자/외부자 문제가 심각하고, 특히 청년 실업률이 높아 많은 청년들이 노동시장에 진입할 기회 자체를 얻지 못해 왔다.[10]

또한 복지국가의 제도들이 여성의 노동시장 참여를 억제하는 방향으로 편성되어 있어 여성 고용률이 가장 낮다. 취업기회가 충분한데도 불구하고 기혼여성들이 자발적으로 전업주부로 사는 길을 선택한 것이라면 이는 존중해야 할 일이지만, 보수주의적 복지국가에서 유달리 여성 고용률이 낮은 것은 주로 제도의 효과로 보인다. 스웨덴처럼 여성 취업을 권장하는 사회의 경우 여성 취업을 지원하는 제도

10 최근에는 보수주의적 복지국가에 속하는 나라들 간에도 실업률에서 큰 격차가 확인된다. 독일과 오스트리아는 전체 실업률과 청년 실업률 모두에서 유럽에서 가장 실업률이 낮은 편이고, 프랑스와 이탈리아는 전체 실업률과 청년 실업률 모두 매우 높다.

와 정책은 잘 정비되어 있지만 기혼여성이 전업주부로 살아가는 것에 대해 불이익을 주는 것은 별로 없다. 지방정부가 제공하는 보육서비스의 이용에서 취업 기혼여성에게 우선권을 주는 정도다. 이러한 상황에서 대부분의 여성이 취업을 선택한다는 것은 취업기회가 충분할 경우 대다수 여성은 자발적으로 취업을 선택한다는 것을 의미하는 것으로 해석할 수 있다. 남녀평등 문제, 특히 기혼여성의 취업 기회 문제와 관련해선 보수주의적 복지국가가 가장 취약한 모습을 보이고 있다.

결과의 평등이라는 점에서도 사민주의적 복지국가가 가장 우월한 성과를 보인다. 소득격차가 가장 작고 빈곤율이 가장 낮다. 자유주의적 복지국가는 소득격차가 가장 크고 빈곤율도 가장 높아 결과의 평등에서 가장 열등한 성과를 보인다. 그리고 이를 자유주의 이념이 대체로 자연스럽고 불가피한 것으로 정당화한다.

연대의 측면에서도 자유주의적 복지국가가 가장 열등한 성과를 보인다. 자유주의 이념 자체가 연대에 큰 가치를 두지 않는다. 자유주의적 복지국가에서의 연대는 주로 빈곤층에 대한 공공부조 프로그램과 민간 자선단체 등의 자원봉사의 형태로 구현된다. 보수주의적 복지국가에서는 연대의 가치가 주로 유사한 사회경제적 지위를 가진 사람들 사이에서 구현된다. 직업집단별로 쪼개져 운영되는 사회보험제도가 대표적인 제도적 구현물이다.[11] 유사한 지위를 가진 사람들

11 그러나 개별 보험기금들 간의 자원 이전 등을 통해 상이한 소득계층 간에 어느 정도 재분배효과가 발생한다.

간의 '끼리끼리 연대'는 연대의 확장 가능성을 제한하는 '보수적 연대'라 할 수 있다.

사민주의적 복지국가에서는 전국적으로 통일적으로 운영되는 사회보험제도와 모든 사회구성원에게 보편적으로 제공되는 보편적 보장 프로그램 중심으로 사회복지제도가 편성되어 있어 연대의 범위가 가장 넓고 연대의 수준이 가장 높다. 공동체주의자들처럼 연대를 소규모 공동체에서나 형성 가능한 구체적 소속감과 같은 일종의 감정으로 본다면, 사민주의적 복지국가는 차가운 국가기구를 통해 사회복지의 대부분이 제공된다는 점에서 시민들의 연대감을 훼손하기 쉬운 것으로 보일 수 있을 것이다. 그러나 객관적으로 측정하기 어려운 '연대감'이 아니라 결과로서의 '연대의 실현'에 초점을 맞춘다면 사민주의적 복지국가가 가장 높은 수준에서 연대라는 가치를 구현하고 있다고 볼 수 있다. 그리고 소규모 공동체 구성원 간의 '이웃사촌 연대'는 연대의 확장을 가로막기 쉬우며, 사회 전체 수준에서 평등주의적 개혁을 어렵게 하는 방향으로 작용할 가능성이 있다.

롤스가 기본재의 목록에 포함시킨 '자기 존중의 사회적 기초'와 관련해서도 사민주의적 복지국가가 가장 우월하다. 사민주의적 복지국가에서는 자산조사에 기초한 선별적 프로그램의 비중이 작기 때문에 자산조사로 인해 사회적 치욕감을 경험하는 인구의 규모가 작다. 한편 사민주의적 복지국가에서는 현물급여 프로그램인 보편적 사회서비스의 비중이 매우 큰데, 앞에서 설명한 바와 같이 현금급여와는 달리 현물급여는 소비과정에서 소비자의 치욕감을 낳을 수 있다. 그러나 이는 현물급여가 한계계층에게 선별적으로 지급되는 경우에만 그러하다. 보편적 사회서비스는 필요가 있는 전 국민에게 동질적 수준으로 제공되기 때문에 보편적 사회서비스의 소비과정에서 소비자가 치욕감을 느낄 이유는 전혀 없다.

자유주의적 복지국가는 이와 대비된다. 우선 자산조사에 기초한 선별적 프로그램의 비중이 커 많은 급여 수급자들이 자산조사과정에서 치욕감을 갖기 쉽다. 또한 교육, 의료 등 필수 서비스의 소비에서, 소득계층별로 각기 별도의 기관에서 공급되며 품질이 천차만별인 서비스를 소비하기 때문에 빈곤층은 학교나 병원 등을 이용할 때마다 '이능시민'으로서의 자신의 처지를 재확인하게 된다.

결국 종합적으로 평가할 때 사민주의적 복지국가가 여러 소중한 사회적 가치를 가장 잘 충족시킨다고 볼 수 있다. 그리고 이럴 수 있었던 핵심 원인의 하나는 사민주의적 복지국가를 발전시켜 온 중심 세력이 사민주의 세력이었다는 점에서 찾을 수 있다. 사민주의 이념은 19세기 유럽에서 주로 노동자들, 특히 제조업, 광업, 건설업 등에 종사한 육체노동자들의 평균적 정서와 욕구를 대변하고 이들을 핵심 지지세력으로 삼아 태동한 이념이다. 즉 당시 사회조건에서 대표적으로 가난하고 고통받는 사람들을 대변한 이념이다. 사민주의 운동의 역사는 '가난하고 고통받는 자들의 연대'에 기초하여 연대의 범위를 점차 확장시켜 온 역사다. 가난하고 고통받는 사람들은 적극적 자유와 평등을 갈망하고, 연대에 의지하며 자기 존중의 사회적 기초를 갈구한다. 그리고 출신배경과 같이 '도덕적으로 임의적인' 것들이 인간의 삶을 좌우하지 않기를 열망한다. 사민주의적 복지국가는 가난하고 고통받는 자들의 연대로부터 분출되는 강한 평등주의적 열망이 우수한 정책설계능력과 결합되어 피워낸 꽃이라 할 수 있다.

그리고 현존하는 복지국가 유형 중 사민주의적 복지국가가 롤스의 정의론의 정신에 가장 부합한다고 볼 수 있다. 사민주의적 복지국가에서 모든 시민은 기본적 자유를 충분히 향유하며 공정한 기회균등의 원칙에 비교적 부합하는 조건에서 생활하고, 최소 수혜자의 처지가 다른 복지국가 유형들에 비해 양호하다. 롤스의 정의의 원칙을 관통하는 기본 정신은 사회구성원들이 존엄한 인격체로서 최대한 자유롭고 평등하게, 그리고 도덕적으로 임의적인 것들에 의해 휘둘리지 않으며 살아갈 수 있도록 하자는 것이다. 철학자인 롤스는 복지국가 문제에 관해 상세히 언급하지 않았지만, 현존하는 복지국가 중에서 어떤 것을 선호하느냐고 질문 받았더라면 분명히 스웨덴을 필두로 하는 사민주의적 복지국가가 가장 바람직하다고 답했으리라 짐작된다.[12]

12 그런데 롤스가 자신의 정의의 원칙에 가장 부합하는 이상적 정치경제체제로 상정한 것은 자본주의적 복지국가가 아니었다. 그는 '자본주의적 복지국가' 대신에 '복지국가 자본주의(welfare-state capitalism)'란 용어를 썼는데 의미는 차이가 없다. 그가 보기에 복지국가 자본주의는 소득재분배정책을 통해 최소 수혜자에게 일정 수준 이상의 생활수준을 보장해 준다는 점에서 자유방임 자본주의보다는 한결 우월하지만, 생산수단을 포함하여 각종 재산과 경제에 대한 통제권을 소수의 부유층이 집중적으로 소유하는 것을 막지 못한다는 점에서 결함이 있다고 보았다. 또 복지국가 자본주의에서 최소 수혜자들은 최소 생활수준은 보장받지만 사회복지에 만성적으로 의존해야 하는 의기소침한 하층계급(underclass)으로 전락하기 쉽다는 것이다. 따라서 복지국가 자본주의는 진정한 의미에서 자유롭고 평등한 시민들 간의 협력체제라는 이상에 크게 미달하는 체제라는 것이다. 롤스가 보기에 자신의 정의의 원칙을 제대로 구현해 줄 수 있는, 이론상의 정치경제체제로는 '재산소유 민주주의(property-owning democracy)'와 '자유사회주의

(liberal socialism)'라는 두 개의 대안이 있었다. 양자 모두 시민의 기본적 자유가 완전히 보장되고 자유민주주의적 정치질서를 가진 체제들이다. 또 시장경제질서에 입각한 체제들이다.

재산소유 민주주의는 생산수단에 대한 사적 소유가 인정되나, 토지, 공장 등 생산수단의 큰 부분이 대다수 시민들에게 분산 소유되는 체제다. 또 평등주의적 교육제도 등을 통해 지식과 기능 등 인적 자본도 최대한 균등하게 소유되는 체제다. 롤스는 재산소유 민주주의는 자본주의 내의 대안적 체제가 아니라 자본주의에 대한 대안적 체제라 생각했다. 자유사회주의는 생산수단의 압도적 부분이 사회적으로 소유되고 기업 경영진은 해당 기업의 노동자들에 의해 선임되는 체제다. 경제학에서 사용되는 통상적인 용어로 표현하자면 '노동자 자주관리 시장사회주의 체제'라 할 수 있다.

롤스는 재산소유 민주주의와 자유사회주의 중 어떤 것이 우월한지는 규범적으로 판단할 수 없다고 보았다. 양자 모두 자신의 정의의 원칙을 충실히 구현해 주는 체제들이라는 것이다. 양자 중 어떤 것이 선택될 것인가는 규범적 판단이 아니라 각 사회의 역사적 조건 등에 의해 결정되리라는 것이다. 롤스의 이런 언급을 보면, 롤스는 정치적 차원에서는 철저한 자유민주주의자였지만 경제체제와 관련해선 사회주의적 지향을 가졌던 인물이었다고 해석할 수 있을 것이다. 그러나 롤스는 정치경제체제에 대한 자신의 판단은 오직 규범적 차원에 국한된다는 점을 강조했으며 '재산소유 민주주의'나 '자유사회주의'가 실제로 잘 작동할 가능성이 있는지 여부는 다루지 않았다. 또한 그가 대안적 정치경제체제 문제를 본격적으로 다룬 적이 없기 때문에 그의 '사회주의 지향성'을 얼마나 진지하게 받아들여야 할지 불분명한 측면이 있다. 그러나 정의의 원칙을 최대한 충실하게 구현하려면 소득과 재산, 정치적 영향력과 경제적 권력, 다양한 삶의 기회의 측면에서 자본주의적 복지국가에서보다 더 평등한 분배결과를 가져올 수 있는 경제체제가 필요할 것이라는 점에서 롤스의 정의론이 일종의 '민주적 사회주의'와 친화성을 갖고 있다고 평가할 수는 있을 것 같다. 재산소유 민주주의와 자유사회주의에 관한 롤스의 견해는 그의 말년의 저술인 Rawls(2001: 135-140)에 나와 있다.

한편 '재산소유 민주주의'란 용어는 보수주의 진영에서는 크게 다른 의미로 사용된다는 점에 유의할 필요가 있다. 재산소유 민주주의란 용어는 1920년대에 영국

보수당에서 처음 나온 용어이고, 1950년대 이후 스웨덴 보수당이 자신의 핵심 이념으로 재산소유 민주주의를 내세운 바 있다. 또 영국 보수당의 대처(Margaret Thather) 수상이 표방한 이념이기도 하다. 보수주의 진영이 내세우는 재산소유 민주주의는 물론 사회주의적 이념이 아니라 강한 반(反)복지국가 이념이다. 복지국가를 통한 소득재분배에 치중할 것이 아니라 시민들이 자기 집을 소유하고 주식을 보유할 수 있도록 정책적으로 지원함으로써, 상당한 수준의 자기 재산을 가진 중산층을 육성하여 시민들이 더는 국가에 의존하지 않고 자립할 수 있도록 해야 한다는 것이다.

맺음말

지금까지 우리는 복지국가와 관련된 여러 문제들을 주로 철학적 차원에서 살펴보았다. 이제 긴 여정을 마무리할 때다.

1부에서 확인한 바와 같이 복지국가는 철학적으로는 무엇보다도 정의의 관점에서 정당화될 수 있다. 이때 정의란 롤스가 생각한 바와 같이, 자유롭고 평등하며, 합리적으로 자기이익을 추구하는 개인들이 공정한 관점에서 문제를 바라보게 될 때에 합의할 수 있는 내용이다. 따라서 복지국가를 정의의 관점에서 정당화할 수 있다는 것은, 자유롭고 평등하며, 공정성이라는 규범적 제약조건 하에서 자기이익을 합리적으로 추구하는 사람들이라면 복지국가의 건설에 합의하리라 기대할 수 있다는 것을 의미한다. 그리고 선이나 덕, 박애 등 다른 사회적 가치들과 비교할 때 정의라는 가치는 사회의 기본제도들과 사회구성원들의 행위를 규율하는 가장 핵심적이며 기본적인 가치다. 따라서 정의의 관점에서 복지국가를 견고하게 정당화할 수 있다는 것은 복지국가의 건설이라는 과제가 추구하면 좋지만 안 해도 그만인 것이 아니라 반드시 추구해야 할, 구속력 있는 과제라는 것을 의미한다.

정의의 여러 측면 중에서도 복지국가와 가장 밀접한 관계를 갖는 것은 분배적 정의다. 복지국가의 핵심적 역할이 국가를 매개로 하여 사회구성원 간에 소득과 재산, 삶의 기회의 재분배가 이루어지도록 하는 것이기 때문이다. 롤스의 정의의 원칙 중에서 최소 수혜자의 이익을 가장 크게 하는 한에서만 사회적, 경제적 불평등을 용인한다는 차등의 원칙이 복지국가와 가장 관계가 깊은 원칙이다. 그러나 복지국가는 모든 사회구성원에게 사회안전망을 제공하고 사회구성원 간에 소득과 재산, 삶의 기회의 불평등을 완화해 준다는 점에서 정의의 원칙 중 공정한 기회균등의 원칙의 실현도 지원한다. 또한 소득과 재산, 그리고 이를 매개로 한 사회적 영향력에서 사회구성원 간에 격차가 너무 심할 경우에는 정의의 원칙 중 가장 우선적인 제1원칙, 즉 자유의 원칙도 실질적으로 위협받을 수 있다는 점에서, 복지국가는 자유의 원칙의 실질적 구현에도 기여할 수 있다. 결국 복지국가는 정의의 원칙의 모든 요소의 실현을 지원할 수 있다.

롤스의 정의론의 기본 정신은 모든 사회구성원이 자유롭고 평등하며 존엄한 인격체로서 도덕적으로 임의적인 요인들에 의해 삶의 조건이 크게 좌우되지 않고 살아갈 수 있는 사회를 만들어야 한다는 것이다. 실제로 도덕적으로 임의적인 요인들의 영향을 완전히 제거할 수는 없겠지만, 최소 수혜자의 이익을 가장 크게 확보할 수 있는 불평등만을 허용하는 방식으로 도덕적으로 임의적인 요인들의 영향을 규제함으로써 결과적으로 모든 사회구성원에게 이익이 되도록 하자는 것이다.

2부에서 살펴본 바와 같이 자본주의적 분배원리는 도덕적으로 임의적인 요인들이 분배결과에 미치는 영향을 매우 광범위하게 허용한다는 점에서 분배적 정의의 관점에서 큰 결함이 있다. 복지국가는 이 문제를 완전히 해결하지는 못하지만 상당히 완화할 수 있다. 그리하여 현실의 자본주의 사회가 분배적 정의의 관점에서 보다 정당한 방식으로 운영될 수 있게 해 준다. 그뿐 아니라 복지국가는 효율성의 측면에서도 자본주의 경제가 더 좋은 성과를 낳을 수 있도록 다양한 측면에서 지원해 주기도 한다.

3부에서는 복지국가를 구성하는 제도들을 설계하고 운영하는 과정에서 직면하게 되는 주요 실천적 쟁점들을 살펴보았다. 특히 복지국가 유형과 관련하여 스웨덴 같은 북유럽 사회들에서 발전한 사회민주주의적 복지국가가 자유, 평등, 연대, 자기 존중의 사회적 기초 등 다양한 가치들을 가장 잘 실현해 준다는 점을 확인할 수 있었다.

한국은 현재 복지국가 초입단계에 있다고 할 수 있을 것이다. 사회보험제도를 중심으로 복지국가의 제도적 틀은 어느 정도 갖추어진 상태다. 그러나 내용을 구체적으로 살펴보면 허술한 구석이 한두 군데가 아니다. 제도적 정비 수준이 가장 높은 것은 아마 사회보험일 것이다. 한국의 사회보험제도들은 형식적으로는 거의 모든 사회구성원을 포괄하고 있다. 그러나 비정규 노동자들을 위시하여 실제로 가입되어 있지 않은 사람들이 매우 많고 사회보험의 급여수준이 전반적으로 낮다. 공공부조제도의 핵심인 국민기초생활보장제도의 경우엔 여러 이유로 인해, 매우 빈궁하게 살지만 급여 혜택을 받지 못하는 사람들이 많다. 즉 사각지대가 넓다. 사회서비스는 발달수준이 극히 취약한 상태이고 보편적 소득보장 프로그램은 거의 존재하지 않는다.

반면에 복지수요는 매우 빠르게 증가하고 있다. 사회·경제 양극화로 인해 빈곤층이 늘어나고 있으며 고용창출도 부진한 상태다. 또한 빠르게 진행되어 온 저출산·고령화는 복지수요는 증가시키면서 조세기반은 약화시킨다는 점에서 심각한 도전과제를 던져주고 있다. 종합적으로 볼 때 복지지출의 증가와 복지제도의 확장, 강화는 불가피해 보인다. 그런데 과연 우리가 앞으로 어떤 성격의 복지국가를 지향해야 할 것인가에 관해서는 공론화가 아직 미흡한 상태여서 향후 많은 복지국가 담론이 이 문제를 둘러싸고 경합을 벌일 것으로 예상된다.

복지국가 문제를 철학적 차원에서 다룬다는 것은 정책기술 차원의 문제보다는 원칙적 차원의 문제, 그리고 지향가치와 관련된 문제를 다룬다는 것을 의미한다. 복지국가 문제를 철학적으로 깊이 있게 논의한다고 해서 구체적인 개별 정책 이슈와 관련하여 속 시원한 해답을 얻으리라는 보장은 없다. 그러나 충실한 철학적 숙고를 통해 얻은 견실한 철학적 원칙은 많은 정책 이슈들에 대한 판단을 인도하는 좋은 나침반 역할은 할 수 있다. 사실 철학적 숙고를 전혀 필요로 하지 않는 정책 이슈는 존재하지 않는다고 볼 수 있을 것이다. 앞으로 복지국가와 관련된 여러 쟁점들을 철학적으로 깊이 있게 논의하는 연구와 토론이 활발히 진행되길 기대한다. 이 책이 그런 학문적 풍토를 형성하는 데 조금이나마 도움이 된다면, 그리고 이 책의 독자들이 그런 일에 참여할 수 있게 된다면 필자는 큰 보람을 느끼게 될 것이다.

참고문헌

강남훈·곽노완·이수봉(2009), 『즉각적이고 무조건적인 기본소득을 위하여!: 경제위기에 대한 진보의 대안을 말하다』, 민주노총.

구인회·손병돈·안상훈(2010), 『사회복지정책론』, 나남.

김균(1996), "하이에크 자유주의론 재검토: 자생적 질서론을 중심으로", 김균 외, 『자유주 의 비판』, 풀빛.

박순성(2003), 『아담 스미스와 자유주의』, 풀빛.

박승희(2012), 『한국 사회보장론: 스웨덴을 거울삼아』, 성균관대학교 출판부.

박종현(2008), 『케인즈 & 하이에크: 시장경제를 위한 진실게임』, 김영사.

신정완(2002), "사회주의의 어제, 오늘, 그리고 내일", 김수행·신정완 편, 『현대 마르크스 경제학의 쟁점들』 제12장, 서울대학교출판부.

신정완(2006), "경제성장과 사회정책", 『한국형 사회협약의 모색과 복지국가』, 경기개발연구원 GRI 연구총서 3.

오윤수·정현태·이대주(2010), 『사회복지의 윤리와 철학』, 공동체.

윤도현(2012), "복지국가에서의 사회정의, 분배정의에 대한 재검토", 『스칸디나비아 연구』 제13호.

윤도현·박경순(2009), 『한국의 복지동맹』, 논형.

이상헌(2007), "노동과 복지: 보편적 권리로서의 기본소득 보장", 김수행·신정완 편 『자본주의 이후의 새로운 사회』 제11장, 서울대학교 출판부.

이준구(2008), 『미시경제학』 제5판, 법문사.

이한(2012), 『정의란 무엇인가는 틀렸다』, 미지북스.

장은주(2012a), "복지국가, 하나의 '시민적 기획' - 분배정의를 넘어서는 한국 복지국가의 도덕적 기초", 조홍식 편, 『대한민국, 복지국가의 길을 묻다』, 이매진.

장은주(2012b), 『정의의 문제들』, 비글 인디북스.

장하준(2010), 『그들이 말하지 않는 23가지』, 부키.

정원오(2010), 『복지국가』, 책세상.

주동률(2013), "분배윤리: 경제적 혜택을 어떻게 분배하는 것이 공정한가?", 서울대학교 철학사상연구소 편, 『처음 읽는 윤리학』, 동녘.
나카마사 마사키(仲正昌樹) 저, 송태욱 역 (2012), 『현대 미국 사상 - 자유주의의 모험』, 을유문화사(『集中講義! アメリカ 現代思想』, 2008).
시오노야 유이치(塩野谷祐一) 저, 박영일 역 (2006), 『경제와 윤리 - 복지국가의 철학』, 필맥 (『經濟と倫理 - 福祉國家の哲學』, 東京大學出版會, 2002).
Barr, Nicholas(2004), *Economics of the Welfare State*, fourth edition, Oxford University Press.
Berlin, Isaiah(1958), "Two Concepts of Liberty", In Isaiah Berlin, *Four Esaays on Liberty*, Oxford University Press, 1969.
Carlson, Allan(1990), *The Swedish Experiment in Family Politics: The Myrdals and the Interwar Population Crisis,* Transaction Publishers.
Coase, Ronald(1937), "The Nature of the Firm", *Economica* 4 (16).
Cohen, Gerald A.(2008), *Rescuing Justice and Equality*, Harvard University Press.
Dahrendorf, Ralf(1990), *Reflections on the Revolution in Europe*, Chatto & Windus.
Dimand, Robert W.(2003), "On Limiting the Domain of Inequality: The Legacy of James Tobin", *Eastern Economic Journal*, Vol. 29, No. 4
Dworkin, Ronald 저, 염수균 역 (2005), 『자유주의적 평등』, 한길사 (*Sovereign Virtue: The Theory and Practice of Equality*, Harvard University Press, 2000).
Elster, Jon(1982), "Sour Grapes: Utilitarianism and the Genesis of Wants", In Amartya Sen & Bernard Williams, *Utilitarianism and beyond*, Cambridge University Press, 1982.
Erlander, Tage(1962), *Valfrihetens samhälle* (선택의 자유 사회), Tiden.
Esping-Andersen, Gøsta(1990), *The Three Worlds of Welfare Capitalism*, Polity Press.
Friedman, Milton & Rose 저, 민병균·서재명·박찬일·한홍순 역 (1980), 『선택의 자유』 (*Free to Choose*, Harcourt, 1980).
Friedman, Milton 저, 최정표 역 (1990), 『자본주의와 자유』, 형설출판사 (*Capitalism and Freedom*, University of Chicago Press, 1962).
Fromm, Erich(1965), *Escape from Freedom*, Avon Books. (초판은 1941년 Farrar and Rinehart 사에서 발간).

Gibbard, Allan(1976), "Natural Property Rights", *NOÛS*, Vol. 10, No. 1.

Hausman, Daniel & Michael McPherson 저, 주동률 역 (2010), 『경제분석, 도덕철학, 공공정책』, 나남 (*Economic Analysis, Moral Philosophy, and Public Policy*, Cambridge University Press, 2006).

Hayek, Friedrich (1960), *The Constitution of Liberty*, Routledge & Kegan Paul.

Hayek, Friedrich (1978), *New Studies in Philosophy, Politics, Economics and the History of Ideas*, Routledge & Kegan Paul.

Hayek, Friedrich(1988), *The Fatal Conceit: The Errors of Socialism*, edited by W. W. Bartley III, University of Chicago Press.

Landreth, Harry & David C. Colander(1994), *History of Economic Thought*, third edition, Houghton Mifflin Company.

MacIntyer, Alasdair C. 저, 이진우 역 (1997), 『덕의 상실』, 문예 (*After Virtue: A Study in Moral Theory*, 2nd edition, University of Notre Dame Press, 1984).

Marx, Karl, 김수행 역 (2001), 『자본론 1권』, 비봉출판사 (*Das Kapital 1*, 1867).

Meade, James(1972), "The Theory of Labour-Managed Firms and of Profit Sharing", *The Economic Journal* Vol. 82, No. 325.

Mill, John Stuart 저, 박동천 역 (2010), 『정치경제학원리: 사회철학에 대한 응용을 포함하여』제2권, 나남 (*Principles of Political Economy: with Some of Their Applications to Social Philosophy*, University of Toronto University, 1965, 원저 초판은 1848년에 발간).

Mulhall, Stephen & Adam Swift 저, 김해성, 조용달 역 (2001), 『자유주의와 공동체주의』, 한울아카데미 (*Liberals and Communitarians*, Blackwell Publishers, 1992).

Myrdal, Alva & Gunnar(1934), *Kris i Befolkningsfrågan* (인구문제에서의 위기), Bonniers.

Nozick, Robert 저, 남경희 역 (1983), 『아나키에서 유토피아로: 자유주의 국가의 철학적 기초』, 문학과 지성사 (*Anarchy, State, and Utopia*, Basic Books, 1974).

O'Neill, John(1998), *The Market: Ethics, Knowledge and Politics*, Routledge.

Rawls, John(1971), *A Theory of Justice*, The Belknap Press of Harvard University Press.

Rawls, John(1982), "Social Unity and Primary Goods", In Amartya Sen & Bernard

Wlliams, *Utilitarianism and beyond*, Cambridge University Press.

Rawls, John(1993), *Political Liberalism*, Columbia University Press.

Rawls, John(2001), *Justice as Fairness: A Restatement*, The Belknap Press of Harvard University Press.

Rawls, John 저, 황경식 역 (2003), 『정의론』, 이학사 (*A Theory of Justice*, Revised Edition, Harvard University Press, 1999).

Sandel, Michael 저, 이창신 역 (2010), 『정의란 무엇인가』, 김영사 (*Justice: What's the right thing to do?*, Farrar, Straus and Giroux, 2009).

Sen, Amartya(1992), *Inequality Reexamined*, Oxford University Press.

Sen, Amartya 저, 박순성·강신욱 역(1999), 『윤리학과 경제학』, 한울아카데미 (*On Ethics and Economics*, Blackwell Publishers, 1987).

Sen, Amartya(2009), *The Idea of Justice*, Harvard University Press.

Sen, Amartya & Bernard Williams(1982), *Utilitarianism and beyond*, Cambridge University Press.

Shaw, Carl K. Y.(2010), "Civic Republicanism and Democratic Politics - Michael Sandel and Contemporary Theories of Political Community", *EurAmerica* Vol 40 No 10

Singer, Peter 저, 김성한 역 (2012), 『동물해방』 개정완역판(4판), 연암서가 (*Animal Liberation: A New Ethics for Our Treatment of Animals*, New York Review / Random House, 1975).

Smith, Adam 저, 박세일·민경국 공역 (2009), 『도덕감정론』, 개역판, 비봉출판사 (*The Theory of Moral Sentiments*, 1759).

van der Veen & Philippe Van Parijs(1987), "A Capitalist Road to Communism", *Theory and Society* 15 (5).

Veblen, Thorstein 저, 홍기빈 편역 (2009), 『자본의 본성에 관하여 외』, 책세상.

Walzer, Michael 저, 정원섭 외 역 (1999), 『정의와 다원적 평등: 정의의 영역들』, 철학과현실사 (*Spheres of Justice*, Perseus Books, 1998).

Wright, Richard(1989), "Robbins as a Political Economist: A Response to O'Brien", *The Economic Journal*, Vol. 99, No. 396.

색인

ㄱ

가계 120
가치재 132
값비싼 취향 219, 222
개인의 개별성 250
거시적 효율성 120
결과의 평등 82, 112, 299
결과주의 33
경제활동참가율 145
고용률 145
고전파 경제학 179
공감 114
공공재 124, 126, 127
공동책임 253
공동체주의 107, 279, 300
공리주의 31, 157, 158, 186, 215, 216
공적 연금 143
공정성 166
공정으로서의 정의 44
공정한 관찰자 114
공정한 기회균등의 원칙 47, 51, 183, 306
공화주의 280
국가복지 101, 280
권리자격론 66, 106, 170, 180
규모의 경제 141
규범경제학 156
규칙 공리주의 37
급여 140, 241
기능수행 64, 222
기본소득 244, 246, 254, 255
기본소득 구상 265
기본재 56, 223
기본적 자유권 52
기업복지 282, 283
기여에 따른 분배 243
기여 원칙 239, 240, 247, 251
기회의 평등 82, 112, 297

ㄴ

노동가치론 163, 170, 171
노직 Robert Nozick 66, 170, 180, 251
누진세 87, 149
능력 64, 222
능력 중심 접근 224, 225, 229

ㄷ

단순 평등 98
도덕적으로 임의적인 53, 183, 199, 282, 301
도덕적 응분 252
도덕적 임의성 199, 282
도덕적 자격 227, 252
도덕적 해이 132, 249
독과점 123
독점 98
드워킨 Ronald Dworkin 219, 221

ㄹ

롤스 John Rawls 43, 166, 215, 221, 235, 302

롤스의 정의론 20, 302, 303, 306
롤스의 정의의 원칙 254

ㅁ

마르크스 Karl Marx 162
마르크스 경제학 161, 163, 165
매킨타이어 Alasdair MacIntyer 96, 97, 234
무임 승차자 문제 126
무지의 베일 44, 256
뮈르달 부부 Gunnar & Alva Myrdal 297
미시적 차원의 시장실패 123
미시적 효율성 120, 123
민간연금 143
민주주의 원리 60
밀 John Stuart Mill 184

ㅂ

바우처 250
벌린 Isaiah Berlin 109
범용 수단 215
베블렌 Thorstein Veblen 172
벤담 Jeremy Bentham 31
보수주의적 복지국가 287, 292, 298
보편적 보장 프로그램 241, 289
보편적 복지국가 205, 210, 211
보편적 사회서비스 241, 243, 255, 265, 300
보편적 소득보장 241, 248
보편주의 206
보험료 136
보험시장 139
보험시장의 성립원리 135, 136
보험원리 247
복지 32, 216
복지국가 21, 22
복지국가 모델 285
복지국가 소사이어티 205
복지국가 체제 285
복지다원주의 101, 278
복지 자유 260
복지주의 32, 106
복지 중심 접근 225, 230
복합적 평등 99, 274
부과제도 143
부정의의 시정 67, 182
분배적 정의 18, 20, 119, 168, 169, 175, 306
불편부당성 39, 106
불확실성 134, 140
빈곤의 덫 83, 214

ㅅ

사민주의적 복지국가 289, 293, 296, 297, 301
사유재산권 111, 184
사유재산제도 177, 179, 180, 199
사회계약론 43
사회보장의 원리 60
사회보험 61, 130, 140
사회복지 전달체계 261
사회서비스 146
사회임금 151
사회자유주의 65
사회적 계층화 285, 288
상속 183, 184
상품 119
샌들 Michael Sandel 96
생산수단 177, 178, 188, 246, 302
생산에서의 외부불경제 129

서비스 118, 257
서사적 자아 235, 267
선별주의 206, 208
선호 만족 218
세대 간 정의 48, 166
센 Amartya Sen 108, 165, 222, 224, 260
소극적 노동시장정책 151
소극적 자유 109, 111, 296
소득대체율 242
소비 선택의 자유 230, 258, 259, 271
소비에서의 경합성 124, 126, 127
소비에서의 배제성 124, 125, 126, 127
소비에서의 외부경제 128, 132
소비에서의 외부불경제 129
소비자 무지 133, 265
수당 242
수직적 재분배 197, 247
수평적 재분배 197, 247
스미스 Adam Smith 114, 165
시민적 기본권 48, 294
시장근본주의 81
시장실패 123, 167
시장에 의한 소득분배 177
신고전파 경제학
31, 156, 158, 160, 165, 167, 173, 178, 266
신자유주의 81
신제도경제학 178, 180
실업률 144, 145
실업보험 142
실증경제학 156
실질적 기회균등 52

ㅇ

얽매이지 않은 자아 97
에스핑-안데르센 Gøsta Esping-Andersen
285, 291
역사적 분배적 정의론 67, 171
역선택 131
연대 100, 113, 299
연대감 213, 273, 300
영미 정치철학 20
온정적 간섭주의 230, 265, 266
왈쩌 Micahel Walzer 96, 98, 273
외부경제 127, 128, 168, 169
외부불경제 128, 169
외부성 127, 168, 169
외부효과 127
운 상쇄 평등주의 94, 90, 107
위험 134, 140
위험 기피자 50, 136, 138, 140
위험 애호자 50, 138
위험 프리미엄 136, 137
유효수요 147, 149, 150
음소득세 88, 262, 263
이윤 164
이전에서의 정의 67
인적 자본 144, 145
잉여가치 164

ㅈ

자기 소유권 251, 253
자기 존중의 사회적 기초 57, 212, 300
자기책임 250, 251, 254, 256
자동안정장치 150
자본주의에 대한 정의론적 평가 167

자본주의의 이분성 172, 175
자본주의적 복지국가 23, 302, 303
자산소유 민주주의 302
자산조사 202, 212, 213, 245
자생적 질서 74
자원 중심 접근 221, 223, 224, 228
자원 평등주의 221
자유사회주의 302
자유의 원칙 46, 294, 306
자유주의 261
자유주의 원리 60
자유주의적 복지국가 286, 287, 291, 296, 297
자유주의 정치철학 103, 279
자유지상주의 65, 251
잔여적 복지국가 205
재산소득 181, 187
재화 118, 257
적극적 노동시장정책 151, 200
적극적 자유 109, 112, 296
적립제도 143
절차적 정의 108
절차적 정의관 44
정당한 기대치 252
정보의 불완전성 129
정보의 비대칭성 130, 170
정의론 166, 169, 170, 171
정의의 원칙 46, 252, 306
정치철학 20
제도경제학 172
조직 74
지배 98
질서정연한 사회 93, 257

ㅊ

차등의 원칙 47, 49, 215, 232, 252, 253, 306
착취론 163, 170
최소 수혜자 46, 48, 215, 232, 252, 306
최종상태 중심의 분배적 정의론 66, 171
취득에서의 정의 67

ㅋ

케인스 John Maynard Keynes 66, 79, 161
케인스 경제학 147, 160
코헨 Gerald A. Cohen 90

ㅌ

탈상품화 285
특정적 평등주의 270, 273, 275, 297

ㅍ

파레토 개선 157, 158, 159
파레토 효율 156, 157, 158, 159, 160
프리드만 Milton Friedman 81, 262
필요 198, 239
필요에 따른 분배 243, 245, 246
필요 원칙 241

ㅎ

하이에크 Friedrich Hayek 72, 180
한계소비성향 147, 148
한계효용 체감의 법칙 35, 186, 215, 251
합계 순위 매기기 34
행위 공리주의 37
행위 자유 260
현금급여 257
현물급여 257

형식적 기회균등 52
호혜성 55
효용 32
효용의 개인 간 비교 42
후생경제학 156

저자 소개

신정완은 스웨덴의 임노동자기금 논쟁에 관한 연구로 서울대학교에서 경제학 박사학위를 취득하였으며, 그 과정에서 스웨덴 웁살라대학교에서 객원연구원 자격으로 연구를 하였다. 현재 경북대학교 경제통상학부 교수로 근무하고 있다.

학계 활동으로는 한국사회경제학회 편집위원장, 한국스칸디나비아학회 편집위원장과 연구이사, 민주사회정책연구원 편집위원장과 부원장, 참여사회연구소『시민과 세계』 편집위원, 학술단체협의회 운영위원장 등을 역임하였다.

주로 스웨덴 모델의 여러 측면과 스웨덴 사회민주주의의 이념과 정책에 관해 연구해 왔다. 저서로『복지자본주의냐 민주적 사회주의냐: 임노동자기금 논쟁과 스웨덴 사회민주주의』,『자본주의 이후의 새로운 사회』(공저),『우리 안의 보편성』(공저) 등이 있다. 논문으로는 "스웨덴 거주 이주민의 노동시장 통합 부진 요인과 해결방안", "스웨덴의 '제3의 길' 정책의 실패 원인", "노동자 경영참가 문제에 대한 스웨덴 노동조합 총연맹(LO)의 접근방식" 등이 있다.

평등이나 경제민주화 등의 주제에 대한 철학과 사회과학의 통섭적 접근에 관심을 갖고 있고, 앞으로 스웨덴 사회민주당(SAP)과 노동조합총연맹(LO)의 역사, 그리고 스웨덴 복지국가 발전사를 통사적으로 연구할 계획이다.

복지국가의

철학

자본주의 분배적 정의 복지국가

지은이 · 신정완

펴낸이 · 이명묵
꾸민이 · 이혜영
표 지 · 손주리

1쇄 펴낸날 · 2014. 3. 13.
3쇄 펴낸날 · 2021. 7. 15.
펴낸곳 · 도서출판 인간과복지
신 고 · 제 406-251002011000054 호
주 소 · 경기도 파주시 회동길 145
아시아출판문화정보센터 301호
전 화 · 02-383-0743
팩 스 · 02-382-3486
이메일 · hwbook22@daum.net
팩 스 · 02-382-3486
카 페 · https://cafe.daum.net/hwbook1

값 · 15,000원

ISBN 978-89-8007-201-9 93330